本书系浙江省哲学社会科学规划课题（09CGFX007YBX）

2013年度浙江省151人才工程第三层次择优资助项目成果

本书出版受浙江工业大学研究生教材

专著出版基金和浙江工业大学重点学科（民商法学）资助

The Law Mechanism of Harmonious

Labor Relations

和谐劳动关系的
法律机制研究

张友连◎著

ZHEJIANG UNIVERSITY PRESS
浙江大学出版社

前　　言

　　劳动法律机制是劳动关系多元化、契约化、市场化下有序运行的基本保障,目前我国出现的劳动关系对立和冲突等的不和谐很大程度上是劳动法规不健全和有效性缺失所造成的。现有研究成果多是集中于劳动关系的某一环节,而本书紧扣劳动关系的形成、履行和纠纷解决的全过程,系统探讨如何构建和谐劳动关系的法律机制,力图在复杂而多元的劳动关系问题中展示一幅新的图景,并为思考如何解决该问题提供一个新视角。

　　本书由七章内容组成,按照提出问题、分析问题与解决问题的思路来展开。从逻辑上看,可以分为四个部分。其具体内容如下:

　　第一部分:第一章(和谐劳动关系的前提:劳动关系法治化)从理论上阐述和谐劳动关系与劳动关系法治化之间的关系,指出只有通过法律机制的途径才能够真正实现劳动关系的和谐。因为和谐劳动关系是在社会转型、建设和谐社会以及法精神转换的大背景下提出的,也只有与依法治国、建设社会主义法治国家的战略相结合才能够真正实现。同时,本章还对劳动关系、劳动关系法治化等基本概念进行了研究。

　　第二部分:第二章(和谐劳动关系的基础:劳动权法律机制)、第三章(和谐劳动关系的关键:劳动合同法律机制)、第四章(和谐劳动关系的保障:劳动争议处理法律机制),紧扣劳动关系的形成、履行和纠纷解决的全过程,对和谐劳动关系的法律机制开展了详细的研究。

　　其一,劳动关系成立前的劳动权法律机制。目前,我国劳动力市场处于一种不平衡的状态,劳动者靠自身的努力改变弱势地位和维护合法权益的力量十分有限,而缺乏立法支持等种种原因所导致的中国劳动者团体力量的不足,甚至是角色缺位,都弱化了集体力量的作用。这就决定了保障劳动者劳动权的重任在很大程度上应该由体现国家意志和公权力量的劳动基准以及相关立法来担当。第二章在介绍劳动权的内涵、劳动权的法律历程的基础上,重点研究了劳动标准,包括:劳动标准立法的发展、劳动标准法的属性、外国劳动标准立法概况、我国现行立法中关于劳动标准规定的不足、和谐劳动关系视角下劳动标准立法的完善。

其二,劳动关系成立后和履行中的劳动合同法律机制。劳动关系契约化是市场经济条件下劳动关系的基本特点,劳动合同在维护用人单位合法权益的同时,侧重于维护处于弱势的劳动者的合法权益,以实现双方力量与利益的平衡,有效寻求劳资利益的最佳契合点。第三章的主要内容包括:《劳动合同法》中的诚信原则、《劳动合同法》中的意思自治与国家强制、劳动合同竞业禁止协议效力的判断。

其三,劳动关系发生争议之后的有效处理的法律机制。我国目前的劳动争议处理模式效率低下且在重大劳动争议冲突面前无所作为。新的劳动争议处理模式需要针对不同性质的劳动争议,分别通过不同的程序加以解决。第四章主要研究内容有:劳动争议的特点与劳动争议处理机制、我国劳动争议处理法律机制存在的问题分析、和谐劳动关系视野下我国劳动争议处理法律机制的完善。

第三部分:第五章(集体劳动关系:和谐劳动关系不可省缺之维)和第六章(事业单位劳动关系:和谐劳动关系法律机制的新领域)对我国劳动关系发展中出现的新趋向、新问题进行了分析。集体劳动关系已经成为我国劳动关系的重要新领域,第五章首先从理论和规范方面分析了集体劳动关系的法治化;其次考察了集体劳动关系中的两个特殊主体,即工会和政府的角色定位;最后以浙江行业工资集体协商为例探讨如何实现集体劳动关系的和谐。事业单位劳动关系是我国劳动关系中的一个重要组成部分,第六章以事业单位聘用合同为切入点,对事业单位劳动关系走向和谐进行了思考。

第四部分:第七章(迈向和谐劳动关系:劳动关系法律机制的完善)在前文分析的基础上,结合和谐劳动关系的内涵及要求,从立法及司法两个方面结合的角度提出了劳动关系法律机制的完善途径。主要措施包括:发展劳动权立法、劳动合同立法、劳动争议解决立法,完善劳动司法机构制度、劳动司法审判人员制度和劳动司法诉讼程序制度等。

目　录

第一章　和谐劳动关系的前提：劳动关系法治化

　　作为整个社会关系体系中最为基础的内容之一，劳动关系中的各方主体能否有序合作、良性互动，不仅会关涉到一个国家的经济发展，而且会对社会稳定产生重要的影响。不和谐的劳动关系会造成社会矛盾的激化，甚至会引发群体性事件。可以说没有和谐的劳动关系，建设和谐社会的目标将难以实现。随着劳动关系的主体及其利益诉求越来越多元化，我国劳动关系目前正处在一个矛盾的易发期和多发期。只有及时妥善地处理劳动关系中的各种矛盾和冲突，发展和谐劳动关系，才能为实现公平正义、保持社会稳定提供可靠的保证。2015 年 3 月发布的《中共中央、国务院关于构建和谐劳动关系的意见》中明确提出："在新的历史条件下，努力构建中国特色和谐劳动关系，是加强和创新社会管理、保障和改善民生的重要内容，是建设社会主义和谐社会的重要基础，是经济持续健康发展的重要保证。"

　　劳动关系法治化是劳动关系多元化、契约化、市场化下有序运行的基本保障，我国目前出现的劳动关系的对立、冲突等的不和谐在很大程度上是劳动法规不健全、劳动法律制度有效性缺失所造成的。因而，用法治方式和法治思维来考察劳动关系，以实现劳动关系的法治化是构建和谐劳动关系的首要前提和基本保障。具体而言，在和谐劳动关系构建过程中最为关键的是从劳动者的权益保障出发，在劳动关系的形成、履行和纠纷解决的全过程中，完善法律调整机制。

第一节　劳 动 关 系

一、劳动关系的内涵

劳动关系是劳动法的基本调整对象,在劳动法律体系中居于核心的地位。早在20世纪30年代,著名法学家史尚宽先生就曾指出:"劳动法为关系劳动之法,详言之,劳动法为规范劳动关系及其附随一切关系之法律制度之全体。"①在目前劳动法理论研究中,学界通说也认为劳动法以劳动关系为主要调整对象。比如,在权威教材《劳动法》中,关怀教授和林嘉教授就将劳动法定义为:"劳动法是调整劳动关系以及与劳动关系密切联系的社会关系的法律规范总称。"②由于我国《劳动法》《劳动合同法》和《劳动争议调解仲裁法》等法律并未就劳动关系的含义专门作出规定,这就带来了理论和实务中对劳动关系认定的困难。因此,关于劳动关系的内涵及其判断标准仍然是必须首先明晰的问题。

劳动关系来源于英文"labor relations",是劳动者与雇主在劳动过程中形成的社会经济关系的统称。在不同国家及不同体制下,劳动关系又被称为雇佣关系、劳使关系、劳工关系、产业关系等。这些称谓从不同的角度对劳动关系的特征和性质进行了表述:有的侧重明晰劳资界限,强调劳资之间的冲突性和一致性的统一问题;有的侧重研究劳动者与雇主之间的权利义务结构;有的着重强调劳动关系的技术意义;有的以劳动者为中心强调集体谈判作用。无论定义的侧重点有何不同,劳动关系面对的主题都是一样的,特别是在劳动关系协调的目标方面是基本一致的,即促进劳动者和用人单位的和谐共生。③

劳动关系的内涵是劳动法的基本理论问题,同时,对劳动关系内涵的把握又直接涉及劳动法的适用问题,即雇员和雇主身份的认定和范围界定。从理论分析的角度来看,对劳动关系的内涵主要有广义的和狭义的两种理解。从广义上讲,生活在城市和农村的任何劳动者与任何性质的用人单位之间因从事劳动而结成的社会关系都属于劳动关系的范畴。这样劳动关系

---

① 史尚宽.劳动法原论[M].上海:上海正大印书馆,1934:1.
② 关怀,林嘉.劳动法[M].北京:中国人民大学出版社,2006:5.
③ 吴小芳.和谐劳动关系构建中的政府对策研究[D].杭州:浙江大学,2008:6.

就不只是生产关系当中受劳动法规规范的那部分社会关系，同时也包括劳动力使用者和劳动者在实现劳动的过程中所结成的所有社会经济利益关系。比如，有学者就认为，"劳动关系是指劳动力所有者（劳动者）与劳动力使用者（用人单位）之间，为实现劳动过程而发生的一方有偿提供劳动力由另一方用于同其生产资料相结合的社会关系"①。所以广义的劳动关系又被称为产业关系，是指"劳动者与劳动力使用者以及相关组织所形成的社会经济关系"②。

从狭义上讲，现实经济生活中的劳动关系是指劳动者个人和用人单位之间受国家劳动法律和劳动法规规范所形成的劳动法律关系，即劳动关系是指用人单位招用劳动者为其成员，劳动者在用人单位的管理下提供有报酬的劳动而产生的权利义务关系。劳动关系双方当事人是被一定的劳动法规范所规定和确认的权利义务联系在一起的，其权利和义务的实现，是由国家强制力来保障的。

从我国相关的立法实践上看，多采用劳动关系的狭义界定。比如，2008年5月8日公布的《中华人民共和国劳动合同法实施条例（草案）》第三条将劳动关系界定为："用人单位招用劳动者为其成员，劳动者在用人单位的管理下，提供由用人单位支付报酬的劳动而产生的权利义务关系。"再比如，深圳市第四届人民代表大会常务委员会第二十二次会议于2008年9月23日通过的《深圳经济特区和谐劳动关系促进条例》第二条也同样采用了狭义的定义，该条指出："本条例所称劳动关系，是指用人单位招用劳动者为其成员，劳动者在用人单位管理下，提供由用人单位支付报酬的劳动而产生的权利义务关系。"

上述定义表明劳动关系包含以下四个要件：①劳动者须为单位成员；②劳动者须在单位的管理之下；③劳动者为单位提供劳动；④单位为劳动者支付报酬。只有这四个要件同时具备，才能构成劳动法所称的劳动关系。③前两个要件是对劳动关系人身性特征的说明，劳动者必须加入用人单位，成为用人单位的成员，这一要件决定了劳动关系的人身专属性，劳动者专属于用人单位，而且这种专属性还表明，劳动者的劳动不可替代；劳动者在单位的

---

① 陈信勇.劳动与社会保障法[M].杭州：浙江大学出版社，2010：17.

② 常凯.构建和谐劳动关系与劳动关系法治化[J].思想政治工作研究，2011(9)：6-9.

③ 谢增毅.劳动关系的内涵及雇员和雇主身份之认定[J].比较法研究，2009(6)：74-83.

管理下劳动,单位与劳动者之间是管理与被管理关系,存在着一定程度上的人身依附关系,不服从管理的员工要么受惩罚,要么被解雇。单位惩罚员工,依据的就是这种人身依附关系,只不过这种依附关系不是天然的身份关系,而是通过劳动合同或用工行为建立的。后两个要件是对劳动关系财产性特征的规定,劳动者通过劳动为用人单位创造了经济价值,单位依照约定为劳动者支付劳动报酬,从而使二者建立起财产关系。①

同一般的法律关系相比较,劳动关系具有明显的特征,具体而言,可概括为以下几方面:

第一,劳动关系是一种结合关系。因为从劳动关系的主体上说,当事人一方固定为劳动力所有者和支出者,称为劳动者;另一方固定为生产资料所有者和劳动力使用者,称用人单位(或雇主)。劳动关系的本质是强调劳动者将其所有的劳动力与用人单位的生产资料相结合,这种结合关系从用人单位的角度看就是对劳动力的使用,将劳动者提供的劳动力作为一种生产要素纳入其生产过程。在劳动关系中,劳动力始终作为一种生产要素而存在,而非产品。这是劳动关系区别于劳务关系的本质特征,后者劳动者所有的劳动力往往是作为一种劳务产品而输出,体现的是一种买卖关系或者加工承揽等关系。

第二,劳动关系是从属性的劳动组织关系。劳动关系一旦形成,劳动关系的一方——劳动者,要成为另一方——所在用人单位的成员。所以,虽然双方的劳动关系是建立在平等自愿、协商一致的基础上,但在劳动关系建立之后,双方在职责上则具有了从属关系。用人单位作为劳动力的使用者,要安排劳动者在组织内和生产资料结合;而劳动者则要通过运用自身的劳动能力,完成用人单位交给的各项生产任务,并遵守单位内部的规章制度。这种从属性的劳动组织关系具有很强的"隶属"性质,即成为一种以隶属主体间的指挥和服从为特征的管理关系。反之,非劳动关系的当事人之间则往往无组织从属性。

第三,劳动关系是具有人身和财产双重关系的性质。由于劳动力的存在和支出与劳动者人身不可分离,劳动者向用人单位提供劳动力,实际上就是劳动者将其人身在一定限度内交给用人单位,因而劳动关系就其本质意义上说是一种具有"人身性"的关系。但是,由于劳动者是以让渡劳动力使用权来换取生活资料,用人单位要给予劳动者工资等物质待遇。就此意义

①　刘建录.劳动关系内涵释论[J].经济论坛,2011(12):221-224.

而言,劳动关系同时又是一种以劳动力交易为内容的财产关系。

本书总体上认同上文中关于劳动关系的狭义界定,认为现实社会经济生活中的劳动关系主要是指劳动者和用人单位之间依照国家劳动法律法规规范而形成的劳动权利义务关系。如无特别指出时,本书中的劳动关系指的是个别劳动关系。但同时本书也认为,随着现代社会经济的发展,劳动关系出现了一些新特征,主要是集体劳动的勃兴给现代劳动关系带来了新的内涵。针对这一新趋势,本书对集体劳动关系将用专章加以分析。

二、劳动关系的判定

劳动关系是劳动立法的规范对象,如何判定劳动关系直接决定着劳动法律规范的适用范围。从法律适用的视角看,劳动关系的判定之所以重要就在于其有助于合理划定劳动法所保护的社会关系的界限。劳动关系范围的随意拓展或限缩都会导致劳动法的越界或失职,具体而言,如果劳动关系的判定标准过于严苛,即劳动法保护的范围过小,使得部分劳动关系暴露于劳动法规之外,则会导致对劳动者权益的保护有失严密和完备;反之,一旦劳动关系的判定过于宽泛,则本应由民事立法所调整的平等主体之间的劳务关系就会进入劳动法的视野,即不当拓展劳动法的适用范围,则会导致对平等的社会关系施予不平等的倾斜保护,窒息社会关系的活力。① 前者具体表现为劳动立法的疏失,后者表现为劳动立法的宽宥,这两者都不能很好地实现保护劳动者的目的。在劳动关系的判定上,理论和实践中主要采取两条路径:一条是主体性判断路线,一条是内容性判断路线。

主体性判断路线主要是通过定义"劳动者"来间接认定劳动关系,即从判定给付劳动的一方是否为"劳动者",也就是从是否具有"劳动者"的性质入手,来判定该主体所形成的社会关系是否为劳动关系。比如,有研究者就指出,劳动法中所谓的劳动者,"乃是达到或符合法律规定的就业年龄,具有完全民事行为或限制行为能力,具备一定的智识或技能,有就业欲望并能够按照自己真实的意思表示与用工者依法订立用工契约,通过独立向用工者有偿出让自己的劳动力使用权,接受用工者的纪律和管理,参与到用工者指令要求或按照约定要求的内部生产协作过程中从事相关活动,以此与用工者形成人身隶属和管理关系,并由此按照约定获取相应的工资报酬的自然

---

① 冯彦君,张颖慧."劳动关系"判定标准的反思与重构[J].当代法学,2011(6):92-98.

人"①。

在主体性判断路线中,"劳动者"身份的取得具有私法和公法两方面的意义。在私法意义上,"劳动者"身份的取得意味着劳动者与用人单位建立了劳动关系,其标志是双方订立书面或者口头形式的劳动合同,明确约定双方的权利和义务。在公法意义上,"劳动者"身份的取得是启动劳动法律保护机制的钥匙,这里的"劳动法律保护机制"包括安全卫生制度、最低工资制度、工时和休假制度、工会与集体协商制度、劳动争议处理制度等方面。如果没有"劳动者"的身份,就很难获得劳动法律制度的特别保护和救济。②

我国现行法律规定劳动者的要件:(1)年龄要求。年满 16 周岁,特殊职业如文体艺术等招用未满 16 周岁的人时,需报县级以上劳动行政部门审批;已经依法享受养老保险待遇或者领取退休金的人员不属于劳动法意义上的劳动者,他们与用人单位发生用工争议时按劳务关系处理。(2)劳动能力要求。具有完全或者部分劳动能力。劳动能力是指人类进行劳动工作的能力,包括体力劳动和脑力劳动的总和,可以分为一般性劳动能力、职业性劳动能力和专门的劳动能力。(3)劳动关系要求。一般来说,一个劳动者仅能建立一个全日制劳动关系;对非全日制用工来说,劳动者可以从事两个或者两个以上的非全日制工作。(4)国籍和地区身份要求。外国人,台、港、澳地区居民在大陆就业必须符合特定条件。

另外,法律法规规定的除外情形是:(1)国家机关、事业单位、工会、共青团、妇联等人民团体和群众团体中的非合同劳动关系按干部人事制度的相关规定处理;(2)农村集体经济组织的劳动关系、现役军人、家庭保姆、自然人用工不属于劳动法调整的劳动关系的范围。

在实践中,主体性判断路线需要注意的是:防止把"劳动者"泛化。一般来说,"企业中的厂长、经理与一些享有用人决定权的高级管理人员"实际上是用人单位的代理人,在劳动关系中属于劳动力使用者一方,他们与企业或者股东的聘用合同关系属于民事合同中的委任合同,应由民法或者合同法来调整。

内容性判断路线则是以劳动关系为基点的直接性判定,认为劳动关系的本质是劳动者的劳动力与用人单位的生产资料相结合,这两个要素结合

①　秦国荣.劳动法上的劳动者:理论分析与法律界定[J].法治研究,2012(8):28-38.
②　周长征.劳动法中的人——兼论"劳动者"原型的选择对劳动立法实施的影响[J].现代法学,2012(1):103-111.

之日,即为劳动关系建立之时。这种判定模式的特点是,依具体内容来审视一种社会关系是否可判定为劳动关系,进而决定是否施以劳动法之保护。

内容性判断路线具体外显于劳动者与用人单位①之间的从属关系。比如,我国台湾地区劳动法学者黄越钦将组织从属性和人格从属性结合起来,把判断从属性的具体要素归纳为:(1)服从营业组织中的工作规则,如工作日、工作时间的起止等;(2)服从指示,即在劳动契约存续期间,雇主有指示之机,劳工则有服从的义务;(3)接受监督、检查,即劳工有义务接受考察、检查,以确定是否遵守工作规则或雇主个人指示;(4)接受制裁,即劳工应对自己的错误行为负责,雇主有权对其进行一定制裁。② 从属关系理论将劳动者对用人单位的从属性具体化为经济从属性、组织从属性和人格从属性三个方面。

所谓经济从属性是指劳动者需要依赖工资收入为生,因而在经济上对用人单位具有从属性。然而经济从属性的含义比较抽象,很难具体量化,因此,司法实务中很难将经济从属性作为认定劳动者地位的主要依据。所谓组织从属性是指劳动者通常会被劳动使用者编入到其内部组织架构之中,作为该组织的一名成员参与生产经营。"虽然组织从属性在三个从属性标准中最容易识别,在实践中具有较强的可操作性,然而,组织从属性又是最容易被改变的。"③所以,在实践中多依赖人格从属性判断标准来判断劳动关系。

我国原劳动和社会保障部颁发的《关于确立劳动关系有关事项的通知》(劳社部发〔2005〕12号)规定:"第一,用人单位招用劳动者未订立书面劳动合同,但同时具备下列情形的,劳动关系成立:用人单位和劳动者符合法律、法规规定的主体资格;用人单位依法制定的各项劳动规章制度适用于劳动者,劳动者受用人单位的管理,从事用人单位安排的有报酬的劳动;劳动者提供的劳动是用人单位业务的组成部分。第二,用人单位未与劳动者签订

---

① "用人单位"是我国劳动法中独有的概念。用人单位(也称用工单位,似乎范围稍小些)主要指企业、个体经济组织、民办非企业单位以及符合用人资格的其他劳动组织,在一定情况下还包括事业单位、国家机关、社会团体等组织。其中,企业既包括国有企业、集体企业、私营企业、股份制企业和外商投资企业等,也包括法人企业、非法人企业(合伙企业、个人独资企业等)。

② 黄越钦.劳动法新论[M].北京:中国政法大学出版社,2003:94-95.

③ 周长征.劳动法中的人——兼论"劳动者"原型的选择对劳动立法实施的影响[J].现代法学,2012(1)103-111.

劳动合同,认定双方存在劳动关系时可参照下列凭证:①工资支付凭证或记录(职工工资发放花名册)、缴纳各项社会保险费的记录;②用人单位向劳动者发放的'工作证'、'服务证'等能够证明身份的证件;③劳动者填写的用人单位招工招聘'登记表'、'报名表'等招用记录;④考勤记录;⑤其他劳动者的证言等。"上述规定比较明显地体现了人格从属性的要求。这些标准,与《劳动法》《劳动合同法》和《劳动争议调解仲裁法》等法律并不冲突,完全可以作为这些法律的补充,在实践中对劳动关系的判定依然有效。

另外,需要注意的是,在当今世界,就业形式日益灵活化、弹性化,非典型劳动关系大量出现,导致界分职业劳动关系与民事劳务关系的法律界线日益模糊,传统"从属性"之判定标准也暴露出明显的局限。① 面对这种现实,单一的劳动关系判定标准已无法满足社会的需要。有研究者提出,应摒弃固守某一标准,遵循劳资关系发展演变的客观情况探索确立新的测试体系。这个测试体系以从属性作为基础,兼及对个案的具体分析,综合考量以下因素:是否有权利选派为自己工作的个体;是否有权利解雇所雇人员;劳动力是否具有专属性与排他性;劳动力与报酬是否具有等价性;工资支付方式的定期性;工作环境、工具或设备的提供方;是否服从工作指令以及服从程度。②

除此之外,还需参考以下几项检测指标:工作的义务是否来源于雇主;劳动者所做的工作是否属于公司的一般经营性业务;订立合同时双方所使用的词汇;双方是否具有订立劳动合同的意思表示等。③

在实务中,往往采用兼具主体性和内容性两个方面的标准来认定劳动关系的成立,即须一方为有用工主体资格的用人单位,另一方为自然人;且用人单位和自然人之间必须形成管理与被管理的隶属关系。从 2014 年 3 月《人民法院报》上公布的一个典型案例中,就可见劳动关系认定中综合标准的运用。该案件的基本案情和处理结果是:

2012 年 6 月 28 日,原告重庆鼎新公司同吴金保签订《荣城御景土石方工程承包合同》,将其承包的重庆市荣昌县荣城御景地下室及土石方工程发包给吴金保承建。7 月 4 日,吴金保同傅登国签订《荣城御景土石方工程承

---

① 冯彦君.论职业安全权的法益拓展与保障之强化[J].学习与探索,2011(1):107-111.

② 冯彦君,张颖慧."劳动关系"判定标准的反思与重构[J].当代法学,2011(6):92-98.

③ 冯彦君,张颖慧."劳动关系"判定标准的反思与重构[J].当代法学,2011(6):92-98.

包合同》,将上述工程以自己的名义发包给傅登国承建。7 月 10 日,傅登国聘请黄锡品清扫工程车洒落在公路上的渣土,清扫范围位于荣昌县荣城御景地下室及土石方工程工作场地之外,在工程车经过的荣昌县"5 号桥"附近的公路路段。7 月 14 日晚,黄锡品下班离开"5 号桥"后,于当天 22 时许因道路交通事故死亡。对傅登国同黄锡品就黄锡品的工资、上下班时间的约定,黄锡品的丈夫杨坤贵称"不清楚",但确定黄锡品死亡前未领到工资。鼎新公司称,在黄锡品死亡后经了解得知,黄锡品是傅登国雇用的,其工作是由傅登国安排,报酬是清扫完即付款。

　　黄锡品死亡后,杨坤贵于 2012 年 12 月 28 日以鼎新公司为被申请人向荣昌县劳动人事争议仲裁委员会申请劳动关系仲裁。仲裁委以渝荣劳人仲案裁字〔2013〕第 9 号仲裁裁决书裁决:申请人杨坤贵的妻子黄锡品与被申请人重庆鼎新环保工程有限公司从 2012 年 7 月 10 日至 2012 年 7 月 14 日劳动关系成立。鼎新公司不服,于 2013 年 4 月 10 日诉至荣昌县人民法院,请求确认黄锡品同鼎新公司之间不成立劳动关系。①

　　荣昌法院审理认为,依据《中华人民共和国劳动合同法》及相关法律规定,劳动关系的成立,须一方为有用工主体资格的用人单位,另一方为自然人;且用人单位和自然人之间必须形成管理与被管理的隶属关系。上述裁判理由综合考虑了主体性和从属性两个认定标准。

　　具体到本案中,荣昌县荣城御景地下室及土石方工程是由吴金保以个人名义发包给傅登国个人承建。傅登国以其个人名义招用黄锡品,并将其安排在荣城御景施工现场外的荣昌县"5 号桥"附近清扫渣土;黄锡品的报酬由傅登国同黄锡品商定,其工作地点不在荣昌县荣城御景工程施工现场,原告未对黄锡品的工作进行安排,也无法对黄锡品的工作进行管理。可见重庆鼎新公司并不是黄锡品的用工主体,黄锡品也未形成对重庆鼎新公司的管理与被管理的从属关系。综上,法院认定,本案不符合劳动和社会保障部〔2005〕12 号《关于确立劳动关系有关事项的通知》第四条规定的情形。法院确认黄锡品同鼎新公司在 2012 年 7 月 10 日至 2012 年 7 月 14 日期间,双方未成立劳动关系。

---

　　① 本案案号:〔2013〕荣法民初字第 01507 号;〔2013〕渝五中法民终字第 03187 号。参见陈莉.劳动关系确立的条件——重庆五中院判决重庆鼎新公司诉杨坤贵确认劳动关系纠纷案[N].人民法院报,2014-01-30(6).

三、劳动关系与其他相近概念

在劳动法的理论研究中,对劳动关系与雇佣关系这两个概念的认识与使用还存在着较大的分歧,概括起来,主要有以下几种不同观点:第一种观点认为,雇佣关系是劳动关系的上位概念,劳动关系乃为"特种之雇佣契约"(即指从属的雇佣契约)。① 第二种观点认为,雇佣关系是劳动关系的从属概念,是劳动法调整范围内一般劳动关系的一种特别形态,雇佣关系包含于劳动关系之内。② 第三种观点认为,雇佣关系与劳动关系是截然不同的、并列存在的两个概念,劳动关系受劳动法调整,而雇佣关系受民法调整。最后一种观点在我国司法实践中得到了一定的支持,成为法官判定一些社会关系不属于劳动关系的理论依据。③这一观点中,劳动关系和雇佣关系的区别主要集中在以下几个方面。

首先是主体方面的不同。主体方面的不同又体现在用工主体的不同和主体地位的不同两个方面。雇佣关系中的用工主体范围相当广泛,可以是自然人、法人或其他组织。按照《劳动法》第二条的规定,劳动关系中的用工主体主要指中华人民共和国境内的企业、个体经济组织,也包括与劳动者建立劳动合同关系的国家机关、事业组织、社会团体。同时,依照《工伤保险条例》第二条和第六十三条的规定,非法用工单位同劳动者发生的劳动关系也按照劳动关系处理。因此,如果用工主体仅因为违反法律规定没有办理获得合法主体资格的手续,但已经具备了"用人单位"的其他形式要件,也可以认定为劳动中的"用人单位",只是该"用人单位"是非法的而已(至于其自身的违法问题,应当由工商部门予以纠正)。雇佣关系中主体地位是平等的,雇主和被雇佣者之间是一种"劳务"与"报酬"之间的交换,受雇人可以不遵守雇佣方的内部规定(当然也不享受雇佣方的福利待遇),还可以同时选择给两家以上的雇佣方提供劳务。

与雇佣关系不同,劳动关系主体双方具有隶属关系。劳动者是用人单位的内部成员,应当遵守其内部的规章制度,服从单位的领导与安排(当然也享受单位的社保、医保等福利待遇)。在一般情况下,用人单位只允许劳动者在其一家单位上班。用人单位制定的规章制度和奖励惩罚措施可以约束其内部员工,但未经受雇人同意不得约束受雇人,受雇人只需要按照雇佣

---

① 史尚宽.债法各论[M].北京:中国政法大学出版社,2001:293.
② 许建宇.雇佣关系的定位及其法律调整模式[J].浙江大学学报,2002(3):40-46.
③ 冯彦君,张颖慧."劳动关系"判定标准的反思与重构[J].当代法学,2011(6):92-98.

契约完成工作任务，无须接受雇佣方的其他指示。雇佣关系强调成果之给付，而劳动关系则强调劳动者与生产资料相结合的劳动过程。①

其次是国家干预程度不同。雇佣关系是一种私法上的关系，强调当事人双方的意思自治，只要当事人双方的约定不违反法律的强行性规定，不违反公序良俗，国家就不予干预，其权利义务的调整主要依照《民法通则》等民事法律来规范。而对于劳动关系则有大量的专门的劳动法律和法规予以规制。比如，《劳动法》中对工作时间、最低工资、休息制度、工伤保险等都有特别的规定。调整劳动关系权利义务的法律也被认为是一种介乎公私法之间的"混合法"——法学界将其归为"第三法域"或称为"社会法"②。

最后是处理机制不同。雇佣关系中发生的纠纷应当按照民事争议处理，而劳动争议的解决则应该按照《劳动法》和《劳动争议调解仲裁法》规定的劳动争议处理程序来解决。按照现行的劳动法律规范的规定，发生劳动争议必须先进行劳动仲裁，除了特殊的劳动争议采取仲裁终局外，其他劳动争议只有不服劳动仲裁裁决才能向法院起诉。而在雇佣关系中发生纠纷，可以直接向人民法院起诉，不需要经过仲裁程序。③

劳动关系的判定过程中，需要正确区分劳动关系与劳务关系。劳务关系主要包括加工承揽关系、运输关系、保管关系、建设工程承包关系、委托关系、居间关系等。劳动关系由《劳动法》《劳动合同法》进行规范和调整，建立劳动关系必须签订书面劳动合同。劳务关系由《民法通则》和《合同法》进行规范和调整，建立和存在劳务关系的当事人之间是否签订书面劳务合同，由当事人双方协商确定。劳务关系与劳动关系的区别主要有：

第一，法律适用不同。劳动关系主要由《劳动法》进行规范和调整，法律的适用也更多地体现出国家的强制性和对劳动者的保护。同时劳动关系的建立需要以当事人双方的劳动合同为依据，为了更好地对用人单位进行规范，必要时还可以由工会代表职工和用人单位签订集体合同，就劳动报酬、工作时间、休息休假等方面作出约定。而劳务关系的法律依据主要来源于

---

① 王志超.劳动关系与雇佣关系之区分[EB/OL].2010-08-23[2015-07-12].http://old.chinacourt.org/html/article/201108/23/462426.shtml.

② 赵红梅.私法与社会法——第三法域之社会法基本理论范式[M].北京：中国政法大学出版社,2009.(第三专题"社会法及其学说"部分)

③ 王志超.劳动关系与雇佣关系之区分[EB/OL].2010-08-23[2015-07-12].http://old.chinacourt.org/html/article/201108/23/462426.shtml.

《民法通则》和《合同法》,在当事人双方建立劳务关系的条件上并没有劳动关系要求得那么严格,而是可以根据当事人之间的约定来决定是否需要书面的凭证进行确定,对于工资报酬、劳动休息等方面也更多地体现出双方的自主性。①

第二,主体不同。劳动关系的一方当事人是劳动者,只能为自然人,而且必须是符合劳动年龄条件,且具有与履行劳动合同义务相适应的能力的自然人;另一方一般是符合法定条件的用人单位(特殊情形下还包括违反法律规定没有办理获得合法主体资格的手续,但已经具备了"用人单位"的其他形式要件的非法用工单位),不能为自然人。劳务关系的主体类型较多,既可以是法人等组织,也可以是自然人;既可以是两个用人单位,也可以是两个自然人。法律法规对劳务关系主体的要求,不如对劳动关系主体的要求那么严格。

第三,当事人的关系不同。在劳动关系中,劳动者必须加入用人单位,成为其中一员,遵守单位的规章制度,双方存在支配与被支配的关系,劳动者作为用人单位的劳动组织成员与用人单位具有组织上的从属关系。劳动关系中的用人单位对劳动者的违章违纪行为有进行处理的管理权,比如,对职工严重违反用人单位劳动纪律和规章制度、严重失职、营私舞弊等行为进行处理,用人单位有权依据其依法制定的规章制度解除当事人的劳动合同,或者对当事人给予警告、记过、降职等处分。在劳务关系中,劳务提供者无须加入另一方,双方不存在支配与被支配的关系,不存在组织上的隶属关系,劳务提供者自行组织和指挥劳动过程,基本上反映的是一次性使用与被使用劳动力的商品交换关系。如某一居民雇用一名按小时计酬的家政服务员,家政服务员不可能是该居民家的职工,与该居民也不可能存在劳动关系。劳务关系中的一方对另一方有不再使用劳务或不再提供劳务的权利,或者当事人一方要求当事人另一方承担一定的经济责任,但不包含当事人一方取消当事人另一方本单位职工"身份"这一形式,既不包括对其解除劳动合同,也不包括给予其他纪律处分的形式。②

《浙江省高级人民法院关于印发〈劳动争议案件疑难问题讨论纪要〉的

---

① 张浩.浅析劳动关系和劳务关系的区别及司法实践应用[EB/OL]. 2014-01-17 [2014-12-22]. http://www.chinacourt.org/article/detail/2014/01/id/1194961.shtml.

② 张浩.浅析劳动关系和劳务关系的区别及司法实践应用[EB/OL]. 2014-01-17 [2014-12-22]. http://www.chinacourt.org/article/detail/2014/01/id/1194961.shtml.

通知》中，对如何区分劳动关系与劳务关系进行了探讨。其认为两者的区别在于：一是劳动关系除了当事人之间债的要素之外，还含有身份的、社会的要素，而劳务关系则是一种单纯的债的关系；二是劳动关系的当事人之间的关系一般较为稳定，而劳务关系当事人之间的关系则往往具有"临时性、短期性、一次性"等特点；三是劳动关系中，当事人之间存在管理与被管理、支配与被支配的社会关系，劳务关系的当事人之间则不存在上述关系，而是平等主体之间的合同关系。①

第四，内容不同。首先体现在劳动过程中的关注点不同。劳务提供方提供的是劳务行为的物化或非物化成果，接受方关注的是劳动成果；劳动关系强调的是劳动过程和劳动条件。其次是劳动风险责任承担的主体不同。《侵权责任法》第三十五条规定："个人之间形成劳务关系，提供劳务一方因劳务造成他人损害的，由接受劳务一方承担侵权责任。提供劳务一方因劳务自己受到损害的，根据双方各自的过错承担相应的责任。"总体而言，劳动关系中用人单位承担劳动风险责任，而劳务关系中，有时劳务提供者在劳动过程中自担风险。最后是劳动报酬支付方式不同。劳动关系中的用人单位对劳动者具有工资、奖金等方面的分配权利。基于劳动关系发生的劳动报酬主要是工资、奖金、津贴等，以及由此派生的社会保险关系等。用人单位向劳动者支付工资应遵循按劳分配、同工同酬的原则，必须遵守有关最低工资标准的规定。上述劳动报酬的支付方式是持续的、定期的支付。而在劳务关系中，一方当事人向另一方支付的报酬是劳务费，完全由双方协商确定，当事人得到的是根据权利义务平等、公平等原则事先约定的报酬，支付方式一般为一次性劳务价格支付。

另外，在实务中，当面临一些模糊情形时，区分劳动关系和劳务关系所要考虑的其他因素还有：劳动者所从事的是临时的，还是单位性质决定的正常岗位劳动；劳动者与用人单位的关系是否具有一定的稳定性；劳动者为用人单位劳动所取得的收入是否是其劳动收入的主要来源。如果劳动者所从事的是正常岗位劳动，与用人单位关系稳定，其从用人单位获得的收入为主要生活来源，则应当倾向于确定双方存在劳动关系。

---

① 浙江省高级人民法院关于印发《劳动争议案件疑难问题讨论纪要》的通知（浙高法〔2001〕240 号）。

第二节 和谐社会与法精神转换

一、社会转型与和谐社会建设

当前,我国社会处于一个急剧转型期,①各种社会现象无不带有转型的特点。比如,我国的社会利益格局、社会关系、价值观念、生活方式、文化模式、社会控制机制、社会承受能力等等,在近年的社会转型期中都发生了前所未有的变化。同时,社会成员也无不这样那样、自觉不自觉地受到社会转型的影响和制约。这些变化大致可体现在工业化、市场化、多元化、非集中化、流动性等几个方面,②其中尤为值得关注的是市场化和多元化的发展。

市场化是我国体制转轨最重要的过程之一,并且构成了其他变革的基础。日益以市场为主的资源分配机制,已经导致财富分配格局发生变化,不同群体之间收入差距在逐渐加大。一些新的社会群体或阶层迅速崛起,而一些社会群体或阶层的原有地位则发生了相反的改变。社会权力结构和利益基础也随之发生变革,利益矛盾和冲突不断显现,群体认同和社会认同进行了重新组合。

多元化发展的内容至少包括以下两个方面:第一,体制的多元化。体制多元化在这里主要是指从单一公有制体制向多种所有制并存的体制转变的过程。仅从就业指标来看,非国有经济在整个国家的经济活动中的比重已经达到 2/3 左右,多数劳动力在非国有单位中就业。根据 2003 年国家统计局的统计,城镇 2.478 亿就业人员中,在国有单位中就业的人员总数为 0.7163 亿,仅占 28.9%;与 1999 年相比,在国有单位中就业的人员数量减少了 1400 万左右。③ 与此同时,一系列国有体制的改革在很大程度上改变了国有单位与整个国家经济活动之间原有的关系。

---

① 从总体上说,我国现代意义上的社会转型从 1840 年第一次鸦片战争之后就开始了,到目前为止,这一转型过程已大致经历了三个阶段:1840—1949 年为第一阶段;1949—1978 年为第二阶段;1978 年至今为第三阶段。参见郑杭生.中国社会的巨大变化与中国社会学的坚实进展——以社会运行论、社会转型论、学科本土论和社会互构论为例[J].江苏社会科学,2004(5):46-52.

② 郑杭生,李路路.社会结构与社会和谐[J].中国人民大学学报,2005(2):1-8.

③ 国家统计局.中国统计年鉴(2003)[M].北京:中国统计出版社,2003:123.

　　第二，利益多元化或利益分化。利益分化在改革开放前的原有体制中其实就存在，只不过那时整个社会的同质性相对较高，因而协调的复杂性相对较低。但是，体制的转轨特别是体制、制度、资源的多样化趋势，促进了利益的多元化和分化，不同层次、不同部门、不同单位乃至不同人群，其利益目标越来越独立，利益边界越来越明晰。

　　在社会转型的诸多矛盾中，利益冲突是一个核心问题。其实改革本身就是社会利益结构的调整，而利益结构的调整显然会使得一些集团或群体获得利益，同时使得另一些集团损失利益。当然，"全赢"的局面①——即社会每一个集团都获得利益，社会整体利益上升——也不是绝对不可能的，但是，目前要实现这种局面实在是太困难了。② 当前我国的住房体制、医疗体制、养老金体制、失业保障体制的改革，几乎每一项都难免会损伤一些人的利益。著名社会学者李强教授、孙立平教授等人根据改革开放以来人们利益获得和利益受损的状况，经过研究，将全体民众分为四个利益群体，即特殊获益者群体、普通获益者群体、利益相对受损群体和社会底层群体。③

　　对于一个社会的财产贫富和收入分化最常用的测量方法是看基尼系数④变化。基尼系数是意大利经济学家基尼根据洛伦茨曲线找出的判断分配平等程度的指标。基尼系数为0，表示收入分配绝对平等；基尼系数为1，表示收入分配绝对不平等。该系数在0和1之间变动。基尼系数在0.3以下为平均状态，在0.3~0.4之间为合理状态，而0.4以上则属于收入差距过大，如果达到0.6，暴发户和赤贫阶层同时出现，则社会动乱随时可能发生，所以0.6被定为警戒线。据世界银行经济考察团1980年对中国经济考察后所写的报告显示：1979年，中国城市家庭人均收入的基尼系数为0.16，中国农村家庭人均收入的基尼系数为0.33，城乡合计家庭人均收入的基尼系数为0.31。该报告还指出，当时中国最富的10%的人的收入在全部收入

---

　　① 经济学上将这种现象称为"帕累托改进"，指那种所有人都受益，只是受益多少不同而基本无人吃亏的情况。我国著名学者、清华大学的秦晖教授认为，中国1978年到1989年的改革过程，基本上处于这样一种状态。参见秦晖."中国奇迹"的形成与未来——改革三十年之我见[N].南方周末,2008-02-21.

　　② 李强.当前中国社会的四个利益群体[J].学术界,2000(3):2-8.

　　③ 社会结构转型课题组.中国社会结构转型的中近期趋势与隐患[J].战略与管理,1998(5):1-17.

　　④ 用基尼系数测量贫富差距，测量的对象可以是财产，也可以是收入，测量财产比较复杂，测量收入简单一些，所以，在本研究中就用家庭人均年收入的测量数据来表示。

中占的比例为 22.5%,最富的 20% 的人的收入在全部收入中占的比例为 39.3%。①

　　根据李强教授的研究,中国的基尼系数 1994 年为 0.434,1996—1997 年为 0.4557,2003 年中国城乡居民人均可支配收入的基尼系数不低于 0.5 的水平,从趋势上看,还在进一步上升,中国已经朝着世界上贫富差距最大的国家的方向发展了。② 2007 年 2 月,国家发改委发布的《2006 年中国居民收入分配年度报告》显示,2005 年各地区的"城乡收入差"比上一年扩大 500 元以上,全国农村居民人均可支配收入不到城镇居民人均可支配收入的 1/3。东部地区与中部地区的收入差距比上一年拉大 462 元,东部地区与西部地区的收入差距拉大 545 元。2000 年到 2005 年的五年间,城镇居民中 10% 最高收入组与 10% 最低收入组的收入之比从 4.6 倍上升到 9.2 倍,扩大了一倍。③ 另根据中国劳动学会公布的数据显示,2002 年至 2006 年,全国在岗职工工资连续 4 年实现两位数增长,但不同行业、不同群体之间收入差距不尽合理,部分行业及企业普通职工工资增长缓慢,其中行业工资差距问题尤为突出。2000 年行业最高人均工资水平是行业最低人均工资水平的 2.63 倍,2005 年增加到 4.88 倍。④

　　当代中国社会中以利益失衡为代表的各种不和谐因素也进入了新的活跃期和多发期,这些问题对我们现行的社会政策、政治体制、服务和管理系统构成了挑战。而且由于社会政策的不适应,政府部门某些功能的蜕变,服务系统公共性的丧失和效率减退,管理阶层的内卷化和自我伺服等问题,使得社会的和谐与稳定面临新的考验。因此,在战略机遇期,实现当代中国社会进一步和谐发展,就成为向新型现代性转变的必经之途。⑤

---

　　① 李强. 当前我国社会分层结构变化的新趋势[J]. 江苏社会科学,2004(6):93-99.

　　② 据国际劳工组织的统计资料:20 世纪 90 年代,世界上基尼系数最高的 10 个国家是塞拉利昂 0.629,巴西 0.601,危地马拉 0.596,南非 0.593,巴拉圭 0.591,哥伦比亚 0.572,巴拿马 0.571,津巴布韦 0.568,智利 0.565,几内亚比绍 0.562。参见李强. 当前我国社会分层结构变化的新趋势[J]. 江苏社会科学,2004(6):93-99.

　　③ 中华人民共和国国家发展与改革委员会. 2006 年中国居民收入分配年度报告[R/OL]. 2007-02-01 [2009-06-08]. http://cn. chinagate. cn/economics/2007-02/01/content_2365373. htm.

　　④ 中共中央宣传部理论局. 2007 理论热点面对面[M]. 北京:学习出版社、人民出版社,2007:114.

　　⑤ 郑杭生,李路路. 社会结构与社会和谐[J]. 中国人民大学学报,2005(2):1-8.

从这个角度，本书把 1978 年以来的中国社会转型，以执政党——中国共产党第十六次全国代表大会召开(2002 年)为标志分为前后两个阶段，并将后一个阶段称为和谐视角下的新社会转型。① 在后一个阶段，需要工业反哺农业，城市支持乡村，从而带动整个社会完成社会转型的历史进程。"纵观一些工业化国家发展的历程，在工业化初始阶段，农业支持工业、为工业提供积累是带有普遍性的趋向；但在工业化达到相当程度以后，工业反哺农业、城市支持农村，实现工业与农业、城市与农村协调发展，也是带有普遍性的趋向。"②这既是对社会转型发展规律的经典概括，同时也为当前以构建和谐社会为目标的新社会转型指明了途径。

和谐是古往今来许多哲人不断思考和追求的理想境界，也是无数人向往和憧憬的一种美好生活状态。"和谐"一词，在英语中为"harmony"，表示感情、兴趣、意见等的和睦、一致，体现了一种整体和谐统一的色彩。美国法学家富勒主张，"社会设计中的一个普遍存在的问题便是如何把握支持性结构与适应性流变之间的平衡"，"我们所关心的不仅仅是个人是否自由或安全抑或是否感到自由或安全的问题，而是作为一个整体的社会中的各种(通常默默展开的)过程之间如何达致和谐与平衡的问题"。③

在汉语中，和者，和睦也，有和衷共济之意；谐者，相合也，有顺和协调之意。一般地说，和谐是事物之间的一种有序协调的秩序。2009 年 2 月 3 日，温家宝总理在剑桥大学的演讲中提到："'和'在中国古代历史上被奉为最高价值，是中华文化的精髓。中国古老的经典——《尚书》就提出'百姓昭明，协和万邦'的理想，主张人民和睦相处，国家友好往来。'和为贵'的文化传统，哺育了中华民族宽广博大的胸怀。我们的民族，既能像大地承载万物一

---

① 2002 年 11 月，中国共产党第十六次全国代表大会在北京召开，在这次会议上"和谐"理念被正式提出。之后，2004 年 9 月召开的十六届四中全会明确提出构建社会主义和谐社会的目标和主要内容。2006 年 10 月，中共十六届六中全会作出了《中共中央关于构建社会主义和谐社会若干重大问题的决定》，进一步阐述了构建社会主义和谐社会的重要性和紧迫性，进一步明确了构建社会主义和谐社会的指导思想、目标任务和原则，进一步部署了构建社会主义和谐社会的工作任务。参见张文显.加强法治，促进和谐——论法治在构建社会主义和谐社会中的地位和作用[J].法制与社会发展，2007(1)：3-19.

② 本书编写组.庆祝中国共产党成立 85 周年胡锦涛同志重要讲话学习读本[M].北京：中共党史出版社，2006：114.

③ 富勒.法律的道德性[M].郑戈，译.北京：商务印书馆，2005：35-36.

样，宽厚包容；又能像苍天刚健运行一样，彰显正义。"①

　　现在，中国的改革与发展处于关键时期，改革在广度上已涉及经济、政治、文化等各个领域，在深度上已触及人们具体的经济利益，发展方面已由单纯追求 GDP 上升到追求人文 GDP、环保 GDP，实现人口、资源、环境统筹协调发展。国际经验表明，一个国家人均 GDP 进入 1000 美元到 3000 美元的时期，既是黄金发展期，也是矛盾凸显期，处理得好，能够顺利发展，经济能够很快上一个新台阶，处理不好，经济将停滞不前或倒退。目前中国已进入人均 GDP1000 美元阶段，为了避免可能出现的经济社会问题，巩固改革发展的成果，推动经济可持续发展，应积极维护社会稳定，促进社会和谐，重构社会结构，完善社会组织，调整社会关系，最大限度地激发社会各阶层、各群体、各组织的创造活力，化解各类矛盾和问题，构建社会主义和谐社会，全社会形成合力，努力实现中国经济与社会的协调发展。

二、建设和谐社会与法精神的转换

　　建立平等、互助、协调的和谐社会，一直是人类的美好追求。马克思、恩格斯在《共产党宣言》中明确指出："代替那存在着阶级和阶级对立的资产阶级旧社会的，将是这样一个联合体，在那里，每个人的自由发展是一切人的自由发展的条件。"②党中央提出"构建社会主义和谐社会"就是要把这一科学论述逐步变成现实。在此过程中，要加强对构建社会主义和谐社会重大问题的调查研究和理论研究，着力提高构建社会主义和谐社会的本领，把社会主义和谐社会建设的各项工作落到实处。③

　　这一要求具体落实到法学领域中，就是要加强和改进相关法学理论研究和实践工作，积极发挥法在构建和谐社会中的作用。要想做到这一点，关键在于要顺应构建和谐社会的要求，实现法精神的转换。同时，实现法精神的转变，又是相应的立法、执法和司法变革的前提和先导。因而，探讨构建和谐社会与法精神的转换问题，具有十分重要的理论意义和现实价值。结

---

　　① 温家宝.用发展的眼光看中国——2009 年 2 月 2 日在剑桥大学的演讲[EB/OL].2009-02-03[2009-06-06].http://news.sohu.com/20090203/n262027973.shtml.

　　② 中共中央马克思恩格斯列宁斯大林著作编译局.马克思恩格斯选集（第一卷）[M].北京：人民出版社，1972：273.

　　③ 中共中央政治局举行集体学习中共中央总书记、国家主席胡锦涛要求加强研究和谐社会[EB/OL].2003-08-12[2007-12-06].http://www.sars.gov.cn/chinese/pi-c/792783.htm.

合构建社会主义和谐社会的内涵及要求，笔者认为，要在以下几个方面实现法精神的转换。

首先，要实现法本位观①的转换，由国家本位转到社会、个人本位。法的国家本位观突出体现在片面强调法的一元论、法的工具论和法的义务论。其典型概括是"国家制定法律规范，监督它们的遵行，对不遵守法律规范的人采取强制措施。另一方面法是实现国家基本任务和职能的主要手段，是在立法上确认国家机构的主要手段，没有国家法就不可能存在"②。其基本要点包括：

其一，法的国家本位观强调法的一元论。认为制定法是法的唯一渊源，任何打上国家印记的规范就是法，反之，任何规范只要没有打上国家的印记就不是法。

其二，法的国家本位观突出法的工具论。法的工具论认为，国家与法的关系是目的与工具的关系，"法离不开国家是因为国家是造法之母、行法之主，国家离不开法律是因为法律是组织国家机构、实现统治阶级政策、执行国家职能的工具，法是统治阶级的工具"③。把法仅仅作为控制社会民众和制裁违法行为的工具，片面强调社会民众守法，忽视对权力运行的约束和规范。治下不治上、治人不治己是法律工具主义的典型表现。

其三，法的国家本位观侧重法的义务论。与法的工具论相适应，法的义务论在权利和义务这一对法律关系中更加侧重义务，主张个人对国家的义务是首要的、先导性的要求，而个人的权利只不过是国家赋予的一种资格。

国家本位的法观念片面强调法的一元论、法的工具论和法的义务论，与构建社会主义和谐社会的要求明显不相符。构建社会主义和谐社会要切实

---

① "本位"是一种研究范式或称为研究方法，就其内涵而言指重心或立足点。所谓法的本位即是指法的重心或法的立足点。在我国，较早使用法本位概念的是近代著名民法学者胡长清先生，他在《中国民法总论》一书中提出，法律的本位即指法律的中心观念或法律的立足点。依照主体来分，法的本位大致可以分为三种——国家本位、个人本位和社会本位。国家利用法实现其政治统治，建立有利于统治阶级利益的秩序，这种以国家为中心的法就是国家本位的；主张个人利益不可侵犯，以促进和实现个人利益为最终目的的法是个人本位法；追求社会利益的最大化，注重社会总体发展的均衡，这种以社会为中心的法就是社会本位法。参见胡长清.中国民法总论[M].北京：法律出版社，1997：35.
② 这是周教授在对法的国家本位观进行批判时的概括。参见周永坤.社会优位理念与法治国家[J].法学研究，1997(1)：101-110.
③ 孙国华.法学基础理论[M].北京：法律出版社，1983：48.

落实依法治国基本方略,这就需要实现法的本位观的转换,由国家本位转变为社会本位、个人本位。特别是在当代中国,重提个人自由、私有财产、社会公共利益等略显"过时"的理论,并不是没有理由和价值的。正如我国著名民法学家江平教授所言:"不可否认,在今天再讨论公法和私法的划分,不仅为时过晚,似乎它的局限性也明显了,但在今天的中国讨论这一主题仍有很重要的现实意义,这不仅是因为40年来我们一切以国家为本位的公法精神渗透了整个法学领域,而且也因为中国4000年来有文明记载的历史中始终是以刑为主,根本不存在什么私法精神。"①虽然江平教授的这段论述主要针对的是民法学科,但不可否认的是,该结论同样对法的本位观从国家本位转向社会本位、个人本位具有重要的启示意义。

其次,要实现法价值观的转换,由效率优先转到更加注重公平、正义。构建和谐社会最主要的是要实现人与人之间的和谐,即人际和谐。和谐社会是一个以人为本的社会,一切活动的根本目的,都是人的生存、享受和发展。和谐社会就是一个政通人和、经济繁荣、人民安居乐业、社会福利不断提高的社会。和谐社会表现为社会各阶层人们互相尊重,平等友爱,融洽和谐。全社会形成尊重劳动、尊重人才、尊重创造的氛围。

在和谐社会中,人与人之间的关系是诚信友爱、融洽相处的关系。法律要实现为和谐社会建设服务的目的,必须实现法的价值观的转换,即由片面关注效率优先转向更加重视公平正义。在当代中国,片面追求效率而有损公平是当前影响社会人际和谐的主要问题之一。市场经济是一把双刃剑:其积极的一面是能较大限度地优化资源配置,调动人的积极性,实现高效率;其消极的一面是会带来分配不公和两极分化。

和谐社会是一个以人为本的社会,构建和谐社会的要求之一是要实现公平正义。和谐社会中的公平正义,就是社会各方面的利益关系得到妥善协调,人民内部矛盾和其他社会矛盾得到正确处理,社会公平和正义得到切实维护和实现。② 自人类社会产生以来,公平正义一直被视为美德和崇高理想,法和司法一直被视为维护正义和促进公平的艺术或工具。公平正义是法和司法的实质和宗旨,法和司法只能在公平中发现其适当的和具体的内

---

① 江平.罗马法精神在中国的复兴[M]//杨振山,桑德罗·斯奇巴尼.罗马法·中国法与民法法典化.北京:中国政法大学出版社,1995:9.

② 张文显.加强法治,促进和谐——论法治在构建社会主义和谐社会中的地位和作用[J].法制与社会发展,2007(1):3-19.

容，也只能在正义中显现其价值。

作为现代社会最重要的调整工具之一的法和司法应该在和谐社会构建过程中发挥其应有的作用，而要想实现这一目标又首先要完成法的价值观的转换，即从片面地强调效率优先转向更加注重公平、正义。正如有学者指出的那样，在法律问题上和法制领域中（甚至在整个社会上层建筑领域中）必须坚持"公正优先，兼顾效率"的理念和原则。因为公正和正义是法的最基本价值或首要价值，甚至可以说是法的价值本质，是法的其他价值实现的前提。不仅如此，公正和正义还是社会法治文明及政治文明的当然内涵，是法之最重要象征及其正当性的体现，是衡量法之善恶即"良法"与"恶法"的重要标准。不公正、不正义的法，就是恶法，就是非法，就不具有正当性和合理性，应予以否定和拒斥。①

再次，要实现法伦理观的转换，由以人类为中心转到人与自然和谐共存。和谐社会还表现为实行全面、协调、可持续的科学发展观。只有认真按照科学发展观办事，才能够避免某些发展中国家出现的社会动荡和资源破坏，为构建和谐社会创造良好条件。其中要特别关注人与自然的关系，合理保护自然资源，减少环境污染，提高环境质量，实现可持续发展。但现实情况与上述具体要求相比还有很大的差距，比如，2005 年 1 月 27 日，评估世界各国（地区）环境质量的"环境可持续指数"（ESI）在瑞士达沃斯世界经济论坛正式对外发布。在全球 144 个国家和地区中，中国位居第 133 位。②

长期以来，受"人类中心主义"思想的影响，人们对自然的过分索取已成为一种习惯。当然，一切生存主体都是以自我为中心，一切物种都有"为我"的特性，"利己"是一种自然规律，这是事物及其进化的生存机制。随着人类对自然的一个又一个胜利，已经充分凸现人类的优越性，"一切以自我为中心"已经达到前所未有的高度。而就在人类以强势固守完全自我中心的同时，大自然的价值却被严重透支了，以至于形成了比较严重的生态危机，甚至开始威胁到人类的生存。显然，这样的发展态势，是不利于我们构建和谐社会的。在这一现实面前，需要我们对人类的"优越性"的价值观进行新的评价，这也是人类道德进步和完善的表现。

从某种程度上讲，人类道德进步和完善的表现之一，正是开始认识到了

---

① 文正邦.公平与效率：人类社会的基本价值矛盾[J].政治与法律，2008（1）：55-61.

② 汪永晨.构建和谐社会应认识自然的权利[N/OL].2005-03-08[2013-08-16].http://politics.people.com.cn/GB/30178/3227839.html.

大自然的"权利",认识到了自然不仅仅是为人类准备的,它也是地球上一切生命的资源。除了资源意义,它还具有以自身为尺度的价值。只有切实转变"人类中心主义"的观念,才有可能真正做到人与自然和谐共存。而这种伦理观念的转变在一定程度上离不开法律作用的发挥,要求实现法的伦理观的转换,即由人类中心主义转到人与自然和谐共存。

与伦理观的转变相适应,法律必须确立生态主义的伦理观,明确承认其他生命物种的价值主体地位,肯定和保护其他生物种类的生存权利。"虽然其他生命体不能'自己'主张和行使权利,可以采用与民法中的代理类似的制度来解决,即由代表其他物种利益的个人或组织主张或行使其权利。"①特别是现代环境公益诉讼的兴起,为达到保护自然环境的目标提供了可行的途径。只有确立生态主义的法律伦理观,法律才能为人类和自然的和谐共存、平衡发展发挥建设性的作用。

最后,要实现法秩序观的转换,由单纯追求稳定转到民主、自由和秩序的统一。从一定意义上讲,社会主义和谐社会本身就是一种社会秩序,是一种安定有序的社会秩序。所谓安定有序,就是要求社会组织机制健全、社会管理完善、社会秩序良好、人民群众安居乐业、社会保持安定团结。但这种安定有序在本质上并不是固定不变和绝对静止的。

辩证唯物主义原理告诉我们,矛盾是客观存在的,没有矛盾也就没有事物。社会也正是在不断的冲突斗争中向前发展的,要想避免任何形式的矛盾冲突,除非是停滞不前。社会总是要向前发展的,因而矛盾是不可避免的。问题的关键在于如何使社会保持一种既充满活力,又处于可控范围的状态。要维持这一状态需要实现法的秩序观的转换,由原来单纯地追求稳定转变为民主、自由和秩序的统一。"历史表明,凡是在人类建立了政治或社会组织单位的地方,他们都曾力图防止不可控制的混乱现象,也曾试图确立某种适于生存的秩序形式。这种要求确立社会生活有序模式的倾向,绝不是人类所作的一种任意专断或'违背自然'的努力。"②

既然社会离不开秩序,法律是人用来防止无序的主要手段,这样秩序就成为法律的最基本的价值之一。但是在强调法律的秩序价值的同时,又要防止对法律秩序的认识走入一个误区,即将法律秩序中的秩序片面地理解

---

① 张文显.马克思主义法理学[M].北京:高等教育出版社,2003:460.

② 博登海默.法理学——法哲学及其方法[M].邓正来,姬敬武,译.北京:华夏出版社,1989:207.

为静止不变。其实，法律秩序不是一个静态的模式，而是一个动态的过程。在社会主义和谐社会的法律秩序中，稳定绝不是其唯一的追求，它不仅不排斥民主、自由，反而以民主、自由作为秩序的前提和基础。在追求自由、民主的过程中，真正实现自由民主和秩序的统一。

第三节 劳动关系法治化

一、劳动关系法治化的内涵

劳动关系治理是国家治理体系的重要组成部分，劳动法治作为社会法治的基本内容，在社会主义法制体系的构建中，其地位和作用越来越突出。在我国和谐社会建立的过程中，劳动立法的完善是今后中国法治建设最为急迫的重点领域之一。《中共中央关于构建社会主义和谐社会若干重大问题的决定》中要求："完善劳动关系协调机制，全面实行劳动合同制度和集体协商制度，确保工资按时足额发放。严格执行国家劳动标准，加强劳动保护，健全劳动保障监察体制和劳动争议调处仲裁机制，维护劳动者特别是农民工合法权益。"以上论述为如何建立和谐劳动关系指出了方向，即要实现劳动关系的法治化。

在西方发达国家，有关劳动关系理论的研究，具有代表性的包括新保守学派、管理主义学派、正统多元论学派、自由改革主义学派和激进学派。自20世纪60年代以来，马歇尔（Marshal）、克拉克（Clark）、贝克尔（Becker）、兰卡斯（Lancaster）、穆斯（Muth）等西方劳动经济学家进一步拓展了劳动关系的研究范畴。尽管各学派和学者在许多问题上的立场和看法并不相同，但他们之间还是存在一些共性。比如，他们都强调实现和谐、协调的劳动关系对企业的经济效率提高、劳动者的经济利益实现乃至整个国家的经济增长具有重要作用。

立法是规范劳资关系的必要基础，也是和谐劳动关系产生的重要前提。西方发达国家非常重视通过劳动立法来调整劳动关系，以劳动法律为基础，世界主要发达国家已经形成了具有本国特点的劳资关系格局。比如，德国除了在《民法典》中对劳资双方的权利和义务作了原则性规定之外，还专门制定了《工人保护法》《工作时间法》《工资给付法》《解雇保护法》等多部全国性法律，规范雇主与劳动者之间的劳动关系，加强对特殊工作岗位及就业群体的保护。再比如,美国的《全国劳工关系法》对可能引发劳资争议的各种情况,以及谈判双方的责任、权利和义务都进行了明确的界定,特别是对雇主的不公平劳工行为、雇员的罢工行为作出了界定和规范。目前,该法已经成为美国解决劳资纠纷的主要法律依据,在实现劳动关系的法治化中发挥着关键作用。实践证明,完善的劳动法律体系确定了调整劳资关系的一系列制度安排,对于保护劳动者合法权益,促进劳资关系平衡稳定起到了必不可少的作用。①

国内有关劳动关系法治化的研究始于 20 世纪 80 年代中期,是随着经济体制和劳动、就业制度改革而兴起的。比较有影响的著作有王全兴教授的《劳动法学》,董保华教授的《劳动合同研究》《劳动关系调整的法律机制》,常凯教授的《劳权论》,程延园教授的《劳动关系》,周长征副教授的《劳动法原理》,等等。我国学者对劳动关系法律机制的研究主要集中于体制转型时期的劳动关系上,有代表性的包括关怀、贾俊玲、王全兴、董保华、黎建飞、常凯、冯彦君等学者的著述。上述研究成果有一个共识,就是实现良好的劳动关系的关键在于实现劳动关系的法治化。

所谓劳动关系法治化,是指以劳动者保护为价值指向,在劳动关系的成立、运行和矛盾处理中,都须以法律作为基本准则和依据来规范和调整。从理念上看,劳动关系法治化以劳动者保护为基本宗旨,以社会公平为基本原则,以经济和谐和社会和谐为基本目的。从制度上看,劳动关系法治化是以劳动和社会保障立法、执法和司法为基本构成的法律制度。由于市场经济必须是法制经济,所以作为市场经济基本构成部分的劳动关系,也应该是一种法治化的关系。从这个意义上分析,"劳动关系的法治化既是一种手段,也是一种目的。或者说,只有通过法治化的手段,劳动关系的差异、矛盾和冲突才能得到调节和规制,而只有实现了劳动关系法治化,劳动关系方能稳定与和谐"②。

维护劳动者合法权益、构建和谐劳动关系必须充分发挥法治的引领和规范作用,发挥法治在平衡社会利益、化解社会矛盾中的独特优势和作用。"只有依靠法治,建设符合中国需求的劳动法治体系,才能提高劳动关系治理能力和治理水平,使劳动关系既充满活力、生机勃勃,又规范有序、和谐稳

---

① 赵倩.关于国外协调劳动关系经验的启示与思考[J].工会理论研究,2014(1):35-38.

② 常凯.构建和谐劳动关系与劳动关系法治化[J].思想政治工作研究,2011(9):6-9.

定,广大职工群众的合法权益才能切实得到维护和保障,并在现实生活中树立和增强法治信念。"①

二、劳动关系法治化的理念

理念的功能在于为思想和行为提供理论框架,为现行制度提供解释和说明,确定法的价值取向,有助于为立法设计提供方向指引。"价值问题虽然是一个困难问题,它是法律科学所不能回避的,即使是最粗糙的、最草率的或最反复无常的关系调整或行为安排,在其背后总有对各种相互冲突和相互重叠的利益进行评价的某种准则。"②

对于现代劳动关系法治化的价值取向,学者们的看法并不完全一致。比如,有学者认为,劳动法就是劳权维护法,其立法出发点就是维护劳动者的合法权益。该学术观点的代表学者为中国人民大学的常凯教授,他认为,劳权保障是劳动法律的最本质和最基本的要求,并在其著作《劳权论》和《当代中国劳动关系的法律调整研究》中系统阐述了这一观点。也有学者认为,劳动法应当是平衡劳资双方关系的法律部门,对劳资双方的合法权益均应保护。该观点的代表学者为华东政法大学的董保华教授,他在其《劳动法原理》《劳动法论》等著作中均表明了这一观点。另有学者认为,劳动法在维护劳资双方合法权益过程中,应对劳动者实行倾斜保护,浙江大学法学院的许建宇副教授在《劳动法新论》中较早提出这一观点。

本书认为,劳动关系作为一种特殊的法律关系,既应该体现其调整对象的特殊性,又应该反映法律关系的一般要求,所以上述几种代表性观点中第三种具有较强的合理性。因为在正常的劳动法律关系中,劳动者与用工单位是相互依存的,不可能过于强调一方的权益,而不顾及另一方的生存与发展,否则出现的只能是"双输"的结果。但是如果仅仅提出对双方的权益"平衡"保护,很显然是没有充分顾及劳动法律关系的特殊性,最终只能出现形式上"平衡"但实质上并不平衡的局面。在上述认识的基础上,本书将劳动关系法治化的理念作如下阐述。

其一,从宏观上看,劳动关系法治化的理念以践行社会正义特别是分配正义和实质正义为其基本宗旨,以实现劳动关系的具体平等、结果平等和实

---

① 谢增毅.建设中国特色社会主义劳动法治体系[N].中国社会科学报,2014-11-26(A06).

② 罗·庞德.通过法律的社会控制·法律的任务[M].沈宗灵,董世忠,译.北京:商务印书馆,1984:55.

质平等为其追求的最高目标。

正义意识和观念,无论在西方还是东方,都是人类的一种由基本内在冲动而产生的原初的美好追求。人类对正义的追求,从一开始就是自在自为的。可以预见的是,只要人类社会存在,对正义的追逐就将永无止境地继续下去。正义既是一个法律问题,更是一个哲学问题、政治问题乃至伦理问题。① 有学者按历史发展将作为法律价值的正义划分为反思前的正义、反思中的正义和反思后的正义。② 本书认为,这种划分具有重要的理论价值,有助于我们更好地认识正义特别是法律正义问题。

反思前的正义是指 18 世纪资产阶级革命前的正义,主要是奴隶制、封建制时期的正义,这时的正义具有身份性质、贵族偏向和神秘色彩,以人格的不平等、人身依附关系的存在为内容,所以这一时期的正义又被称为身份正义。

反思中的正义,是指 18 世纪资产阶级革命到 20 世纪初的正义,这一时期的正义又称为自由主义的正义。康德认为,正义主要表现为普遍的自由,正义是"那些条件之总和,在那些条件下,一个人的意志按照普遍的自由法则能够同另一个人的意志结合起来"③。自由主义正义的不足在于,抽象地谈论自由而无视社会中存在的事实上的不平等和在"自由"名义下的压迫。正是在对近代自由主义正义进行反思的基础上,产生了 20 世纪中后期的正义,也就是反思后的正义。

反思后的正义,以当代美国学者约翰·罗尔斯所倡导的社会正义理论为代表。罗尔斯的社会正义由两个基本原则构成:(1)每个人都将具有这样一种平等权利,即和其他人的同样自由相并存的最广泛的基本自由;(2)社会和经济的不平等将被安排得使人们能够合理地期望它对每个人都有利,并使它们所依附的地位与公职对所有的人都开放。上述原则中,第一个原则优于第二个原则。④ 后来罗尔斯在《作为公平的正义》一书中对正义问题进行了更清晰的论述,将正义原则表述为:(1)每一个人对于一种平等的基本自由之完全适当体制都拥有相同的不可剥夺的权利,而这种体制与适于所有人的同样自由体制是相容的;(2)社会和经济的不平等应该满足两个条

---

① 廖申白.西方正义概念:嬗变中的综合[J].哲学研究,2002(11):60-67.
② 邱本.自由竞争与秩序调控[M].北京:中国政法大学出版社,2001:55.
③ 北京大学法律系.西方法律思想史资料选编[G].北京:北京大学出版社,1983:400.
④ 罗尔斯.正义论[M].何怀宏,等译.北京:中国社会科学出版社,1988:56-57.

件:第一,它们所从属的公职和职位应该在公平的机会与平等的条件下对所有人开放;第二,它们应该有利于社会之最不利成员的最大利益。① "差别原则"表明,纯粹意义上的"自由"本身并不能担当起正义的价值理想,社会有更多的责任和义务关注弱势群体,给予他们更多的人道关注和分配倾斜,从而缩减人们之间的现实不平等状况。②

法律中正义的概念一般追溯到亚里士多德《尼各马可伦理学》第五部分,在亚里士多德看来,正义是一切德性之大成和整体。在此基础上,他首先把正义区分为"普遍正义"和"特殊正义",然后又将"特殊正义"区分为"分配正义"和"矫正正义"。"矫正的正义是当人们在交往(又可以具体分为自愿的交往和不自愿的交往,比如,商品交易属于前者,被盗就属于后者)中受了损失时裁判者(如法官)对所有的人一律在数值上平等地按所受损的同等数值进行弥补。"③矫正正义不考虑具体个人的需求与禀赋,针对具体当事人之间发生的错误进行校正和弥补。"分配正义表现在国家对荣誉财物等东西的分配中,这种正义是一种按比例的平等,即指根据各人的真正价值来按比例分配与之相称的事物。"④分配正义的核心是在两个或两个以上的个人或群体之间合理地分配利益或负担,实质是社会通过正义的制度和政策来分配收入、机会和各种资源,以帮助那些迫切需要社会正义来帮助的人。⑤

另外,法律中的正义有形式正义与实质正义之分,形式正义是指每个人被同样地对待,所有被考虑到的人必须受到同样的对待,而不管他们是长者或晚辈,健康或虚弱,富裕或贫困,正直或可耻,有罪或清白,高贵或卑贱,白肤或黑肤。⑥ 按照马克斯·韦伯的观点,西方社会的法律从近代以来经历了一个理性化的发展过程,这种法的理性化过程也就是法律的形式理性化或形式主义的过程。⑦ 近代以来,民法以抽象人格为基础,强调形式平等。形

　　① 罗尔斯.作为公平的正义——正义新论[M].姚大志,译.上海:上海三联书店,2002:70.

　　② 毛勒堂.分配正义:历史、理论与实践思考[J].湖南师范大学社会科学学报,2011(6):111-114.

　　③ 吴予.法与正义之关联:一个西方文化基因演进的考察.比较法研究,1999(2):205-226.

　　④ 亚里士多德.尼各马可伦理学[M].苗力田,译.北京:商务印书馆,2003:136.

　　⑤ 姚大志.分配正义:从弱势群体的观点看[J].哲学研究,2011(3):107-114.

　　⑥ 张文显.二十世纪西方方法哲学思潮研究[M].北京:法律出版社,2006:490.

　　⑦ 马克斯·韦伯.经济与社会(下卷)[M].林荣远,译.北京:商务印书馆,1997:15-16.

式平等不考虑主体身份之不同,顾及理性人能够控制自身行为之能力,积极推进人的解放。"个人被作为抽象掉了种种实际能力的完全平等的法律人格对待。这种处理具有历史的意义,但是也产生了令人难以忍受的后果,支持了在各种情况下人与人之间实际的不平等,尤其使贫富差距中产生的各种问题表面化,从而产生了令人难以忍受的后果。"①所以自 20 世纪开始,基于保障社会的公平正义、维护交易安全秩序等价值考虑,法律中已经被注入越来越多的实质平等的因素。

单纯从逻辑上看,拥有人力资本的劳动者与拥有非人力资本的用人单位应具有对等的权利。劳动力与货币资本的交易,应该遵循平等交换、自由选择的原则,尊重交易主体的意志,保证交易双方的应有权利。但是理论上的、应然的平等,并不等于现实的、实然的平等。在现实生活中,劳动者作为劳动力出卖者,相对于用工者而言,在社会资源占有、社会分工中的地位等方面均处于弱势地位。为了能够获得就业岗位,劳动者在与用工者进行谈判过程中,可能会因"一职难求"而放弃法律赋予的平等协商权,不得不接受用工者提出的可能相当苛刻的条件。

恰如英国学者哈特所说:"习惯上,正义被认为是维护和重建平衡或均衡,其重要的格言常常被格式化为'同样情况同样对待'。当然,我们需要对之补上'不同情况不同对待'。"②法律开始正视当事人(劳动者和用工单位)之间经济地位不平等的现实,抛弃片面的形式正义观念而追求实现实质正义,考虑当事人的利害关系,试图作出在当时的一般人看来是合情合理的规定,使法律具有社会妥当性。

其二,从微观上看,劳动关系法治化的理念以劳动者权益保护为基本立场,以实现劳资共赢为指向,以劳动关系和谐为直接目标。

法律秩序的建构一方面要维持基本竞争的局面,另一方面要维持人类进化的需要;一方面要视残酷的竞争为常态,另一方面却要坚持"爱的原则",用规则抚平缺少关爱的"失衡的秩序"。"私法自治",在某种意义上就是维持社会生活中的基本竞争需要的秩序原则,而"公共强制"则是保障人类作为整体其进化底线所需要的例外原则。一旦生存竞争突破人类进化的底线,或者导致群体利益的整体性丧失,法律就会进行管制,重新设定规则。

劳动关系的法治化应从维护劳动者基本权利的角度,设计有利于劳动

---

① 星野英一.私法中的人[M].王闯,译.北京:中国法制出版社,2004:65.

② 哈特.法律的概念[M].张文显,等译.北京:中国大百科全书出版社,1996:158.

者和限制用工者权利的法律规则和制度,对劳动者给予特殊的倾斜保护,以衡平双方存在的事实不平等关系。① 具体而言,劳动关系法治化是以劳动者权益保护为宗旨开展的,劳动立法中应体现对劳动者的"有利原则",以劳动合同为例,劳动合同中"有利原则"是指:若劳动合同双方当事人的约定、集体合同的规定、用人单位内部劳动规则的规定、用人单位的单方承诺与劳动基准或者法律规定不一致的,应当适用对于劳动者有利的约定、规定或者法定;若这些约定、规定或法定的含义不明确的,应当作出对劳动者最为有利的解释。② 比如,原劳动和社会保障部于 2005 年 5 月 25 日颁布的《关于确立劳动关系有关事项的通知》第四条规定:"建筑施工、矿山企业等用人单位将工程(业务)或经营权发包给不具备用工主体资格的组织或自然人,对该组织或自然人招用的劳动者,由具备用工主体资格的发包方承担用工主体责任。"

　　强调劳动权对劳动者的倾斜性保护虽并不为错,但在当代中国,如果过分地或者仅仅强调劳动法与劳动权的这一机能既不妥当也不明智。应该看到,"只是因为劳动者在劳动关系中常常处于不利的弱者地位,劳动法才对其进行重点保护,重点保护的目的是追求劳资双方地位平等和利益平衡,绝不是以牺牲资本的利益单方面追求劳动者的利益。否则劳动法的调整就会矫枉过正,重点保护也失去了平等、公平的正义基础"③。因此,劳动权的理念不仅在于倾斜性保护,同时也在于对利益共同体的各方利益进行平衡协调。倾斜保护是手段,平衡协调是目的。通过形式的不平等促进实质的平等,这是劳动法的作用机理,也是劳动权的权利机能之一。

　　从本质上看,经济组织不过是由投资者(股东)、劳动者、经营者所构成的一个利益共同体。从法律的视角观之,经济组织实际上就是由股权、劳动权和经营权有机构成的权利群体(利益共同体上的权利群)。在这个权利群体中,劳动权以其法益独立性平衡协调着与股权、经营权的关系,其功能在于通过追求各方主体利益平衡和内部关系和谐进而谋求共同发展。④

---

　　① 秦国荣.法律衡平与劳权保障:现代劳动法的价值理念及其实现[J].南京师范大学学报(社会科学版),2007(2):21-27.

　　② 许建宇.劳动合同的定性及其对立法的影响[J].中国劳动关系学院学报,2005(6):17-21.

　　③ 冯彦君.解释与适用——对我国劳动法第31条规定之检讨[J].吉林大学社会科学学报,1999(2):39-46.

　　④ 冯彦君.劳动权的多重意蕴[J].当代法学,2004(2):40-44.

　　劳动关系最基本的属性是物质利益关系,但同时还存在精神情感关系。重视劳动关系中理性的物质关系,忽视感性的情感关系,会使劳资关系向"唯利化"发展,加剧劳资关系的对立。从世界范围来看,促进劳资互利共赢正逐渐成为各国处理劳资关系的新趋势。日本劳资关系走向平稳的转变节点是在 20 世纪 70 年代石油危机时期,面对经营困难,企业工会不再要求加薪,而要求保留工作机会,这种劳资"合作"方式减缓了经济危机对日本社会的冲击。类比来看,德国的企业内部劳资共决制在激发职工参与企业管理的热情和创造力方面起到积极作用,已为许多国家肯定和效仿。无论是日本劳资之间建立的"共生"关系,还是德国模式倡导的"伙伴关系",都是劳资合作共赢、良性互动理念的具体体现,为全球经济社会发展中重构劳资关系提供了新思路。①

　　劳动法关系法治化的目的,并不只是要实现对劳动者的保护,更是要实现资本和劳动的共同发展。劳资合作和劳资两利是劳动关系法治化的目标原则。推动劳动关系的良性运行,重点在用人单位一方,着力点在推动劳动者与用人单位双方价值理念的融合与统一。

　　第一,用人单位要确立劳动关系主体双方共生共赢的理念。促进企业发展,是维护职工权益的根本保证;维护职工权益,是促进企业发展的基础。劳动关系中,过分扩大劳动者权益保护,加大企业责任,就会使企业用人自主权受到束缚,最终影响企业的市场竞争力。而没有企业的发展,职工权益的保障也就成了无源之水、无本之木。但是,如果职工权益得不到维护和实现,就不可能有生产积极性;没有广大职工的积极性和创造性,企业的发展也无从谈起。只有劳动者的合法权益得到有效保护,企业才能够持续发展;反之,如果劳动者权益保护不到位,对企业责任要求过少,就会影响劳动力供给,不利于高素质的健康的职工队伍的形成,最终企业利益也会受到损害。

　　第二,用人单位要确立劳动管理规范化理念。市场经济是法制经济,粗放管理不是现代企业劳动管理题中应有之义,在劳动保障法律制度不断完善和生存竞争不断加剧的情况下,规范化管理是用人单位的必然选择,通过规范劳动管理实现依法治企,从而提升生产效率,减少纷争。

　　第三,用人单位要确立企业文化的人本理念。人本精神的缺失或错位

———————

① 赵倩.关于国外协调劳动关系经验的启示与思考[J].工会理论研究,2014(1):35-38.

越来越成为劳动关系和谐的障碍,甚至会引发过激事件。一个劳资融洽、活力勃发的用人单位必然以人本理念为其文化精髓,注重员工的心理疏导、发展需求和上下级沟通,尊重爱护人,培养发展人,善于以文化理念来贯穿管理、凝聚人心、鼓舞士气。发展以人为本理念为核心的企业文化将是未来构建和谐劳动关系的基本趋向。用工单位经济效益的实现依赖于劳动者整体劳动效能的充分发挥,而劳动者在实现用工单位经济效益的过程中其个体能力亦应得到培养、锻炼和提高。[1] 只有真正将以人为本的理念融入企业文化,才能增强劳动者的归属感和向心力,激发劳动者的主动性和创造力,实现用人单位的长远发展。

劳动和谐既是劳动法追求的目标,也是劳动法调整的手段,劳动和谐原则既是目的性原则,也是手段性原则。作为目的性原则要求,实现劳动权利义务的统一、劳动关系的契约化、劳动法主体利益的平衡、劳动法上各种力量有机组合等。作为手段性原则要求,劳动法调整机制中,注重运用和平谈判、协商、调解、仲裁这些调整手段。[2] 我国劳动立法以及党的政策都将构建"和谐劳动关系"作为立法目的和政策目标,应该基于"和谐"这个时代关键词及其底蕴来诠释劳动关系法治化的目标。正如冯彦君教授所指出的那样,"体面生存与和谐发展"是已为我们这个时代的中心语词所渗透的劳动法目标性理念,是推动劳动关系及其法律规制健康发展和迈向理想图景的精神力量。[3]

三、劳动关系法治化的特征

从劳动关系与民事关系、行政关系等其他的法律关系相比的角度分析,劳动关系的法治化在主体、内容、客体等方面[4]具有以下法律特征:

其一,劳动关系法治化的主体具有平等性和隶属性交错共存的特点。劳动关系的主体一方是劳动者,另一方是用人单位。在劳动关系成立时,从总体上看,劳动者与用人单位具有一定的平等性,双方是否建立劳动关系及如何建立劳动关系,由双方依法通过协商确定。但在劳动关系确立后,劳动者必须进入用人单位,使自己的劳动力归用人单位支配,并且必须服从用人

---

① 杨继昭,张晶.《劳动合同法》背景下和谐劳动关系的价值诉求[J].社会科学论坛,2014(5):224-228.

② 冯彦君.论劳动法的基本原则[J].法制与社会发展,1999(5):25-29.

③ 冯彦君.当代劳动法的理念:体面生存与和谐发展[N].光明日报,2010-11-11(9).

④ 郭捷.劳动法学[M].北京:中国政法大学出版社,2011:60-61.

单位的指挥,这就使双方形成了一种在职责上的隶属关系。而在传统民法的视野中,当事人一方提供劳务,另一方负有对待给付的义务,将劳动者视为与用人单位具有平等地位的人。

"从属关系"是劳动法与民法的分水岭,也是区分劳动关系和民事关系的主要理论工具。然而依照法理,劳动关系绝非对等人格之间"纯债权"关系而已,其间含有一般债的关系中所没有的特殊的身份因素。同时除个人要素外,亦含有高度的社会因素,"盖以受雇人劳务之提供绝非如物之出卖人仅将其分离于人格者之外的具有经济价值的身外物交付而已,而是将存在于内部毕竟不能与人格分离的人格价值一部分的劳力之提供,受雇人对雇主既有从属关系,其劳动力之提供,事实上即成为人格本身的从属"①。正如日本学者星野英一教授所指出的那样:"进入现代社会以来,以契约当事人的平等、自由为前提的各种契约理论因双方当事人社会、经济方面的不平等而显现出了破绽,这种不平等最清楚地表现在雇佣契约里。"②因此,作为对近代民法关于平等主体假设的一种纠正,从属关系理论直言不讳地指出,劳动关系双方当事人是不平等主体。劳动关系中的平等性和隶属性交错的特点,与民事法律关系主体之间的平等性及行政法律关系主体之间隶属性相区别,是劳动关系法治化的主要特征之一。

其二,劳动关系法治化的基本价值取向是侧重保护劳动者。"公权对市场中的某些交易障碍、交易低效率、交易不公平、交易的负外部性等,可基于公平、效率、安全等考虑,对交易进行各种形式的干预。"③前文已经分析过,劳动关系是一种不平等的关系,用人单位的巨大支配力很容易把劳动者变成它的附属。要保护劳动者,使其有尊严地劳动,就必须通过法律的强制来弥补劳动者的弱势地位,因此,侧重保护劳动者是劳动法与生俱来的使命。对劳动者合法权益的倾斜保护,是指在劳动者利益与用人单位利益发生冲突时,倾斜保护劳动者的利益。比如在劳动过程中,当安全与生产发生冲突时,应当坚持安全重于生产的原则。再比如为保障充分就业,控制失业率,对用人单位裁员行为进行严格控制,不允许用人单位随意裁减职工。④ 但同

---

① 黄越钦.劳动法新论[M].北京:中国政法大学出版社,2003:6.

② 星野英一.私法中的人[M].王闯,译.北京:中国法制出版社,2004:66.

③ 应飞虎.权利倾斜性配置的度——关于《劳动合同法的思考》[J].深圳大学学报,2008(3):78-82.

④ 陈信勇.劳动与社会保障法[M].杭州:浙江大学出版社,2010:27.

时需要注意的是,保护劳动者并不意味着不保护资本者或经营者的利益,"一方面,劳动法的制度设计也是为了建立稳定和谐的劳动关系,为了保护用人单位的利益,劳动法也规定了劳动者的许多义务;另一方面,资本者或经营者的利益可以通过其他的法律得到保护,如物权法、合同法、公司法、知识产权法等等"。①

其三,劳动关系法治化的内容体现了国家与当事人的双重意志。劳动关系首先是由当事人在平等、自愿的基础上缔结的,具体的权利与义务允许双方协商确定。但劳动关系是按照《劳动法》《劳动合同法》等法律的规定形成的,所以当事人在确定劳动关系中的权利义务等内容时不得违反国家法律及行政法规的要求。比如,在工时、最低工资、劳动保护、社会保险等方面,国家法律、行政法规均有基准性的规定,这些内容自然构成劳动关系内容的组成部分。在国家法律、法规许可的范围内确定具体的劳动权利和义务,以形成劳动关系。劳动关系的具体内容需要同时体现国家与当事人的双重意志,这一特征使得劳动法律关系区别于以意思自治为根本特征的一般的民事法律关系。

其四,劳动关系法治化是强制性规范与任意性规范相结合,以强制性规范为主。劳动法大多属于强制性规范,尤其是劳动基准法,它是国家对用人单位设定的义务,用人单位必须严格遵守,不能降低标准,只能在最低标准之上给予劳动者更好的劳动条件和工资福利待遇。即使是调整劳动合同关系的任意性规范,也与调整一般民事合同关系的任意性规范不同。例如,在劳动合同关系中,合同自由原则既要受法定劳动基准的限制,还要受集体合同的限制,凡是与法律相冲突或低于集体合同标准的条款都无效。从这一特征也可看出,劳动法不属于以意思自治为核心理念的私法,而是典型的社会法。②

其五,劳动关系法治化的客体表现为兼有人身性与财产性的特定劳动行为。劳动关系当事人的权利与义务,都是围绕着劳动力的让渡、劳动力的使用、劳动力的保护等进行的。而劳动力所具有的人身依附性和作为商品的财产性,决定了劳动关系的客体有别于作为民事关系、行政关系客体的行为或财物。客体的特殊性也是劳动关系区别于其他法律关系的显著特征。

其六,政府在劳动关系法治化中发挥着独特的作用。在构建和谐劳动

① 林嘉.我国的劳动法律制度[J].中国人大,2006(1):36-39.
② 林嘉.我国的劳动法律制度[J].中国人大,2006(1):36-39.

关系的过程中,必须强调政府责任的法治化问题。劳动争议与冲突的产生同政府有着千丝万缕的联系,比如:资本优先和效率优先的政策导向导致对劳工权利的有意无意的抑制;立法对集体劳动三权的限制,导致对劳工利益自我代表和维护的自组织力量压抑;以及政府对劳动争议咨询预防和调解公共投入不能完全满足需求,导致劳动争议咨询预防调解行政指导和公共服务严重缺位;等等。同时,由于劳动者所掌握的政治、经济和组织资源相对匮乏,特别是在整体层面还未能形成一种自主的力量和有效的影响,因此,在劳动法律体系特别是劳动执法体系尚不完善的情况下,劳动者仍然很难用自身的行动实现法律规定的权益。在现阶段的中国,需要在一定程度上通过政府主导的劳动关系调整方式来维持劳动关系的基本稳定。

其七,劳动关系法治化为实体法和程序法相统一。一般而言,实体法和程序法是一种互为依存的关系,有一定的实体法,就有与之对应的程序法,例如民法与民事诉讼法、刑法与刑事诉讼法。劳动法本身既有实体性法律规范,也有程序性法律规范,这是由劳动法的特殊性所决定的。由于劳动争议具有复杂性和特殊性,劳动争议的解决程序也有不同于普通民事纠纷和商事仲裁的特点,因此必须在劳动法中专门作出规定,这就使得劳动法既有实体法的内容又有程序法的内容。[①]

四、劳动关系法治化的现状

从纵向来看,改革开放以来我国劳动关系法治化发展经历了四个阶段。

在第一个阶段,改革开放初期,我国劳动关系面临的主要问题是恢复"文革"期间遭到破坏的生产工作秩序。1982 年国务院专门发布了《企业职工奖惩条例》,这虽然是法制化的表现,但由于当时还是计划经济时期,法律、法规、规章主要作为国家干预、行政管理的工具,表现出强烈的行政色彩。可以说,1976 年到 1986 年这十年,劳动关系完全是计划经济需求的产物。[②]

第二阶段,在政企分离、下放经营自主权的背景下,劳动关系法治化处于改革尝试阶段。1986 年国家正式出台《全民所有制工业企业厂长工作条例》《中国共产党全民所有制工业企业基层组织工作条例》和《全民所有制工业企业职工代表大会条例》。劳动关系出现了"双重二元化"的趋势:一方

---

① 林嘉. 我国的劳动法律制度[J]. 中国人大,2006(1):36-39.
② 郭军. 改革开放以来劳动关系的发展变化[J]. 中国工人,2012(8):10-12.

面，公有制企业可面向社会通过签订劳动合同招工了，但因"新人新办法，老人老办法"，终身制的固定工与合同工并存依然是用工主流，最活跃的劳动力市场依然没有完全建立，劳动关系处于改良阶段；另一方面，非公有制企业大量出现，由于当时没有《劳动合同法》，没有最低工资规定、最高工时限制、社会保险制度等法律法规，用工不用签劳动合同，工资完全由资方确定，工人每天工作十几小时非常普遍，既无劳保也无社保等等，与公有制企业的规范管理相比，非公企业劳动关系极度自由，没有法治化的劳动关系出现了大量侵害劳动者权益的现象。

　　1992年，党的十四大提出建立社会主义市场经济体制目标后，劳动关系市场化的进程大大加快了，市场化劳动关系难以再用行政手段来解决。1993年国务院制定了《企业劳动争议处理条例》，要求依法通过调解、仲裁、诉讼的方式处理劳动争议。1994年7月国家出台了《劳动法》，该部法律极具市场意义，打破了企业的所有制界限，改变了国家化、行政化的管理模式，以市场的方式就业，签订劳动合同，建立劳动关系，集体协商调整劳动关系，所有企业执行统一的劳动规则和标准。自此我国"劳动关系呈现鲜明的企业化、契约化特色，劳动者的劳动权益第一次有了系统全面的专门法律保护"①。

　　第三阶段是劳动关系法治化转向阶段。市场化的劳动关系呼吁法制化，1999年《失业保险条例》，2001年《职业病防治法》《工会法》修改决定，2002年《安全生产法》，2003年《工伤保险条例》，2004年《企业最低工资规定》《集体合同条例》等法律法规逐步颁布生效。这一时期劳动关系市场化的成绩不小、问题不少。成绩是改变了劳动者的就业观念、改变了企业的管理方式、改变了国家的调控手段，劳动力资源配置越来越合理，企业的管理水平越来越科学，劳动者的积极性、创造性有了更大的发挥空间，劳动关系充满活力。但是，中国特色市场化的劳动关系还存在着一些比较突出的问题：

　　其一是劳动关系的"虚无化"——用人单位使用劳动者但不与其签订劳动合同；社会普遍存在着劳动合同签订率较低的问题，这在一些规模较小的私营企业中表现得尤为明显。其二是劳动关系的"形式化"——劳动合同内容照抄照搬法定最低标准，不解决具体合理的劳动标准条件问题。其三是劳动关系的"单边化"——用人单位单方面将不合理、不合法的规章制度及

---

① 　郭军.改革开放以来劳动关系的发展变化[J].中国工人，2012(8)：10-12.

劳动标准条件强加给劳动者,不进行民主协商。其四是劳动关系的"短期化"——大量签订短期劳动合同,用新不用旧,雇用处于黄金年龄段的劳动者,劳动者没有职业安全感,劳动关系高度不稳定。其五是劳动关系的"空心化"——以劳务派遣等方式间接使用劳动者,不承担用人单位的责任,损害劳动者的利益,劳动关系呈现"有劳动的没关系,有关系的没劳动"现象。①实际上,劳动关系法治化的问题远不止这些,比如,还存在就业歧视现象十分严重、民主管理意识极其淡漠、集体协商机制推行艰难、劳动安全卫生标准滞后、超时劳动情况十分普遍、社会保障很不健全、劳动争议处理程序冗长等问题。

　　第四阶段是 2007 年至今。2007 年《就业促进法》《劳动合同法》《劳动争议调解仲裁法》,2010 年《社会保险法》《职业病防治法》(2011 年修订)相继出台,劳动关系法治化进入了快车道。② 上述立法体现出我国在劳动关系法治化方面已经取得了明显的进步,具体表现为:

　　其一,劳动权益的法治化有了一定发展。由于劳资双方及相关主体的利益差别和利益博弈会直接反映和影响到劳动权益的建立和实施,所以,劳动关系法治化必须研究如何通过法律形成劳资之间的态势均衡,进而实现社会和经济的和谐发展,其中比较关键的一环是以法律手段保障劳动者的就业权。比如,《就业促进法》第三条规定:"劳动者依法享有平等就业和自主择业的权利。劳动者就业,不因民族、种族、性别、宗教信仰等不同而受歧视。"第三十一条规定:"农村劳动者进城就业享有与城镇劳动者平等的劳动权利,不得对农村劳动者进城就业设置歧视性限制。"

　　其二,劳动合同的法治化有了很大进步。劳动合同是在劳动基准法的基础上,对劳动者个人的劳动关系进行约定。在现代化大生产的条件下,劳动关系的当事人在劳动基准法和集体合同限定的范围内,有权处置自己的权益,其具体途径是通过劳动合同来实现。《劳动合同法》第二条第一款规定:"中华人民共和国境内的企业、个体经济组织、民办非企业单位等组织(以下称用人单位)与劳动者建立劳动关系,订立、履行、变更、解除或者终止劳动合同,适用本法。"借助劳动合同的签订、履行、变更、解除或者终止,调节劳动力的供求关系,既能使劳动者有一定的择业和流动自由,又能制约劳

---

　　① 郭军.改革开放以来劳动关系的发展变化[J].中国工人,2012(8):10-12.
　　② 艾琳.实现和谐集体劳动关系的政府路径选择.深圳大学学报(人文社会科学版),2014(1):114-118.

动者,使其在合同期内认真履行劳动义务和完成应尽职责,从而实现劳动关系相对的稳定性和合理的流动性的统一。

其三,劳动纠纷解决的法治化有了基本的规范。现代劳动纠纷的解决是一个复杂的系统工程,应当以健全的、符合法治社会价值和精神的劳动关系法律体系为基础,通过体现国家公共权力的纠纷解决机制和非政府性纠纷处理机制共同构成完备的劳资纠纷解决组织体系,采取协调、调判、和解等手段来实现目标。实际上,我国现行法律体制也为劳动纠纷的处理提供了多元的渠道。《劳动争议调解仲裁法》第四条规定:"发生劳动争议,劳动者可以与用人单位协商,也可以请工会或者第三方共同与用人单位协商,达成和解协议。"只有形成有效的合作机制,才能在处理劳资纠纷问题时实现对劳资矛盾的有效化解并在避免社会冲突和维护社会稳定方面发挥重要作用。第五条规定:"发生劳动争议,当事人不愿协商、协商不成或者达成和解协议后不履行的,可以向调解组织申请调解;不愿调解、调解不成或者达成调解协议后不履行的,可以向劳动争议仲裁委员会申请仲裁;对仲裁裁决不服的,除该法另有规定的外,可以向人民法院提起诉讼。"这种纠纷解决模式采取了基于纠纷复杂程度,以及解决过程中国家权力介入程度逐步递进的结构设计,具有很强的合理性和有效性。

经过长期以来特别是改革开放三十多年的发展,我国的劳动法治已经初步建立并开始实施,但这一体制还不完善。在新的时代背景下,需要积极、理性地促进我国劳动关系法治化建设进一步完善,为新时期劳动关系的治理提供更为优良的法治环境。当前,我国劳动关系面临的形势和任务主要可概括为三个方面:一是"强资本弱劳工"的格局正在发生新变化,我国亟待寻求劳资关系的平衡,并将其纳入法治轨道。二是经济改革市场化取向正在走向成熟、定型,劳动关系也需与时俱进地步入规范、稳定发展阶段。三是法治国家、法治政府、法治社会一体建设已经开启,劳动关系治理应当率先运行在法治化轨道之内。①

完善劳动法治,首先要完善劳动法律体系。按照市场化劳动法律体系建构的要求,我国的劳动法律还没有构成一个完整的体系,一些重要的劳动法律,如劳动标准法、劳动关系法、劳动行政法等方面还有许多缺项。另外,现有的法律规定层级也较低,所以在劳动关系法律体系完善方面还有许多的工作要做。

① 郑功成.法治的劳动关系新理念亟待确立[N].光明日报,2014-08-07(11).

尽管现阶段在劳动立法方面有一定的推进,但在劳动法律的实施方面,出现了相当多的问题。劳动法的相关规定,并没有得到有效的执行。出现这一问题的原因有:一是由于在改革的指导思想上,过于追求经济效益、追求 GDP 而忽略了社会公平,在某些时期劳动法律被边缘化;二是不少劳动法律、法规在立法上过于原则化而又缺乏相应的法律责任的明确规定,这就导致现有劳动法律、法规无法发挥有效规制劳动关系的作用。一个有力的例证是,相当多的企业并没有严格执行劳动法律,企业劳动关系实际上是"法外运行",这在一定程度上成为一个普遍的现象。这种情况的直接后果是,"在改革和经济发展的过程中,劳动者权益得不到有效的保障,而由此引发的劳资矛盾和劳资冲突加剧,已经严重地影响了社会和经济的稳定和发展"①。

从以上分析可以看出,我国目前完善劳动法治的另一重要任务,是要完善劳动执法体系和司法体系。有法不依、执法不严,劳动关系法外运行,是我国劳动法治建设中的突出问题。在完善劳动法律体系的基础上,应将劳动法律的执行作为我国劳动法治建设的重点。十八届四中全会发布的《中共中央关于全面推进依法治国若干重大问题的决定》中指出:"有法不依、执法不严、违法不究现象比较严重,执法体制权责脱节、多头执法、选择性执法现象仍然存在,执法司法不规范、不严格、不透明、不文明现象较为突出,群众对执法司法不公和腐败问题反映强烈。"解决这一问题,需要改变那种将劳动法律的实施仅仅作为改革的"配套措施"的片面认识,要将劳动关系和劳动力市场的法制化规范化,作为和谐社会建设的基础工程。为此,需要在劳动执法体系和司法体系的组织体制、机构设置和工作要求等方面采取积极可行的措施。

---

① 常凯. 中国劳动法治的特点和趋向[N/OL]. 2008-08-03[2014-02-05]. http://news.xinhuanet.com/legal/2008-08/03/content_8925776.htm.

第二章　和谐劳动关系的基础:劳动权法律机制

第一节　劳动权的内涵与体系

一、劳动权的内涵

劳动权是劳动法的理论基石,以劳动权为核心范畴构建劳动法学的理论体系符合劳动法的历史使命,也契合当前这个走向权利的时代的精神底蕴。[①] 但是,劳动权理论恰是我国目前法学研究中有待进一步明确的问题。其中,劳动权定义本身构成了洞悉劳动权理念、廓清劳动权价值定位、考察劳动权产生及发展脉络、解析劳动权内容体系和构建劳动权保障制度的根本出发点。同时,"对于正处于社会转型时期的中国而言,失业问题、就业歧视、强迫劳动、欠薪、劳动生产安全事故等诸多凸现劳动者权益受损问题的普遍性存在,又使得劳动权已经成为一个大众话题。由此,实践层面也向法学界提出了对劳动权概念仔细推敲、解决当前劳动权定义含混不清的要求"[②]。概括起来看,目前关于劳动权的界定主要有两种:

其一是从个体权利与集体权利横向角度表述劳动权。这样,劳动权可以分为集体劳动权与个人劳动权两大类。采用这一角度表述劳动权的代表

---

① 常凯.中国劳动法治的特点和趋向[N/OL].2008-08-03[2014-02-05].http://news.xinhuanet.com/legal/2008-08/03/content_8925776.htm.

② 周毅.论劳动权及其法制保障[D].长春:吉林大学,2008:21.

学者是中国人民大学的常凯教授,常教授将劳动权称为"劳权",在其著作《劳权论》中,劳权被分为个别(个体)劳权和集体劳权。个别劳权是指由劳动者个人享有和行使的与劳动有关的权利。其权利的内容主要是工资、工时和劳动条件等劳动标准方面的权利。个别劳权包括劳动就业权、劳动报酬权、休息休假权、社会保险权、劳动安全卫生权、职业培训权、劳动争议提请处理权(劳动诉权)。

集体劳权是指劳动者运用组织的力量维护自身利益的权利,是指劳动者集体共同享有的劳动权,包括团结权、集体协商权和集体行动权。集体劳权是一种社会经济权利,对劳动关系的法律调整和社会经济关系的调整有比个别劳权更重要、更直接的意义。集体劳权立法明确地贯彻了社会公正原则,主要是从社会利益角度为实现劳资力量的平衡而设置的,具有国家干预、保护弱者以维护社会利益为宗旨的特点。具体而言,集体劳权包括团结权(劳工结社权、组织权)、集体谈判权、集体争议权、民主参与权。① 集体劳动权比个人劳动权更能体现出劳动关系的"现代性"特点,在各国劳动法中都居于十分重要的地位。② 关于集体劳动权问题,本书后文将有专章探讨,本章先专门分析个别劳动权体系。

其二是从劳动基本权与劳动契约权的角度表述劳动权的内容。比如,我国台湾地区学者黄越钦根据德国和台湾地区的立法与学理,把劳动权利分为劳动基本权和劳动契约中的劳动权利。前者主要是基本法或宪法所保护的劳动权利,包括生存权、工作权、财产权、结社权等。其中劳动者的生存权主要是工作权。工作权对于已就业者主要是团结权、团体交涉权和争议权;对于未就业者主要是接受职业训练、就业服务、就业辅导和失业救济的权利。③ 南京师范大学的秦国荣教授对劳动权的界定也遵循这一思路,他认为:"劳动权是劳动法上适格劳动者所享有的就业择业权和劳动契约缔结权。劳动者在履行劳动给付义务过程中享有劳动者权利,作为合同当事人享有获得工资报酬的契约权利,作为劳动者则享有人格尊严、人身安全与健康权、休息权、财产权、社会保障权、结社权等基本权利。"④

---

① 常凯.劳权论——当代中国劳动关系的法律调整研究[M].北京:中国劳动社会保障出版社,2004.

② 周长征.劳动法原理[M].北京:科学出版社,2004:75.

③ 黄越钦.劳动法新论[M].北京:中国政法大学出版社,2003.

④ 秦国荣.劳动权的权利属性及其内涵[J].环球法律评论,2010(1):59-68.

关于劳动权的立法集中于宪法、劳动法等法律部门中，在我国，具体是由《宪法》《劳动法》《劳动合同法》《工会法》《职业安全卫生法》等重要的法律、大量的法规和规章加以规定的。《宪法》第四十二条规定："公民有劳动的权利和义务。"《劳动法》第三条规定了劳动者享有的权利包括平等就业和选择职业、取得劳动报酬、休息休假、获得劳动安全卫生保护、接受职业技能培训、享受社会保险和福利、提请劳动争议处理以及法律规定的其他劳动权利。《劳动法》第七条规定："劳动者有权依法参加和组织工会。工会代表和维护劳动者的合法权益，依法独立自主地开展活动。"同时，《劳动法》第八条规定："劳动者依照法律规定，通过职工大会、职工代表大会或者其他形式，参与民主管理或者就保护劳动者合法权益与用人单位进行平等协商。"这些重要的法律规范构成了我国劳动者劳动权的基本依据。另外，在其他法律和有关行政法规、地方性法规、部门规章及地方规章中也存在不少有关劳动权的具体规定。这些规范性法律文件，对劳动权作出了比较具体、全面的规定。其涵盖的领域包括保障和促进就业、劳动合同与集体合同、工时、休息休假、劳动报酬、女工和未成年人保护、社会保险、劳动保障监察、劳动争议处理等方方面面。①

综合上述观点及规定可以看出，作为劳动法核心范畴的劳动权，"是指劳动者个人或团体所享有的，以就业权、结社权（团结权）为核心的，因劳动而产生或与劳动有密切联系的各项权利的总称，是属于社会权范畴的一类权利"。②"通常被阐释为与社会劳动紧密关联的一系列的劳动者的角色权益，在外延上含括就业权（工作权）、获得报酬权、休息权、职业安全权、职业教育权、团结权、民主参与权、社会保险权等。"③在这个系统中，各种劳动权按照一定的分工紧密地结合在一起，发挥出权利系统的合力。从逻辑结构来看，工作权是基础和前提，报酬权和福利权是核心，其他权利是保障。

劳动权的制度化和法治化，既反映了劳动者的利益，也符合用人单位的长远利益。不仅尊重了在劳动关系成立前劳动者与用人单位的地位平等，而且在一定程度上促成了在劳动关系存续过程中双方的平等对待。同时，劳动权也意味着享有生存和发展关照不是劳动者从国家或用人单位获得的

---

① 陈步雷.类型化与开放性：劳动权利体系若干理论问题[J].中国劳动关系学院学报，2005(6)：8-16.

② 许建宇.劳动权的界定[J].浙江社会科学，2005(2)：59-65.

③ 冯彦君.劳动权的多重意蕴[J].当代法学，2004(2)：40-44.

施舍或恩惠,"而是国家和社会尊重劳动者个性的制度表现,而对个性的尊重成为劳动关系和谐的另一个重要条件"。①

二、劳动权的体系

所谓劳动权体系,是指各种具体劳动权共同组成的有机整体。劳动权是依据宪法、劳动法律法规而产生的与整个劳动过程密切关联的劳动者各项权利的集合体,是一项综合性权利。劳动权是一个权利束,其中又包含了很多具体的权利,这些权利相互配合,共同组成劳动权体系。有学者认为:"劳动权是指包括与劳动紧密关联的劳动者的全部权利","是由一系列权利所构成的权利系统。"②与此类似的观点是:"劳动权泛指因劳动而产生或与劳动有密切联系的各项权利,除劳动就业权、取得劳动报酬权以外,还包括休息休假权、劳动保护权、职业培训权、集体谈判权、物质帮助权等。"③

从总体上分析,绝大多数学者都认同,劳动权应包括多项权利,但在劳动权应该包括哪些具体权利内容方面认识并不一致。本书认为,劳动者劳动权(个别劳动权)主要包括工作权(就业权)、获得劳动报酬权、休息权、职业安全权和社会保障权等内容。

1. 工作权

工作权是指任何具有劳动能力并且愿意工作的人都有获得工作的权利。有研究者甚至把劳动权称为工作权,并用"与工作有关的权利"来涵盖劳动权的全部内容。"与工作有关的权利"主要包括四种:(1)与就业有关的权利;(2)由就业派生出来的权利;(3)平等待遇和非歧视权利;(4)辅助性权利。④ 毫无疑问在上述各项权利中,工作权处于基础与核心的地位。因为公民只有实现了工作权,他才具有劳动者的身份,参与到劳动关系当中并因此享有上述其他各项基于劳动者身份、置身于劳动关系之中才能行使的权利。同时,公民也只有实现了工作权,才能为其实现其他政治、民主权利如参与国家和社会事务的管理提供现实基础与前提条件。因此,工作权作为其他劳动权利的逻辑起点,其重要性是不言而喻的。工作权在劳动权体系中居

---

① 周毅.论劳动权及其法制保障[D].长春:吉林大学,2008:78.
② 冯彦君.劳动权论略[J].社会科学战线,2003(1):167-175.
③ 许建宇.劳动法新论[M].杭州:杭州大学出版社,1996:29.
④ 李雄.劳动权保障与制度重构——以"农民工"为视角[J].现代法学,2006(5):111-118.

于最重要的地位,是实现其他一切劳动权的前提。[①]

工作权也可以称为就业[②]权,内容包括工作获得权、自由择业权和平等就业权。从范围上看,它包含所有形式的工作,无论是独立工作还是依赖性的领薪工作。工作权在积极的意义上表现为要求国家和社会提供工作机会的权利;在消极意义上是对抗用人单位(西方国家通常称为雇主)无理解雇的权利。前者因具有请求性而称为积极的工作获得权;后者因具有对抗性而称为消极的工作获得权。劳动者积极的工作获得权的实现状况可以通过社会就业率体现出来。为劳动者提供就业机会,是国家不可推卸的义务。但是,国家能在多大程度上履行这种义务,是与国家经济发展和社会发展状况密切相关的。国家促进就业,提高就业率是有条件的,并且是受各种因素制约的渐进过程。如果一个国家的经济繁荣稳定、结构平衡、人口适度,那么劳动者积极的工作获得权的实现就有了可靠的保证。

国际统计学会于1954年在日内瓦召开的第八届和1957年召开的第九届国际统计学会上,确定了国际通用的就业标准,即凡是在规定年龄之上具有下列情况的都属于就业人员:(1)正在工作中,即在规定的时期内正在从事有报酬或收入职业的人;(2)有职业但是临时没有工作的人,例如,由于疾病、事故、劳动争议、休假、旷工或气候不良、机件损坏、故障等原因而临时停工的人;(3)雇主和个体经营者,或正在协助家庭经营企业、农场而不领取报酬的家属成员,在规定的时间内,从事正常工作时间的1/3以上者。[③] 从《经济、社会及文化权利国际公约》第六条第一款对工作权的定义中可以看出,劳动权包括每个人有权自由决定接受或选择工作。这从消极意义上意味着

---

① 周长征.劳动法原理[M].北京:科学出版社,2004:75.

② 从法律上把握此概念应明确下述要点:第一,劳动就业主体必须是具有劳动权利能力和劳动行为能力的自然人,即在法定劳动年龄范围(始于最低就业年龄,止于退休年龄)内,并且具有劳动能力。在我国境内,具有我国国籍的公民应年满16周岁,包括能够参加劳动的残疾人;外国的公民应年满18周岁。第二,劳动就业主体在主观上必须有求职的愿望。若无就业愿望,国家无须保障其就业。公民办理失业或求职登记,就是有就业愿望的表示。如果公民在主观上不具有求职愿望,即使临时参加社会劳动,也不能算是就业。例如,在校学生的勤工俭学。第三,劳动就业主体从事的是国民经济领域内合法性的活动。凡从事不合法的活动,不能被视为就业。第四,劳动就业的结果必须是获得了有劳动报酬或经营收入的职业。所获劳动报酬或经营收入能够用以维持劳动者本人及其赡养一定的家庭人口的基本生活需要。这是就业劳动与社会义务劳动的主要区别。参见陈信勇.劳动与社会保障法[M].杭州:浙江大学出版社,2010:56.

③ 陈信勇.劳动与社会保障法[M].杭州:浙江大学出版社,2010:56.

劳动者不被不公平地剥夺就业的权利以及劳动者不以任何方式被强迫作出选择或从事就业的权利。工作权意味着劳动者可以自主选择职业的权利，包括是否从事职业劳动、从事何种职业劳动以及进入哪一个工作单位等方面的选择权。劳动者享有自主择业权是劳动者人格独立和意志自由在法律方面的体现，有利于充分发挥劳动者的聪明才智和劳动热情，有利于提高劳动效率，有利于建立稳定的劳动关系。

同时需要注意的是，国家作为劳动就业权的相对义务主体，负有促进和保障公民劳动就业的义务，但这并不意味着国家要将公民的劳动就业承包下来。所以，当受诸多因素的制约，有就业愿望的公民不能就业时，公民不能就此以诉讼或仲裁的方式向国家主张权利，只能申请领取失业保险救济金或社会救济金。①

2. 报酬权

劳动报酬是劳动关系中的劳动者因付出劳动而获得的以工资为基本形式的物质补偿。② 劳动报酬权在劳动权中占据至关重要的地位，它构成了其他权利内容的基础。甚至在有些研究者看来，劳动权在一定程度上指的就是就业权和报酬权。比如有研究者认为："劳动权就是公民享有的劳动就业权利和取得与其劳动相适应的劳动报酬和其他劳动收入的权利。"③另有学者进一步指出："劳动权是由一系列权利所构成的权利系统，在这个系统中，各种劳动权按照一定的分工紧密地结合在一起，发挥出权利系统的合力。从其结构来看，工作权（就业权）是基础和前提，报酬权和福利权是核心，其他权利是保障。"④

在市场经济的劳动关系中，劳动者是为了获得劳动报酬才与用人单位缔结劳动关系的，即获得劳动报酬是劳动者进入劳动关系的直接目的和追求，所以劳动报酬权是劳动者在劳动关系中享有的基本的和核心的权利。从具体内容和法律上的效果分析，劳动报酬权包括报酬协商权、报酬请求权和报酬支配权。

报酬协商权是劳动者与用人单位通过劳动契约协商确定劳动报酬的形式和水平的权利。其核心是协商劳动报酬的水平，即协商确定自己劳动力

---

① 关怀,林嘉.劳动法[M].杭州:中国人民大学出版社,2006:106.
② 常凯:劳权论[M].北京:中国劳动社会保障出版社,2004:163-164.
③ 韩德培,李龙.人权的理论与实践[M].武汉:武汉大学出版社,1995:578.
④ 黎建飞.劳动法的理论与实践[M].北京:中国人民公安大学出版社,2004:126.

的价格。在劳动法日益脱离民法之私法轨道,不断融入公法因素而成为社会法的前提下,国家和社会团体的力量在劳动法上的作用不断增强。劳动自由尽管是劳动契约的基础,但已在很大程度上受到了限制。具体体现在劳动报酬的协商方面,劳动者和用人单位的自由协商受到来自于国家最低工资标准和集体合同的双重约束。劳动者与用人单位所协商的劳动报酬不能低于集体合同的标准,更不能低于国家的最低工资标准。

劳动报酬请求权是指劳动者建立劳动关系后请求用人单位按时、足额支付劳动报酬的权利。在理论研究和司法实务中,劳动报酬请求权经常被归属于债权,但它与一般的债权是有所区别的。这种区别来源于"工资优先原则"。尤其是在用人单位歇业、清算或者宣告破产时,劳动者的劳动报酬请求权得到法律的绝对优先保护。比如,《企业破产法》第一百一十三条规定的企业破产清偿顺序是:破产人所欠职工的工资和医疗、伤残补助、抚恤费用,所欠的应当划入职工个人账户的基本养老保险、基本医疗保险费用,以及法律、行政法规规定应当支付给职工的补偿金;破产人欠缴的除前项规定以外的社会保险费用和破产人所欠税款。从上述规定可以看出"破产人所欠职工的工资"被列入第一顺位,可以优先获得清偿。①

劳动报酬支配权又称为劳动报酬自由处分权,是劳动者独立支配自己劳动报酬的权利。劳动报酬支配权赋予了劳动者完整支配自己工资的权利,排除了任何形式的干预或侵占。即使由用人单位作出对劳动者有利的工资支配行为,在法律上也是无效的,而且法律不允许用人单位出售其债权给劳动者,不允许将劳动者的工资用于抵销,不允许用人单位与劳动者达成工资处分限制约定,不允许用人单位对劳动者进行强制销售。

3. 休息权

所谓休息权是指劳动者为保护身体健康和提高劳动效率而获得休息和休假时间的权利。休息权使得劳动者享有充分的可自由支配的时间,享受精神、文化活动的自由,从而实现人的全面发展。具体而言,劳动法保护劳动者的休息权的目的有三:"一是保证劳动者的疲劳得以解除,体力和精神得以恢复和发展;二是保证劳动者有条件进行业余进修,不断提高自己的业务水平和文化水平;三是保证劳动者有一定的时间料理家庭和个人的事务,

---

① 韩长印,韩永强.债权受偿顺位省思——基于破产法的考量[J].中国社会科学,2010(4):101-115.

丰富自己的家庭生活。"①

对于人类来说，在相当长的历史时期内，劳动都不会直接成为人生目的，而只是谋生和实现个人价值的手段。合理的休息时间是确保劳动的人道性和伦理性所必需的。通过法律确保并不断扩充劳动者的休息时间，是社会文明和进步的标志之一。我国《宪法》把劳动者休息权规定为公民的一项基本权利。比如《宪法》第四十三条规定："中华人民共和国劳动者有休息的权利。国家发展劳动者休息和休养的设施，规定职工的工作时间和休假制度。"

我国《劳动法》对劳动者的休息权利作了进一步的明确，主要内容包括：劳动者工作时间的限制，每周40小时工作制；用人单位不得随意要求劳动者加班加点；劳动者每周公休假日至少两天；法定节假日休息按国家有关规定执行；带薪年休假制度；国家为保障劳动者的休息权，设立并发展各种疗养院、休养所、文化宫、运动场所等设施，供劳动者娱乐、休息。

除了专门的劳动法律之外，我国其他法律中对劳动者休息权的保障也作出了一些规定。比如，在《刑法》中规定了强迫职工劳动罪、非法雇用童工从事危重劳动罪；在《妇女权益保护法》中规定了女性劳动者在月经期、孕期、产期、哺乳期内工作时间的限制和休息休假的要求。还明确了休息权的一些具体规定，如国务院发布了《全国年节及纪念日放假办法》《关于职工探亲待遇的规定》《职工带薪年休假条例》等，为劳动者休息权保护提供了基本的量化标准。②

然而，目前在有些地方和企业，劳动者的休息权利却得不到有效的保障。用人单位随意要求劳动者加班加点，凡不加班的轻者罚款，重者开除；还有的地方至今仍没有实行每周40小时工作制；等等。对于违反国家宪法和法律的行为，所有公民都有权制止，并向国家有关机关提出控告、检举，有关机关也应严格依法进行管理，对侵犯劳动者劳动权的违法行为进行查处，以保障劳动者休息权的实现。

4. 职业安全权

职业安全权是指劳动者在职业劳动中人身安全和健康获得保障，免遭职业伤害的权利。国内学术界类似的称谓有职业安全卫生权、安全卫生保

---

① 周毅. 论劳动权及其法制保障[D]. 长春：吉林大学，2008：93.
② 蓝寿荣. 休息何以成为权利——劳动者休息权的属性与价值探析[J]. 法学评论，2014(4)：84-96.

护权、劳动保护权等,而一些国际组织则从更广泛的意义上去界定职业安全权,称其为工作环境权、劳动保护权。比如,从国际劳工公约和建议书的规定来看,职业安全权是指包括"工作的物质要求与进行或监督工作的人员之间的关系,以及机器、设备、工作时间、工作组织和工作过程对工人身心能力的适应"的"主要行为领域"所产生的安全问题,并特别指出,"与工作有关的'健康'一词,不仅指没有疾病或并非体弱,也包括与工作安全和卫生直接有关的影响健康的身心因素"①。

　　由于人类不可避免地会遭受来自于自然和社会方面的危险或风险,因而躲避风险、寻求安全保障,就成为人类近乎恒定的心理需要。无论是自然的风险,还是社会的风险,有些是无法躲避的,但大多数风险尤其是社会风险都可以通过合理的制度安排予以化解或转移。劳动者的人身安全权在劳动关系中已经特定化为具有确定义务人的职业安全权。保障劳动者的职业安全,是现代劳动法的一项神圣使命。劳动者享有职业安全权,可以要求用人单位提供安全、卫生的劳动条件,建立、健全劳动安全卫生管理制度,严格执行国家劳动安全卫生规程和标准,防止职业危害。劳动者的职业安全权还包含一项拒绝劳动的权利,即当用人单位不提供安全卫生的劳动环境和条件时,或者用人单位强令劳动者冒险作业时,劳动者可以拒绝从事劳动。

　　我国《劳动法》《安全生产法》《矿山安全法》《职业病防治法》《社会保险法》等法律规定了劳动者职业安全权的内容,但上述立法还存在着一些明显的问题。比如,《安全生产法》是工伤事故防范与劳动安全保护方面的立法,《职业病防治法》是职业病防范与工业卫生的相关法律制度,二者各成体系,互不衔接。另外,从法律规范内容上看,这些立法侧重于"经济性"目标的实现,缺乏对"社会性"目标的足够关注,以安全生产、促进经济发展为主题,但以人为本的终极关怀理念不够深入。作为代表劳动者基本生存权和根本利益的职业安全权,如果不能得到有效保障,一旦达到一定的接触阈值,势必引发工伤事故和职业病,会成为影响社会安全和劳动关系和谐稳定的因素。②

　　5. 社会保障权

　　"社会保障"(social security)一词意为"社会安全",社会保障权(the

---

　　①　郭捷.论劳动者职业安全权及其法律保护[J].法学家,2007(2):9-14.

　　②　杨春平.职业安全权应当纳入宪法基本权利体系[J].重庆科技学院学报(社会科学版),2011(10):57-59.

right to social security)作为一项权利,是在 20 世纪才被明确提出的。最早明确规定社会保障权的是德国 1919 年颁布的《魏玛宪法》。该宪法第一百五十一条第一款规定:"经济生活的秩序必须适合社会正义的原则,而所谓社会正义,则在于保障所有社会成员能够过上体现人的价值、体现人的尊严的生活。""作为对人类最低生活标准的一种保障手段,社会保障权充盈着对人的生命和尊严的终极关怀。如果社会保障不成为一种社会权利和一种社会政策,而只是一种可有可无的、可多可少的施舍和恩惠,那么人的人格尊严和安全感将荡然无存。"①作为一种保障人的基本生存权以及发展权的权利,在现代社会中,社会保障权作为法定权利已在世界多国宪法中被普遍确认。

在我国宪法中,对社会保障权已作出明确规定。《宪法》第四十四条规定:"国家依照法律规定实行企业事业组织的职工和国家机关工作人员的退休制度。退休人员的生活受到国家和社会的保障。"社会保障权的内容,实际上也是一个国家社会保障权利的体系或结构。社会保障权作为一个权利体系或权利束,主要包括社会保险权、社会福利权、社会救助权和社会优抚权四方面权利。其中,社会保险权是基本保障,以劳动关系为基础,以保障基本生活水平为目标;社会福利权则属于增进城乡全体公民生活福利的更高层次的社会保障权;社会救助权是最低层次的社会保障权,以保障最低生活水平为目标;社会优抚权则是特殊性质的社会保障权,保障社会上备受尊敬的军人及其家属,以及因维护国家或社会利益、从事公共活动而致使生命或健康受到损害的人员及其家属的基本生活。

其一,社会保险权。社会保险解决的是劳动者未来的和不确定的风险,成为工业社会深得民心的社会安全保障机制。在现代工业社会中,社会保险权具有特别重要的意义,已经成为劳动者在现代市场经济活动中的关键性权利。社会保险权是我国《宪法》和《劳动法》赋予劳动者的一项基本权利。"社会保险权作为劳动者基本人权的构成,其社会意义在于对于劳动者生存权的保障。"②

社会保险权是指劳动者由于年老、疾病、伤残、失业、生育、死亡等风险事故,暂时或永久地失去劳动能力和劳动机会,从而没有正常的劳动收入来源时,仍能维持基本生活的一项社会保障活动。社会保险是现代社会保障

---

① 董保华.社会保障的法学观[J].北京:北京大学出版社,2005:139.
② 常凯.论社会保险权[J].工会理论与实践,2002,16(3):1-6.

制度的核心与主体。从理论上讲,社会保险项目可分为七种,即生育社会保险、疾病社会保险、工伤社会保险、残障社会保险、老年社会保险、死亡社会保险和失业社会保险。但各国几乎都把疾病社会保险和生育社会保险合并在一起,称为"疾病和生育社会保险"或"医疗社会保险",原因是这两者均与医疗服务相关。工伤社会保险与残障社会保险也往往合并在一起,通称"工伤社会保险"。至于死亡(遗属)社会保险,也不单独列出,而是分别归入老年、疾病、工伤等社会保险项目之中。

《劳动法》第七十二条规定:"用人单位和劳动者必须依法参加社会保险,缴纳社会保险费。"《中华人民共和国公务员法》第七十七条第一款规定:"国家建立公务员保险制度,保障公务员在退休、患病、工伤、生育、失业等情况下获得帮助和补偿。"社会保险以劳动者为保障对象,以劳动者的年老、疾病、伤残、失业、死亡等特殊事件为保障内容,强调受保障者的权利与义务相结合,采取的是受益者与雇用单位共同供款和强制实施的方式。

其二,社会福利权。社会福利是指通过各种公共福利设施、津贴、补助、社会服务以及举办各种集体福利事业来增进群体福利,以提高社会成员生活水平和生活质量的社会保障活动。从一般意义上讲,或从广义上讲,社会福利权是最高层次的社会保障权,包括职业福利、民政福利、公共福利,囊括了除社会保险、社会救助之外的其他所有的社会保障内容。我国的社会福利按照享受对象可分为职工福利、妇女福利、未成年人福利、老年人福利、残疾人福利,按照福利项目可分为教育福利、住房福利、财政补贴、生活福利等。英国、丹麦、瑞典等国家推出的福利措施推广到儿童抚养、免费义务教育、免费医疗、失业补贴、住房补贴、食品补贴等。

在当今社会,经济不断发展的结果是社会整体福利水平不断提高,人们能够享受到更多的便利和舒适,但在纯市场条件下,优势群体得以享受社会进步带来的诸多益处,而大部分的一般群体和弱势群体却较难享受到社会进步带来的好处。在这种情形下,国家和社会一方面有责任提升整个社会的福利;另一方面,应尽可能比较公平地分配社会福利。然而,我国迄今还没有一部真正意义上的社会福利法律,社会福利制度仍然缺乏必要的法律依据。社会福利法制滞后制约了社会福利事业的发展,影响了公民社会福利权利实现,限制了社会福利解决社会问题的功能,成为社会保障体系建设的"短板",需要从战略高度进行规划。①

---

① 张琼辉.立法赋予公民社会福利权[N].法制日报,2014-02-11(3).

其三,社会救助权。社会救助权,也称社会救济权,是指国家和社会按照法定标准,对因意外事件或自然灾害等造成生活困难,无法正常生存的社会成员,提供满足最低生活需要的物资帮助的社会保障活动。① 我国《宪法》第四十五条第一款规定:"中华人民共和国公民在年老、疾病或者丧失劳动能力的情况下,有从国家和社会获得物质帮助的权利。国家发展为公民享受这些权利所需要的社会保险、社会救济和医疗卫生事业。"社会救助通常被视为政府的当然责任或义务,以无偿救助的方式,为最困难的群体提供救助和服务,保障所有社会成员都能生存和免于绝对贫困。在我国,公民享有充分的社会救助权,是社会进步及文明的表现,有利于保障社会成员的基本生活,促进社会经济的发展和繁荣,从而稳定社会秩序,实现最基本的社会公平。

其四,社会优抚权。社会优抚权是社会保障体系中较特殊的保障方式,"是指国家通过立法规定,对一些负有特殊社会任务和责任的人员及社会有功人员实行优抚安置、物资奖励和精神安慰的社会保障活动"②。在社会保障权体系中,社会优抚权不同于其他一般的社会保障权,它是社会特殊群体所享有的权利,因此它被称为"特殊社会保障权"。

我国《宪法》第四十五条第二款规定:"国家和社会保障残疾军人的生活,抚恤烈士家属,优待军人家属。"所以优抚的内容包括为军人、曾为军人的社会成员及其家属提供的社会抚恤(伤残抚恤、死亡抚恤)、退伍安置(复员退役军人安置、军队离退休人员的接收安置)及其他社会优待(精神嘉奖和政治优待、物质优待、社会生活优待)。在实践中,社会优抚的内容有时也扩大到非军人,对一些因公或保卫公共财产而牺牲的非军人进行抚恤和褒扬。

第二节 劳动权的法律历程

恩格斯曾指出:"历史从哪里开始,思想进程也应当从哪里开始,而思想进程的进一步发展不过是历史过程在抽象的、理论上前后一贯的形式上的

---

① 杨思斌.社会救助权的法律定位及其实现[J].社会科学辑刊,2008(1):48-53.
② 侯文若.社会优抚安置[J].中国社会保险,1999(11):43.

反映。"①劳动是人类基本的实践活动,是物质财富和精神财富的源泉。通过劳动谋生是人们的一种近乎永恒的基本要求。不过,在人类历史相当长的一个时期内,人们的要求并不是通过权利术语来表达的。劳动权经历了从事实性概念"劳动"到规范性概念"劳动权"的演变过程,劳动最早是作为一项事实性概念而存在的,1919 年德国《魏玛宪法》首次将劳动权写进宪法,开创了劳动权发展的历史。对劳动权法律历程的了解,有助于人们更好地把握劳动权的内涵和本质。本书拟对此问题展开初步的探讨。

一、劳动权的"前权利"时期

在人类历史相当长的一个时期内,人们的要求不是通过权利术语来表达的,甚至在权利概念出现以后,劳动权也长期无人提起。在奴隶社会、封建社会这样存在人身依附关系的社会中,对于完全没有人身自由的奴隶、没有完全人身自由的农奴而言,劳动是纯粹的义务。

在奴隶社会,当时从事劳动的是所谓的奴隶,他们不是独立的社会成员,没有社会成员的基本权利,在法律上完全没有法律人格,即完全不被承认是"人",因而其劳动也并不是社会认可的一项有社会价值的活动。《罗马法》是将相关内容放在"物法"的"役权"中,列为"使用奴隶和牲畜劳作的权利"②。在这样的社会背景之下,劳动是奴隶无条件履行的绝对义务,劳动的意义不是为了自身的生存,而是为奴隶主生产尽可能多的劳动成果,奴隶只是奴隶主所拥有的会说话的"工具",是权利的客体,不享有任何权利,自然无劳动权可言。

在封建社会中,原有的奴隶主对奴隶的人身占有关系有所改变,取而代之的是农民和地主之间的人身依附关系和严格的等级关系。农民由于仍然没有摆脱封建地主的人身控制,只有有限制的法律地位和有限制的法律人格。③ 由于封建时代并没有通过宣示性的立法明确承认农民的劳动权利,农民与地主之间不仅存在着人身依附关系,而且双方订立的是土地租赁契约而不是劳动力让渡契约,因而双方之间的关系并不是一种平权性的劳动法律关系,而是以土地为纽带所形成的劳动义务关系。"农民的劳动无论是在

---

① 中共中央马克思恩格斯列宁斯大林著作编译局.马克思恩格斯全集(第 1 卷).北京:人民出版社,1956:179.

② 彼德罗·彭梵得.罗马法教科书[M].黄风,译.北京:中国政法大学出版社,1992:259.

③ 汪火良.从劳动权的历史维度看人的发展[J].湖北社会科学,2005(12):107-108.

法律上还是在现实中都不是表现为权利,而是为了完成徭役、地租和各种苛捐杂税等强制性义务的活动。"①

二、劳动权的近代权利时期

从历史的角度看,劳动权是一个特定的概念。劳动权的思想萌芽于资产阶级早期启蒙思想家的"天赋人权"理论之中。欧洲的 17、18 世纪是社会重大变革加速进行的时期,在这个时期,现代的、普遍的劳动概念占据了上风。这个概念涵盖了十分广泛的体力的和脑力的活动,并且大都具有正面的含义:劳动是有意识、有目地满足欲望的活动,并且是实现人生的组成部分。② 资本主义时期,完全意义上的劳动权出现并得到尊重与保护有其深刻的社会背景。劳动作为一种权利而存在,源于以下几个条件。

首先是社会生产力的发展。社会生产力的发展是劳动成为权利的经济背景。长期以来,由于社会生产力低下,劳动是人们必须从事的行为。在生产技术落后和物质产品匮乏的条件下,通过劳动谋生对大多数人来说是一种必须进行且没有选择的活动,因此劳动者根本谈不上什么权利问题。资本主义的工业革命解放和发展了生产力,劳动力成为商品被市场所需求并得以自由买卖,进入到所有权的行列。比如,《法国民法典》中就有关于"劳动力租赁"(Contrat de Louange)的条款——"劳动力的租赁者,谓当事人约定,一方为他方完成一定的工作,他方约定支付报酬的契约"。

其次是日益强化和普遍化的权利意识。没有一种普遍而强烈的权利需求,就不可能促使权利从自然法和道德层面上的应然状态转化为法定的实然状态,因而没有一种普遍的权利意识,劳动也就不可能上升为权利。从实践上看,劳动权诞生于工人阶级反抗资产阶级的剥削和压迫斗争中,是世界工人运动胜利的成果之一。比如,早在 1831 年法国里昂工人起义时,工人就提出了"生活、工作或死亡"的口号;1848 年法国"二月革命"时,资产阶级政府被迫在当年发布的命令中承认劳动权(但随后废除)。③

最后是自由主义精神的重大转变。自由主义是近代西方社会的主导意识形态之一,它的变化或转向对西方国家的政治经济形势影响巨大。19 世纪中叶的自由主义,由强调个人对他人和政府的独立的消极自由(消极权

---

① 秦国荣.劳动权的权利属性及其内涵[J].环球法律评论,2010(1):59-68.

② 于尔根·科卡.欧洲历史中劳动问题的研究[J].李丽娜,译.山东社会科学,2006(9):5-11.

③ 董保华.劳动权与三种本位观[J].中国劳动,2004(1):22-25.

利)转向突出在参与中实现自身价值的积极自由(积极权利)。积极权利是从社会弱者的实际不自由出发,授权社会弱者可以主动地、积极地向国家和社会寻求帮助;国家也将以建立一套社会保障系统作为自己应尽的责任。正是由于自由主义精神的转向,劳动作为权利才逐渐得到国家层面的承认。①

三、劳动权的现代权利时期

在现代社会,劳动权是社会经济权利的基础,是一项基本人权。劳动者作为现实的、具体的个人,在劳动过程中以满足自身和家庭成员的生存为第一要义,具体表现为对物质劳动成果的需求即经济利益的追求,同时,作为社会人的劳动者,还有着通过劳动过程实现自身价值、获得社会认同并维持尊严生存、体面生活的需要。② 正如新托马斯主义法学代表人物马里旦所言:"在 20 世纪,人类理性显然已认识到:人不仅有作为一个人格的人和公民社会的人的权利,还有作为从事生产和消费活动的社会的人的权利,尤其是作为一个工作者的权利。"③

1919 年德国《魏玛宪法》明确规定:"德国人民应有可能之机会,从事经济劳动,以维持生计。"这是世界立法史上第一次用宪法的方式来规定公民享有劳动的权利,开创了劳动权成为宪法权利的先河。④ 虽然该法短命夭折,但关乎劳动权的一些基本原则如保障生存原则、国家保护劳动力原则等得以存留下来。根据荷兰学者亨利·范·马尔赛文等的统计,在世界总共142 部宪法中,规定了劳动权的共 78 部,占 55%;规定了公正、优惠报酬和平等工资的有 46 部,占 32.4%;规定了组织、参加工会自由和权利的有 84部,占 59.1%;规定了休息和休假权利的有 62 部,占 32.4%。⑤

基于工人阶级为争取生存权利和发展要求的团结斗争,劳动权开始进入到国际人权保护的视野,劳动权的国际立法也得到迅速发展。1944 年 5月,国际劳工大会通过的《费城宣言》确认了保护劳工的新原则和 10 项具体目标;1948 年的《世界人权宣言》以宣言的形式向全世界宣告了劳动者的权

---

① 冯彦君.劳动权论略[J].社会科学战线,2003(1):167-175.

② 周毅.论劳动权及其法制保障[D].长春:吉林大学,2008:22.

③ 沈宗灵.现代西方法理学[M].北京:北京大学出版社,1992:109.

④ 汪火良.从劳动权的历史维度看人的发展[J].湖北社会科学,2005(12):107-108.

⑤ 亨利·范·马尔赛文,等.成文宪法的比较研究[M].陈云生,译.北京:华夏出版社,1987:118.

利;1966 年通过的《经济、社会和文化权利国际公约》和《公民权利和政治权利国际公约》均要求各缔约国采取有效措施保障公民劳动权的真正实现。国际劳工组织通过了约 180 余个公约和建议书,其内容包括结社自由、就业机会均等、禁止就业歧视、废除强迫劳动、最低工资保障、工作时间、职业卫生与安全、社会保障、妇女与童工保护等方方面面,已构成一个比较完整的保护劳动者权利的"国际劳动法典"。① 如今,作为社会权的劳动权,不仅在各国的宪法中有明确的体现,也成为国际人权公约的重要内容。这样,"经由近代到现代的发展,劳动权的内涵不仅指个人自由选择职业的权利,而且包含要求国家提供劳动保障的权利"②。

从人类劳动法权关系的历史发展来看,劳动在法律上经历了从"物"的效用到纯粹义务性活动再到权利与义务相统一,然后被法律承认为一项基本权利的演变过程。每一次演变都代表着劳动权内涵的扩大和社会文明的进步。③ 比如,自继受罗马法的立法理念将劳动给付关系视为"劳务租赁"关系开始,到《德国民法典》颁布初期的"给付交换关系",再到后来的"人格法上共同关系",直至发展到目前在大陆法系国家占主导地位的"带有人格保护的给付交换关系",关于劳动关系本质的认识经历了不断演进和深化的过程。④ 劳动权经历了从"自由权"向"社会权"观念、从私法调节向社会法保障的转变,劳动权的发展给劳动法带来了许多全新的理念和制度。

其一,劳动法上的平等观不再强调形式平等、抽象平等,而转向注重实质平等、结果平等和具体平等。其二,劳动法上的"人",也不再是普遍的、抽象的人,而是个别的、具体的人,社会人。其三,劳动法上的权利观,从注重"消极权利"转向注重"积极权利",更多地强调国家的义务和责任;权利保护所采用的方法,也不再是对双方给予同等力度的保护,而是突出"劳动权本位"的观念,对处于弱势一方的劳动者提供优先保护和倾斜保护。其四,劳动法上的调整手段,开始放弃了私法上实行完全的"协约自治""契约自由"原则,开始转向"契约化"(私法手段)和"基准化"(公法手段)相结合的方式。其五,关于劳动法上的劳动契约之性质,学理上也逐步否定了"身份契约说"

---

① 李炳安.公民劳动权初论[J].湖北师范学院学报,2004(1):120-126.
② 周毅.论劳动权及其法制保障[D].长春:吉林大学,2008:2.
③ 秦国荣.劳动权的权利属性及其内涵[J].环球法律评论,2010(1):59-68.
④ 冯彦君,张颖慧."劳动关系"判定标准的反思与重构[J].当代法学,2011(6):92-98.

"租赁契约说""劳动加工说"等传统学说，而将"特种契约说"作为通说。①

第三节　劳动权的载体：劳动标准法

作为现实劳动关系中的弱者的劳动者，要维护自身的合法权益主要有三个途径：其一是靠自己，通过防范与规避风险来保护自己的权益；其二是靠团体，通过集体权利的行使来维护权益；其三是靠公权，依靠政府公共权力的行使来支持权益的实现。目前，我国劳动力市场处于一种不平衡的状态，劳动者靠自身的努力改变弱势地位和维护合法权益的力量十分有限，而由于立法支持的缺乏等种种原因所导致的中国劳动者团体力量的现实不足，甚至是角色缺位，都弱化了集体力量的作用。这在很大程度上决定了保障劳动者劳动权的重任主要由体现国家意志和公权力量的劳动基准及相关立法来担当。

和谐劳动关系是构建和谐社会的内在要求，和谐劳动关系的形成有赖于劳动标准立法和司法的完善。对劳动者合法权益的基本保护，是指对劳动者基本利益的保护。维持劳动力再生产所必需的人身安全健康、基本生活需要等权益属于劳动者的基本利益，是劳动法必须保护的利益。为保护这些基本利益，劳动法建立了劳动基准制度，如劳动保护、安全卫生、最低工资等方面的制度。② 在当前中国，完善劳动标准具有保障劳动权、促进社会公正和谐、提升社会文明程度等重大现实意义。

一、劳动标准与劳动标准法

劳动标准一词是从英文"labor standard"一词翻译而来，最早见于 1938 年美国的 *Fair Labor Standard Act*，一般译为"公平劳动基准法"或"公平劳动标准法"。劳动标准也叫劳工标准或劳动基准，是指为了保障劳动者最起码的劳动报酬、劳动条件而规定的最低限度的措施和要求。劳动标准是规定各种劳动条件的最低标准，其主要功能是基于劳动关系中双方当事人之间实际上的不平等和从属性，通过国家公权力介入，禁止过分低劣的劳动条件和劳动待遇，即起保底作用。有学者指出，所谓正义，是以合乎人类生活

---

① 许建宇.劳动权的界定[J].浙江社会科学,2005(2):59-65.

② 王全兴,等.专家谈:劳动基准问题[J].中国劳动,2011(5):6-10.

共同需要的评价作为标准,一般劳动法之制定,恒出自保护劳工之正义,而以劳动基准法最为强烈,所以有人称其为"社会经济新伦理"。盖因以往劳工受尽不公平的待遇,于是正义人士从社会利益出发,主张社会连带关系,从社会共同责任的观点,认为劳工的痛苦与贫穷不仅是劳工本身的问题,并且会影响其他人的生活与安全。因此解决劳工的贫困状态,就成为社会的共同责任。政府之所以必须出面干涉,显然是基于这个道理,而劳动基准法之制定,也就是这种理念的具体实现。基于正义原则,劳动基准法所规定的劳动条件,必须以使劳工足以维持其正常的生活为目标。为达此目标,劳动基准法应具备福利、均富及促进社会发展之特性。① 换言之,就是国家站在保障劳动权和促进劳动关系稳定和谐的立场上,对劳动者在职业劳动中应该享受或获取的利益确立一个标准并强制推行的劳动法律机制。

在学理研究中,劳动标准又被称为劳工标准,本书认为,两者之间没有实质性的区别,只不过是从不同角度观察同一问题所产生的两种表述而已。劳工标准是指国际劳工组织(ILO)保护劳动者权益的基本标准,这些标准通过相应的公约和建议书颁布,由各国政府批准后融入本国法律体系实施。国际劳工标准是在国际劳工组织的推动下形成和发展起来的,它体现了国际劳工组织的宗旨和目标。

国际劳工组织成立于 1919 年 6 月,其成立至今经历了一个发展变化的过程。从 1916 年到 1939 年,国际劳工组织作为国际联盟的一个带有自治性的附设机构而存在;从 1940 年到二战结束,国际劳工组织作为一个独立的国际组织开展工作;从 1946 年到现在,国际劳工组织作为联合国的专门机构之一存在。虽经数次变更但国际劳工组织的宗旨一直未变,国际劳工组织的宗旨是:通过促进全世界劳动条件的改善和生活水平的提高,最终在实现社会正义的基础上建立世界的持久和平。《国际劳工组织章程》将其表述为:"只有以社会正义为基础,才能建立世界持久和平。"1944 年国际劳工组织发表的《费城宣言》又对该宗旨进行了补充:"全人类不分种族、信仰或性别都有权在自由和尊严、经济保障和社会均等的条件下谋求其物质福利和精神发展。"

这一宗旨确定了国际劳工组织的两项最主要的职能:其一是制定国际劳工标准,其二是监督国际劳工标准的实施。前者主要通过公约和建议书

---

① 林振贤.新版劳基法的理论与实务[M].台北:捷太出版社,2004:57-61.转引自孙国平.论劳动法的域外效力[J].清华法学,2014(4):18-46.

的形式实现,后者通过国际劳工组织审查各国的实施报告来完成。从宏观上看,国际劳工标准的主要构成有:产业关系方面的标准、就业方面的标准、工资方面的标准、劳动保护方面的标准、社会保障方面的标准和特殊保护方面的标准。

劳动标准法是有关劳动报酬和劳动条件最低标准的法律规范的总称,劳动标准法在立法上以强制性规范,尤其是"相对强制性规范"为主要特点。这种法律规范表面上看似乎是一个命令性法律规范,实际上是禁止性法律规范。这是体现"倾斜保护原则"的典型形式。以最高工时的规定为例,由国务院发布的《关于职工工作时间的规定》第三条规定:"每日工作八小时,每周工作四十小时。"这一规定的实际意思是说工作时间可以短但不能长。从法律规范的逻辑结构上分析,在行为模式上是"作为"的规定,但保证手段上则比较复杂,如果出现了"不作为",就需要从有利于弱势群体的角度进行分析。如果企业实行的工时制度短于国家规定,国家非但不制裁,还给予鼓励;如果企业实行的工时制度长于国家规定,企业才承担制裁性后果。《日本劳动标准法》就明确规定:"鉴于本法所规定的劳动条件为最低标准,劳动关系中的当事人不仅不应以此标准为借口降低劳动条件,而且必须力求高于本标准。"这种法律规范成为社会法的一种普遍形式。①

用人单位可以优于但不能劣于标准法所规定的标准。例如,在工资立法中,规定下限,确定最低工资,用人单位确定的工资只能高于规定,不能低于规定;在工时立法中,规定上限,确定最高工时,用人单位确定的工时只能短于规定,不能长于规定。② 劳动标准法属于强行性立法机制,其所确立的标准具有强制执行的效力,不允许劳资双方以契约行为予以变通和排除。在具体效力上,劳动标准法所确立的劳动标准为最低劳动基准,集体合同与劳动合同所约定的劳动条件只能高于而不能低于劳动标准。具体而言,劳动标准立法的特点主要是根据劳动基准所保障的法益不同,可具体化为各种基准,主要包括工资基准、工时和休息休假基准、职业安全卫生基准、社会保险基准等。③

---

① 董保华.关于建立"现代劳动法学"的一些思考——兼论劳动关系调整的法律机制(上)[EB/OL].2006-11-28[2015-06-07].http://cnlsslaw.com/list.asp? unid=2084.

② 董保华.关于建立"现代劳动法学"的一些思考——兼论劳动关系调整的法律机制(下)[EB/OL].2006-11-28[2015-06-07].http://cnlsslaw.com/list.asp? unid=2084.

③ 王全兴,等.专家谈:劳动基准问题[J].中国劳动,2011(5):6-10.

　　劳动标准法主要有两种体例：一种是单独制定劳动标准法，如美国《公平劳动标准法》《日本劳动基准法》等等；另一种是将劳动标准的法律规范包括在综合立法中，如《法国劳动法典》。我国《劳动法》基本上属后一种立法模式，在劳动法中设立了一些劳动标准的相关规范。

　　世界范围内具有重要影响的国际劳动标准立法，即劳动权利体系化的制度依据，主要包括：1944 年《费城宣言》，1948 年联合国《世界人权宣言》，1966 年联合国《经济、社会和文化权利国际公约》《公民权利和政治权利国际公约》。《费城宣言》是国际劳工组织和国际劳动立法历史上的重要里程碑，该宣言虽然没有规定多少具体的约束国家的法律规范，但是在基本价值、总体目标和发展方向等方面，提出了在劳动领域符合人类普遍正义价值的空前的国际动员和号召，对国际社会施加了重大的影响。

　　联合国《世界人权宣言》并非严格意义的、具有法律规则效力的国际法，或者在技术层面上不具备法律拘束力。但是，它对人权与劳动权利的发展具有决定性的影响，甚至被认为是"人类大宪章"，具有国际习惯法的效力，是《国际法院规约》第三十八条所规定的典型的"一般法律原则"，为世界各国所承认。该宣言第三条规定：人人有权工作（劳动）、自由选择职业、享受公正和合适的工作条件并享受免于失业的保障；人人有同工同酬的权利，不受任何歧视；每一个工作的人，有权享受公正和合适的报酬，保证使他本人和家属有一个符合人的尊严的生活条件，且必要时辅以其他方式的社会保障；人人有为维护其利益而组织和参加工会的权利。第二十四条规定：人人有享受休息和闲暇的权利，包括工作时间有合理限制和定期给薪休假的权利。联合国《经济、社会和文化权利国际公约》第二、四、六、七、八、九、十一条，直接和劳动与社会保障权利以及相应的国家义务相关。这些劳动权利构成了比较完整的体系，包括：就业权和与就业有关的权利（择业自由，获得就业指导和训练权），由就业派生的权利（如享有公平的工作条件和获得公允的劳动报酬），辅助性权利（有结社自由权、集体交涉权、罢工权和社会保障权等），就业保障权（禁止立即解雇、失业保障等），免受奴役和强迫劳动的权利，等等。①

　　随着国际经济一体化的发展，国际劳工运动对我国劳动就业问题的影响已逐渐显现出来，特别是如何回应国际劳工标准的要求，不断完善我国相

---

　　①　陈步雷.类型化与开放性：劳动权利体系若干理论问题[J].中国劳动关系学院学报，2005(6)：8-16.

应的劳动标准立法已成为当前我国构建和谐劳动关系无法回避的问题之一。另外,我国于 1997 年 10 月签署了《经济、社会和文化权利国际公约》,2001 年 2 月,我国全国人大常委会批准了该公约。根据"条约必须信守"的法学传统、《联合国宪章》规定以及《联合国条约法公约》第二十六条规定"凡有效之条约对其各当事国有拘束力,必须由各该国善意履行"的规则,我国当然拥有认真履行该公约所规定义务的国际法上的义务,它对我国当然构成了法律约束。"从客观上讲,劳动标准的完善必将进一步推进和谐劳动关系的发展。作为经济全球化下的中国劳动法治,如何实现与国际劳动立法特别是与国际劳工标准的衔接与平衡,也是一个全新的课题。"[①]

我国历来重视劳动者基本权益的保护,作为国际劳工组织成员,我国已经承认和批准了 19 个国际劳工公约,国际劳工标准已在一定程度上在我国的劳动立法中得以体现。比如,实行每周两天休息制度、制定最低工资办法、实行男女同工同酬、签订集体劳动合同等。但我们也不能否认,与国际劳工标准相比,特别是与构建和谐劳动关系的要求相比较,我国关于劳动标准的立法还存在许多不足之处。针对这些现实要求,分析我国目前的劳动标准立法存在的问题,积极探讨有效的完善之路,对创建和谐劳动关系具有重要的现实意义,同时也是构建和谐社会的内在要求。

二、劳动标准法的属性

属性决定了法律的面貌和发展趋势,劳动标准法也是如此。劳动标准法既有公法属性,亦有私法属性,体现了公法和私法交融的"第三法域"的特征。[②]

首先,劳动标准法是国家对私法性劳动契约的强制干预而非直接取代。考察劳动标准的产生和发展不难得知,劳动标准本质上作为最低劳动条件的标准,是基于私法性劳动契约关系的,是国家对私法性劳动契约关系运行在一定程度上的干预,而非对私法性劳动契约的直接取代。因为劳动关系的建立和维持,原本可依当事人双方合意而为之,即按照私法自治原则运行。如果双方能够依此达成关于劳动条件比较公平合理的合同条款,则无须第三方介入。

然而,由于社会化大生产下生产资料占有等诸多因素的影响,劳动关系

---

① 常凯. 中国劳动法治的特点和趋向[N/OL]. 2008-08-03[2014-02-05]. http://news.xinhuanet.com/legal/2008-08/03/content_8925776.htm.

② 赵红梅. 第三法域社会法理论之再勃兴[J]. 中外法学,2009(3):427-437.

双方主体地位强弱差别较大,片面追求意思自治则容易造成强势者压榨弱势者,使得约定之劳动条件过于有利于强势者,而致弱势者挣扎在生存底线上。因此,基于维护广大弱势者的生存权进而维护社会安全的需要,国家对劳动关系进行一定程度的干预,强制性地从强势者那里"剥夺"一部分利益给弱势者,从而改善弱势者的劳动和生存条件。但是,这种干预并不是对劳动关系的全面干预,也不是对劳资双方意思自治的取代,只是为防范在私法自治过程中出现重大利益不平衡而激起社会矛盾时才适用。可见,劳动基准的原始意图乃维持劳动契约关系在劳动者可以体面劳动和有尊严地生存的基础上运行。

劳动标准法所规定的工资、工时、休息休假、安全卫生等劳动条件,大多是指向劳资双方的,即规定劳动者享有其中之权利,用人单位承担对应之义务。而且,劳动标准所规定的法定权利义务也是私法性劳动契约的"保底"内容。国家制定强行性的劳动基准,划定劳资双方合意的底线,限制双方合意的内容,并不是排除用人单位的意思自治。

换言之,劳资双方关于劳动条件的约定并不是统统无效,而只是低于劳动标准的约定无效,国家并不禁止甚至支持劳动者通过协商获得更为有利的劳动条件。因而在下列情况下,劳动标准可以自动转化为私法性劳动契约的内容:"第一,私法性劳动契约约定的标准低于劳动标准的,该约定无效,劳动标准自动成为劳动契约内容的一部分;第二,私法性劳动契约没有明确约定的事项,自动受到劳动标准的规范和约束。由此可见,劳动基准的公法效力与私法效力兼备,公法性的劳动者保护规定可直接转化为雇主的私法性劳动契约义务。"[1]

其次,劳动标准法本身就是国家干预下劳资协商的结果。劳动标准是国家针对劳动者所必须享有的基本保障而制定的最低保护标准,究其本质乃是对劳动关系双方利益的分配。从本源来看,劳动标准所体现的利益分配其实就是劳资双方协商或斗争的结果。一直以来,由于劳资双方的现实强弱以及由此导致利益获得上的巨大差距,需要国家对劳资双方利益分配进行干预。一个显而易见的问题就是,劳动标准对劳动者利益的倾斜分配应当有一个合理限度,不可矫枉过正,以免造成新的劳资双方利益不均衡。如果随意提高劳动基准,将使用人单位用工成本上升,可能导致用人单位因

---

① 刘焱白.劳动基准法权利救济程序的冲突及其协调[J].法商研究,2010(3):111-119.

为缺乏竞争力而陷入经营困境,进而减少雇用人数,这种结果的出现,对劳动者也是不利的。因此,如何才能制定较好平衡劳资双方利益的劳动基准呢? 合理的做法应当是在国家主导下由劳资双方协商确定。

其实,在西方国家中,劳动标准法的制定模式虽有不同,但无论是斗争模式、多元放任模式、协约自治模式还是统合模式,其基础仍然是劳资协商,在此基础上才是国家干预。例如,从日工作十几小时到日工作八小时的跨越,从各种社会保险制度的建立到最低工资标准、最低生活保障制度的发展等,都是劳资双方不断协商、不断斗争和不断妥协的结果。又如,在现今德国,关于最低工资的法制设计,事实上已被劳资团体协约所取代,而国家仅采取"司法得以审查工资之合理性"的干预措施。"大政府、小社会"一直是我国社会的传统政治架构,而社会中间层不完善、社团组织不发达、工会和雇主组织的功能还远未展现、缺乏劳资自治和协商的环境等是我国的现状。因此,在这样的国情下,国家在劳动关系中处于绝对优位,完全取代了劳资协商直接制定劳动基准。但是,如此制定出来的劳动基准常常不为劳资双方所接受,标准的高或低一直是我国社会争议的热点问题。[①]

最后,劳动标准法是国家倾斜保护劳动者利益并进而维护社会利益的手段。国家通过劳动基准这种调整手段对劳动者进行倾斜保护并维护社会利益,体现了第三法域以社会利益为本位的基本特征。有学者认为,私法以个人利益为本位,公法以国家利益为本位,"第三法域"则以社会利益为本位。[②] 在现代社会,要在劳动领域中确保劳动者的应有尊严,确保劳动者在社会生活中能够体面生活,并不是调整平等(横向)关系的私法的基本功能,亦不是调整不平等(纵向)关系的公法所能担当,只有以实现社会实质平等、维护社会安全、促进社会均衡发展为宗旨的第三法域的相关制度才能解决。对弱者的倾斜保护可以促进社会实质公平理念的实现,达致社会利益的增进。"劳动基准对于劳动者权利和用人单位义务的法定设置,其本质就是一种利益的分配过程,目的在于实现社会正义,进而使社会财富平等分配的设想可能达成。这种利益分配完全是根据社会弱势群体的特点而制定的,其

---

① 刘焱白.劳动基准法权利救济程序的冲突及其协调[J].法商研究,2010(3):111-119.

② 董保华.社会法原论[M].北京:中国政法大学出版社,2001:14.

维护的既不是纯粹的国家利益,也不是纯粹的个人利益,而是整个社会的利益。"①

三、国外劳动标准法概况②

历年来,美国联邦国会与各州议会通过了多部涉及劳动标准的单行法,其中最重要的是《公平劳动标准法》(简称 FLSA)。它最初的立法目的在于以尽可能低的工资提供最大数量的工作岗位,使美国走出经济大萧条。其中第七条规定,任何雇主不得要求雇员一周工作时间超过 40 小时,除非至少付给雇员基本工资的 1.5 倍为补偿工资。美国全国绝大多数工人每年享受全薪节假日 7—8 天。带薪休假的时间长短主要是根据工龄、职位及职业等因素来确定的,其中工龄是最为重要的因素。劳动者工作年限越长,享受带薪休假的时间也就越长。美国雇员全薪年休假 1—4 周,是通过集体协议规定的。《公平劳动标准法》第六条对最低工资作出规定,"1997 年 9 月 1 日以后每工作 1 小时不少于 5.15 美元",并且"任何雇主必须男女雇员同工同酬,不得基于性别歧视而给予男性或女性雇员相对更低的工资,基于资历、价值、工作质量和数量以及其他非性别因素的差别除外"。

在美国,关于工资与工时的联邦法律仅为各州提供了一个最低基准,各州有权对其加以补充或加强,对雇主作出更严格的规定。如某一州规定了更高的最低工资,则以后者为准。大多数州的法律都规定了更高的最低工资水平,例如,加利福尼亚州关于加班费的一则新规定是根据 2000 年生效的一项法案(*Eight-Hour-Day-Restoration and Workplace Flexibility Act of 1999*),要求雇主对一天工作超过 12 个小时的雇员支付相当于一般工资两倍的加班费。③

在美国,负责《公平劳动标准法》管理和实施的部门是联邦劳工部,联邦劳工部有两大机构"民权中心"(Civil Rights Center)和"联邦合同规定监督局"(Office of Federal Contract Compliance Programs),监督相关法律的实施。另外还有一个独立机构"平等就业机遇委员会"(Equal Employment Opportunity Commission),负责促进就业平等。

---

① 刘焱白.劳动基准法权利救济程序的冲突及其协调[J].法商研究,2010(3):111-119.

② 范围.外国劳动标准立法及其执法[J].团结,2006(6):46-49.

③ 冯倩.美国的劳动基准法[EB/OL].2013-11-29[2015-07-08].http://www.law-lib.com/Lw/lw_view.asp?no=25046.

为了改善劳动者的生活条件,同时,基于缓和失业的考虑,法国的工时制度经过了数度的修改。20 世纪 90 年代末通过的《奥布里法》规定,从 2000 年 1 月 1 日起将每周工作时间减少为 35 小时。并且,在企业委员会不反对的情况下,雇主可以不实行统一的共同工作时间表,而依雇员个人具体情况而定。法国法律规定,除铁路职工外,雇主不得统一给雇员每周安排工作超过 6 天,星期日必须安排休息。法定类型的机构可以采取周轮休制。法国的法定节日共 13 天(元旦、五一、国庆、两次世界大战停战日以及 6 个宗教节日),此外,在每年的 5 月 1 日至 10 月 31 日之间还可以享有 5 周带薪年休假。根据法国劳动法,如无必要原因,晚间 9 点到次日早晨 6 点加班,还有商店如果在星期天开门,原则上都属违法行为。① 劳动者的劳动报酬包括工资、实物报酬、额外报酬、交通费用、津贴奖金、小费和分红。法国的工资形式包括计时工资、计件工资和因营业额而异的工资。2001 年 7 月 1 日起各行业最低月工资为 1082.60 欧元(每小时收入 6.41 欧元)。

《法国劳动法典》232-1 明确雇主必须保持工作场所的清洁,具备符合工人健康保障要求的必要卫生条件。233-1 至 233-7 就劳动安全作出了明确规定,涉及在机器设备、矿井、煤气管道等有毒有害的工作条件下劳动的必要保护措施。法律对女性劳动者实行在劳动报酬、晋升机会、工作调动、享受有关待遇等方面享有与男性同等权利的保护。

德国《劳动时间法》第三条第一项规定,原则上把每日的工作时间限定为 8 个小时,每周 48 小时。但是根据工种(如驾驶员、面包师等)或企业的具体经营要求等可以有所变通。通过集体劳资协议,可以缩短工作时间,特定条件下也可以延长,因此,大多数集体协议将其规定为每周 40 小时。为了缓解就业压力,近年企业集体协议多将每周工作时间从 40 小时降为 38 小时。每周的劳动时间由集体合同确定,现在通常在 37.5 小时到 40 小时之间。② 德国男性雇员每工作 6—9 小时,至少应安排 30 分钟休息,超过 9 小时的,休息时间至少为 45 分钟。雇主每天必须给予雇员不间断的 11 小时的休息时间,其间雇主不能要求雇员协助做任何工作。雇员每年至少享有 24 个工作日的带薪假。劳动关系存在 6 个月后,即可获得休假权。假期一般当年休完,如因工作或个人原因推迟,应在次年第一季度补休。18 周岁

---

① 黎文宇.法国"新劳动法"乌龙了谁[N/OL].2014-04-14[2015-06-07].http://business.sohu.com/20140414/n398180881.shtml.

② W.杜茨.劳动法[M].张国文,译.北京:法律出版社,2005:60.

以下的青年雇员假期更长,不满 16 岁的不少于 30 个工作日,不满 17 和 18 周岁的,分别不少于 27 个和 25 个工作日;严重残疾雇员额外多 5 天休假。

《德国基本法》第一条第二款为雇员的劳动安全和卫生提供了保护,它包括对雇员生命、健康、工作能力、工作环境的保护。劳动保护责任的主体包括雇主、雇员、企业委员会、国家监督和职业事故社会互助保险合作社。① 雇主应定期检查、评估现有工作条件、环境和具体岗位的设置是否合理,是否会产生物理、化学和生物等方面危害人体的影响,是否符合现代劳动医学的要求。企业还应建立、健全急救、消防和紧急疏散制度,应雇用一定数量的医生和安全人员,此外,应定期向员工介绍有关预防措施,做到防患于未然。20 名雇员以上的,要成立劳动保护委员会,监督劳保措施的实施情况;并且针对技术性工作采取相应保护措施,根据不同危险物可能产生的危害,分四个等级,对雇员采取不同的保护措施。

欧盟作为一个集政治实体和经济实体于一身、在世界上具有重要影响的区域一体化组织,其《欧洲社会宪章》的第一部分规定人人有机会在其自由选择的职业中谋生,所有工作者均有权享有安全和卫生的工作条件。第二部分具体规定了工作权等普遍权利,其中第二条规定了享受公正的工作条件的权利,包括:"1. 提供合理的每日及每周工作小时,在生产率增长和其他相关因素允许的情况下,工作周将随之递减;2. 提供公共假日报酬;3. 提供每年不低于两周的付薪休假;4. 为从事危险或有害健康职业的劳动者提供附加的付薪休假或缩短工作小时;5. 保证每周的休息时间,如果可能,这一时间应与该国或该地区传统或习惯上承认的休息日相吻合。"第七条规定了儿童与年轻人受保护的权利,如"不得被雇来上夜班""有权享受每年不少于三周的付薪休假"等;第八条规定了就业妇女享受保护的权利,如"妇女在分娩前后一共至少休息 12 周""正在哺乳的母亲将有权享受足够的休息时间"等。在《欧洲社会宪章》的框架下,各成员国通过订立有约束力的法令来规范欧盟范围内工人的工作时间政策,形成了统一的劳工工作时间标准。

工作时间的基本要求是:每天 8 小时或每周 40 小时。但是,特殊情况除外,如倒班工作,最长可增加到每天 11 小时,每周 50 小时。如果因工作不能中断,最大可能增加到 12 小时。夜班是指在每天晚上 8 点至次日早晨 6 点的工作,原则上禁止妇女和未成年人上夜班。除法律有规定外,星期天或公共假日工作,或每天超过 11 小时工作,都应被禁止。在一季度内的超

---

① W. 杜茨. 劳动法[M]. 张国文,译. 北京:法律出版社,2005:174-177.

时工作必须通过换休的方式给予补偿,而且,每天超过 9 小时的工作,如果是在公休日或节假日,应该给予雇员工资的 150％或 200％。除加时工作外,倒班工人没有额外的报酬。定期工工作一年,第二年开始享有 20 天假期。如果雇员没有全年工作,休假的天数按比例扣减。①

欧盟委员会还于 2000 年 12 月通过了《欧洲保护人权与基本自由公约》,其第三十一条规定:"公平合理之劳动条件:1.劳工享有尊重其健康、安全与尊严之劳动条件的权利。2.劳工享有最高工时限制、每日与每周休息时间与支薪年休期间之权利。"之后,《欧洲保护人权与基本自由公约》载入 2004 年通过的《欧盟宪法条约》,标志着欧盟劳动标准等基本人权保障体系的宪法化。②

日本一直以来以工作时间较长著称。其原因有:第一,在中小企业中,实行每周 5 天工时制的并不普遍;第二,日本在经济情况波动时,因无法采取解雇方式裁减劳动者,故将超时工作引入劳动关系之中,以应对市场变化;第三,日本劳动者休带薪年休假的较少。为应对工业结构的变化,减少较长的工作时间,《劳动基准法》被数次修改以适应社会经济的变化。③ 日本《劳动基准法》第三十二条规定:劳动者每天劳动时间不得超过 8 小时,每周劳动时间不得超过 40 小时;在特定行业中,允许每一周工作时间超过 40 小时,多为服务业。由于行业的差异,日本还确立了变通工时制度。劳动时间超过 6 小时者,休息不少于 45 分钟;劳动时间超过 8 小时者,休息不少于 1 小时。日本确立了雇主每年给予劳动者一定期限的有薪休息时间的规定。同时,日本《劳动基准法》第三十九条第一款规定,劳动者连续受雇 1 年,出勤率达 80％以上者,雇主应给予连续的或分割的 6 个工作日的带薪年休假,而连续工作 2 年以上的,除上述规定外,雇主还应加给每年 1 天的休假。但加给的休假日,最高不超过 20 天。

日本的工人工资主要由基本工资和各种津贴组成。日本基本工资主要采取年功序列工资,是以雇员的学历、年龄和本企业连续工龄长短等因素为

① 刘秉泉.欧盟劳动标准体系考察报告[EB/OL].2003-03-17[2014-12-07].http://www.calss.net.cn/n1196/n1346/n6008027/6159470.html.

② 蓝寿荣.休息何以成为权利——劳动者休息权的属性与价值探析[J].法学评论,2014(4):84-96.

③ 荒木尚志.日本劳动法[M].李坤刚,牛志奎,译.北京:北京大学出版社,2010:63.

基准确立劳动者的基本工资和晋升的一种工资制度。① 日本企业通常按月将工资以货币形式、按规定日期全额直接支付给劳动者。但是,在征得劳动者同意的基础上,也允许将工资汇入其本人指定的存款账户或扣缴社会保险费、税收等款项之后再支付。此外,通常每年发放两次奖金,即夏季奖金和冬季奖金。

《日本劳动安全卫生法》规定了雇主应遵守的防治伤亡事故的最低标准,而且明确了雇主实现舒适作业环境和改善劳动条件,确保作业场所公认的安全和健康的义务。雇主在录取日常雇佣的劳动者之前,必须安排其进行规定的体检。雇主必须为日常聘用的劳动者每年安排一次(夜班、接触 X 射线等有可能危害健康的特定行业应每 6 个月进行一次)由医生实施的体检。对未成年工和女工的特殊保护在日本劳动标准法中都作出了明确规定。

四、我国劳动标准法的问题及完善

关于我国劳动标准的保护水平,学者们的认识并不一致。董保华教授主张,我国劳动基准法应当实行低标准、广覆盖、严执法,造成矿难、工伤频发,大面积欠薪的关键原因为"窄覆盖和宽执法"②。而常凯教授则认为,造成矿难、工伤频发,大面积欠薪的关键原因是劳动标准不高,因而应进一步加强对劳动者的保护。他还指出,"现阶段,主要应该通过政府主导的劳动关系调整方式来维持劳动关系的基本稳定"③。

国家以劳动标准的形式保障劳动者在工资、工时、休假、职业安全卫生保护等方面的基本权益,不仅能够维护社会正义的底线,而且对于劳资自治也有引导作用。结合构建社会主义和谐社会的要求,对照国际劳工标准的相关规定,笔者认为,我国现行劳动标准立法还存在明显的不足,影响和谐劳动关系的形成,下面以平等就业权为例对劳动标准立法问题及其完善作简要的分析。

平等权是一项基本的人权,国际劳工组织除了在其宪章中规定非歧视之外,还在 1951 年的《同工同酬公约》和 1958 年的《消除就业和职业歧视公约》中对免于歧视自由作出了具体的要求。比如,规定雇主不能"根据种族、

---

① 荒木尚志.日本劳动法[M].李坤刚,牛志奎,译.北京:北京大学出版社,2010:56.

② 董保华.中国劳动基准法的目标选择[J].法学,2007(1):52-60.

③ 常凯.中国劳动关系报告:当代中国劳动关系的特点与趋向[M].北京:中国劳动社会保障出版社,2009:53.

肤色、性别、宗教、政治观点、民族血统或社会出身作出任何区别、排斥或优惠"。除此之外,对歧视还作出了开放性的规定,即国际劳工组织成员国政府在同有代表性的雇主组织和工人组织以及其他适当机构协商后,也可以把其他形式的区别、排斥或优惠定为歧视,加以反对,只要这些做法会产生剥夺或者损害就业或职业上的机会或待遇平等的不良后果。我国宪法规定了公民享有"平等权",它是指公民平等地享有权利,不受任何差别地对待,要求国家平等保护的权利。但是在具体的司法实践中,存在宪法条文可否直接适用的问题。

平等就业权又称就业平等权,是指在就业的地位、机会、条件等方面,每个劳动者都享有平等的权利。平等就业权是公民的基本权利之一,是公民宪法上的平等权在劳动领域的延伸和具体化。因为就业机会在当今社会是一种稀缺资源,所以其公平分配就显得格外重要,平等就业权就是保护公民的平等就业权利,使每个劳动者都能有平等的机会去竞争工作岗位,其实质就是要反对就业与职业中的各种歧视行为。平等就业权,既是一项基本的劳动权,又是当代人权概念的重要构成内容,是保障公民实现其生存权的根本途径,在各项具体劳动权中居于重要地位。[①]

平等就业权包含三层含义:一是任何公民都平等地享有就业的权利和资格,不因民族、种族、性别、年龄、文化、宗教信仰、经济能力等而受到限制;二是在应聘某一职位时,任何公民都须平等地参与竞争,任何人不得享有特权,也不得对任何人予以歧视;三是平等不等于同等,平等是指对于符合要求、符合特殊职位条件的人,应给予他们平等的机会,而不是不论条件如何都同等对待。

对平等就业权的理解必须注意以下几点:第一,不要求绝对平均主义。平均主义意味着完全一致、绝对平等,而我们所说的平等是相对的、有条件的平等。因为在现实社会中,由于历史条件、生活环境、个人能力等各方面

[①]　陈信勇.劳动与社会保障法[M].杭州:浙江大学出版社,2010:65.

的限制,在就业方面实现绝对平等是不可能的。第二,反对就业歧视。① 就业平等权的核心是反对就业歧视,即在劳动就业中,必须遵循平等对待或平等待遇原则,不因劳动者的性别、民族、种族、宗教信仰等的不同而歧视。只要具备相应的劳动能力,劳动者均有获得相应工作的平等机会。第三,肯定合理的差别待遇。平等就其性质可分为形式平等与实质平等。前者指机会平等或机会均等。但如果仅有形式平等,可能导致实质不平等,从而与形式平等相违背。因此,法律在给予公民平等的就业机会时,也应以合理的差别待遇来解决现实生活中因历史、社会、自然生理等原因形成的事实不平等问题,对特定人群予以保护。②

尽管在《劳动法》《妇女权益保障法》中也涉及平等就业原则的条款,然而却没有规定相应的具体法律责任。可以这么说,平等就业权在我国当前还没有得到完善的、便利的、操作性强的法律保护。另外,我国《劳动法》第十二条规定:"劳动者就业,不因民族、种族、性别、宗教信仰不同而受歧视。"1958年国际劳工组织通过的关于就业和职业歧视公约和建议书将歧视范围定为:"种族、肤色、性别、宗教、政治见解、民族血统或社会出身。"由此可见,我国将就业歧视仅限定于"民族、种族、性别、宗教信仰"四种情况,这一范围远远窄于国际通行的劳工标准中的就业歧视范围。

正如有研究者已经指出的那样,大量的穷人之所以穷,不是由于自身的原因,而是由于歧视性规范的原因。姑且将这一原因称为"歧视性贫困"。导致某些人贫困的主要原因是权利配置的不公与歧视,这一原因将人分成不同的等级,不同的等级享有不同的权利,而且等级之间是不能流动的,这

---

① 国际劳工组织《消除就业和职业歧视公约》对"歧视"一词的解释是:"基于种族、肤色、性别、宗教、政治见解、民族血统或社会出身等原因,具有取消或损害就业或职业机会均等或待遇平等作用的任何区别、排斥或优惠。"另外"有关成员在同雇主代表组织和工人代表组织——如果这种组织存在——以及其他有关机构磋商后可能确定其效果为取消或损害就业和职业方面的机会平等或待遇平等的其他区别、排斥或特惠",也是歧视。与之配套的国际劳工组织1958年第111号建议书《就业和职业歧视建议书》第二条则进一步规定,所有人员都应在下列各方面无歧视地享有机会均等和待遇均等:(1)获得职业指导和安置服务;(2)在个人适合该种培训或就业的基础上获得自己选择的培训和就业;(3)根据个人特点、经验、能力和勤勉程度的提升;(4)享有就业保障;(5)等值工作等值报酬;(6)工作条件,包括工时、休息时间、有酬年假、职业安全和卫生措施,以及与就业有关的社会保障措施、福利设施和津贴。参见陈信勇.劳动与社会保障法[M].杭州:浙江大学出版社,2010:67.
② 杨雪,郎治军,张旭.论平等就业权的法律保护[J].江苏工业学院学报(社会科学版),2006(3):17-19.

就造成处于不利等级之中的人的贫困。①

具体到就业领域,在很长一段时期内,我国强调"社会出身",即把就业者划分为不同阶层或等级,限制或禁止某些阶级的成员在某种类别的行业就业。现在虽然这方面的歧视越来越少,但其他一些歧视,例如健康歧视、性别歧视、户籍歧视、婚姻歧视、语言歧视、学历歧视、经验歧视等却远未消除。

2001年,四川联合大学法律系学生蒋韬因中国人民银行成都分行的招录广告限制身高,认为该广告具有歧视成分,将银行诉至法院。该案被称为"中国宪法平等权第一案",轰动全国。2003年1月,浙江大学农业与生物技术学院学生周一超报名参加公务员考试,最终因"小三阳"导致体检不合格而未被录取,周持刀伤害负责招录的两位工作人员,造成一死一伤,后被判处死刑。② 我国的就业歧视现象主要表现是:其一,传统的行政政策性壁垒,就是过去我们在计划经济体制下的跨行业、跨地域的就业政策;其二,地方政府的保护主义,也就是为了解决本地人的就业问题而排斥外地人;其三,招聘单位非理性的苛刻要求,比如人才高消费现象。

以户籍歧视为例,如最高人民法院面向社会公开招聘法官时,居然要求应聘者有北京市户口。且不论该办公室是否有权限制公民的宪法权利,从这一事件本身就可看出我国劳动就业中的歧视的严重程度。可见在我国实现平等就业权任重道远,免于就业歧视的权利尚需努力争取。

《中华人民共和国就业促进法》第三条规定:"劳动者依法享有平等就业和自主择业的权利。劳动者就业,不因民族、种族、性别、宗教信仰等不同而受歧视。"再比如,针对妇女就业的第二十七条规定:"国家保障妇女享有与男子平等的劳动权利。用人单位招用人员,除国家规定的不适合妇女的工种或者岗位外,不得以性别为由拒绝录用妇女或者提高对妇女的录用标准。用人单位录用女职工,不得在劳动合同中规定限制女职工结婚、生育的内容。"不过,如缺乏有效监督和推广等措施,促进平等的法律可能成为一纸空文。在我国就业市场上,歧视问题可以说是一个较为普遍的问题。用人单位动辄以出身、户籍、性别等条件对劳动者施以不同的待遇,这与国际劳工标准中免于歧视的要求是相违背的。现在要做的是一方面将《就业促进法》

---

① 周永坤.穷人法学论纲[EB/OL].2007-10-26[2015-04-06].http://blog.sina.com.cn/s/blog_ae7fd1b50101a4g8.html.

② 董保华.劳动关系调整的社会化与国际化[M].上海:上海交通大学出版社,2006:1.

中对四种歧视的规定加以扩充,将出身、户籍等明确纳入反对歧视的规定之中;另一方面要加快与之相配套的其他法规的改革,其中主要是加快户籍法规改革步伐,尽快消除因户籍问题产生的对劳动者就业的歧视。这既是国际劳工标准的要求,也是调动一切积极性、主动性努力发展经济的要求。

　　另外,从各国的实践看,大部分国家和地区都建立了反就业歧视的专门机构。例如美国的就业平等委员会、我国台湾地区的两性工作平等委员会等等,这些机构对反就业歧视起到了重要作用。美国就业平等委员会一方面向社会宣扬公平就业政策,劝诫雇主摒弃歧视性雇佣措施,另一方面可代表劳动者争取权益,一旦与用人单位调解不成或劝诫失败,可代表劳动者向法院提出诉讼。我国有必要参考借鉴这些先进的实践经验,成立反就业歧视保障机构,投入足够的物资和人员,更好地履行劳动监察工作职责,从而维护劳动者的平等就业权。①

---

　　① 庞铁力.劳动权的平等保护及禁止就业歧视的法律思考[J].法学杂志,2012(3):118-123.

第三章 和谐劳动关系的关键:劳动合同法律机制

劳动关系契约化是市场经济条件下劳动关系的基本特点,劳动合同是劳动者与用人单位确立劳动关系、明确双方权利和义务的协议。劳动合同虽然是在平等地位的民事主体之间订立的,但其主要功能则是规范用人单位与劳动者订立和履行劳动合同的行为,保护劳动者的合法权益,促进劳动关系和谐稳定。劳动合同在维护用人单位合法权益的同时,侧重于维护处于弱势的劳动者的合法权益,以实现双方力量与利益的平衡,有效寻求劳动者和用人单位利益的最佳契合点。劳动合同在整个劳动法律关系中起到承前启后的作用,劳动合同法律机制是构建和谐劳动关系的关键环节。

第一节 《劳动合同法》中的诚信原则

劳动合同的民事合同性质和劳动合同本身的特殊性决定了诚信可以而且应当成为《劳动合同法》的基本原则。诚信原则贯穿《劳动合同法》的始终,在劳动合同的订立、履行、解除等各阶段都得到充分的运用。诚信原则对《劳动合同法》的完善提出了新要求。

一、诚信原则的内涵

诚信即诚实信用。所谓诚实信用,是指民事主体在民事活动中,行使民事权利和履行民事义务应当诚实,守信用,行为合法,不规避法律。诚实信用作为市场经济活动的道德准则,要求人们诚实经营,在追求自己的经济利益时不得损害他人的利益,以维护良好的市场经济秩序。法律领域的诚信原则首先是在合同法中孕育成长起来,并最终发展成为现代法律的一项基本准则。诚信的规定最早见诸《法国民法典》,该法典第 1134 条规定:"契约应当以善意履行。"1863 年的《撒克逊民法典》明确将诚实信用作为法律规范确立下来,但当时诚实信用的规定在性质上只属于任意性规范。《德国民法典》把诚实信用作为一项强行性规范,并将其由合同领域扩大到一切债的关系中。进入 20 世纪后,日益复杂的社会关系使立法者不得不更加借助于诚信等"弹性条款"。1907 年《瑞士民法典》将诚信原则作用的领域扩大到一切民事活动领域,成为民法的一项基本原则。基于诚信原则的地位与作用,它被奉为现代民法的最高指导原则,被学者们称为"帝王条款"。

随着社会的发展,诚信原则的功能与价值开始为公法所承认,并逐步被引入到行政法、诉讼法等公法领域。有研究者指出,诚信原则为法律之最高原则,一切法域皆受其支配。[①] 虽然学者们都认识到了诚信原则的重要性,但是由于"诚实"和"信用"两词本身的不确定性,导致了人们对于诚信原则内涵的认识很不统一,主要有主观判断说、利益平衡说和行为规则说三种观点。在这里笔者并不试图给诚实信用原则下一个定义,或许定义并不是最重要的,只要我们能认识诚实信用原则的本质就可以了。关于诚实信用原则之本质,学者间也有不同认识:第一说,以诚实信用原则之本质为社会理想;第二说,认为诚实信用原则本质上为市场交易中,人人可得期待的交易道德之基础;第三说,认为诚实信用原则的本质在于当事人利益之平衡。[②]正如我国台湾地区学者史尚宽先生所言:"第一及第二说均未免过于抽象,适用困难。第三说较为具体,便于适用。"[③]本书赞同史尚宽先生的观点,诚实信用原则的本质在于谋求当事人利益之平衡,要求人们在法律活动中讲究信用、恪守诺言、诚实不欺。诚实信用原则是一个高度抽象的原则,其内涵和外延非常广泛,该原则主要表现为:(1)民事主体在民事活动中要诚实,恪守信用,不弄虚作假,不为欺诈行为,进行正当竞争。(2)民事主体行使权利应当本着善意的态度,获取利益不得损害他人利益和社会公共利益。(3)民事主体应信守诺言,严格按照法律的规定和当事人的约定履行义务,不得擅自毁约,自觉承担责任。(4)在当事人约定不明确或者订约后客观情形发

---

① 何孝元.诚实信用原则与衡平法[M].台北:三民书局,1977:66.

② 梁慧星.民法总论[M].北京:法律出版社,2001:290-291.

③ 史尚宽.债法总论[M].台北:三民书局,1978:319.

生重大变化时,应依诚实信用的要求确定当事人的权利义务和责任。(5)在民事法律关系终止后,当事人应当本着诚信的态度,保护对方的合法权益。①

二、诚信作为《劳动合同法》基本原则的依据

劳动合同是劳动者与用人单位建立劳动关系的重要基础,是确立双方当事人权利义务的重要依据。诚信作为《劳动合同法》基本原则的依据主要有三:

其一,劳动合同作为民事合同的一种,应当遵循合同法中诚信原则的一般要求。"劳动合同是我国法律体系中的一个重要合同类型,从其性质上看,劳动合同法属于民事法律,是合同法的特别法。"②现行《合同法》第二条第一款规定:"本法所称合同是平等主体的自然人、法人、其他组织之间设立、变更、终止民事权利义务关系的协议。"其中所谓"自然人",在《劳动合同法》中称为"劳动者";所谓"法人、其他组织",《劳动合同法》中称为"用人单位",即各类企业。《合同法》第二条第二款规定:"婚姻、收养、监护等有关身份关系的协议,适用其他法律的规定。"据此可知,劳动者与企业之间有关劳动关系的协议,属于《合同法》的适用范围。

《合同法》与《劳动合同法》之间,是一般法与特别法的关系。劳动合同关系是民事权利义务关系的一种;《劳动合同法》是现行《合同法》的特别法,其立法根据和法理根据,就是现行《合同法》第二条的规定。因此,劳动合同的订立、履行、变更、终止和违约责任的追究,应当遵循现行《合同法》的基本原则及总则性规定。《合同法》第六条规定:"当事人行使权利、履行义务应当遵循诚实信用原则。"劳动合同是一种民事合同,在劳动合同的订立、履行和解除各个环节都充分地体现了双方主体意思自治,这一点与普通民事合同中意思自治的精神是一致的。因此,《劳动合同法》适用《合同法》上的一般原则即诚信原则当然是顺理成章。在这一问题上,不能片面夸大劳动合同的特殊性,否定劳动合同作为民事合同的共性,背离《合同法》基本原则和总则性规定。

其二,劳动合同本身的特殊性对双方特别是用人单位的诚信提出了明确的要求。在劳动社会化的今天,整个社会成员的劳动参与程度较高,劳动本身已经超越了简单的维持生存的意义,而是对于劳动者而言产生了心理、

---

① 李峰.民法学[M].厦门:厦门大学出版社,2012:37.

② 梁慧星.劳动合同法:有什么错? 为什么错? [EB/OL]. 2009-03-09[2015-08-07]. http://www.iolaw.org.cn/showarticle.asp? id=2428.

社会等更深层次的意义。所以,"对于每一个达到劳动年龄、具有劳动能力的人而言,进入劳动力市场、建立劳动关系似乎是一个无法回避的选择"①。他即使不与这个用人单位建立劳动关系,也一定会与那个用人单位建立劳动关系。不可否认,市场经济条件下的劳动合同关系的构建,私权原则仍是其基础,但是由于劳动关系双方实际经济条件和社会环境的差别,这种形式上的平等实际上往往掩盖着实质上的不平等,劳动者在具体的劳动合同关系中实际处于一种被支配的劣势和弱势的地位。

由于劳动者的劳动力无法与劳动者分离,所以,劳动者在付出劳动力的同时,自身必须接受雇主的支配和指挥。或者说,在劳动关系存在和运行的过程中,劳动者的实际身份并不是独立的财产所有者,因为你的财产已经让渡或出卖给雇主,你已经成为一个必须听命于雇主的被雇佣者。② 用人单位获得了对劳动力的支配权,在某种程度上也就获得了对劳动者的支配权,隶属关系也就形成了。在这种支配性法律关系下,如果不对雇佣者提出更高的要求,可能会带来双方权利义务的失衡,诚信原则能够有效地约束用人单位,要求其全面、公正地履行劳动合同,最大程度地保护劳动者的利益。

其三,劳动合同的格式条款形式,要求其在适用中遵循诚信原则。《合同法》第三十九条第二款规定:"格式条款是当事人为了重复使用而预先拟定,并在订立合同时未与对方协商的条款。"不管我们是否意识到它的存在,在实际生活中,我们无时无刻不在和格式条款发生着各种各样的联系。有时格式条款是如此的重要,以至于如果完全抛开它们,我们几乎无法生存。对于这些条款我们通常无法参与协商和制定,能做的只是 take it or leave it(要么接受要么放弃)。格式条款背离了契约自由,如果仅仅涉及自由问题,从理论上讲一定程度上还是可以接受的,因为对于大多数人而言,契约自由毕竟只是形式上的、外在的东西。

但问题并没有至此为止,一些格式条款的提供者利用自己的有利形势,制定许多片面利己条款,严重违背了契约正义。正如德国学者罗伯特指出的那样,"一般交易条款曾被广泛地用来规避法律规则,制作由对方承担一切风险和不利益的契约形式。而对方当事人则通常无力抗拒这种单方面的

---

① 胡玉鸿."弱者"之类型:一项法社会学的考察[J].江苏行政学院学报,2008(3):92-98.

② 常凯.论劳动合同法的立法依据和法律定位[J].法学论坛,2008(2):5-14.

风险转移"①。我国著名民法学者王利明教授认为,格式条款制定一方可能利用其经济优势形成诸多不公正条款,并且格式条款的制定者在合同条款中常常排除法律规范的适用。② 梁慧星教授也曾指出:"民法本身就当然蕴含着正义,当然贯穿着对社会正义的追求。这种追求,我们叫作民法的理念。"③合同制度包括格式条款作为民法的一个重要组成部分当然也应有社会正义的要求贯穿其中,格式条款对契约正义的违背正是我们对其进行规制的深层原因。

三、《劳动合同法》中诚信原则的体现

作为一项基本原则,诚实信用的要求贯穿《劳动合同法》的始终,诚信原则在劳动合同的订立、履行、解除等各阶段都得到了充分的运用。

诚信原则要求合同的当事人在开始进行合同缔结谈判时,尽各种必要的注意和各种说明义务,以促使劳动合同得以善意地成立、生效并能得到履行,从而实现当事人的预期目的。如果违反上述义务,则应承担缔约过失责任。比如,《劳动合同法》第八条规定:"用人单位招用劳动者时,应当如实告知劳动者工作内容、工作条件、工作地点、职业危害、安全生产状况、劳动报酬,以及劳动者要求了解的其他情况;用人单位有权了解劳动者与劳动合同直接相关的基本情况,劳动者应当如实说明。"这一条文对劳动者和用人单位的诚信告知义务及相互信赖义务作出了明确的要求。另外,诚信原则要求如果由于当事人的原因导致劳动合同不成立、无效或被撤销,有过错的一方应承担缔约过失责任。所谓缔约过失责任是指当事人因故意或者过失违反合同义务致使合同不能产生效力而应当承担的民事责任。缔约责任是一种过错责任,缔约过错是于合同缔结之际发生的,既可因为故意也可因为过失而造成。《劳动合同法》第八十六条规定:"劳动合同依照本法第二十六条规定被确认无效,给对方造成损害的,有过错的一方应当承担赔偿责任。"

劳动合同对义务的约定,很难面面俱到,即使对有所规定的事项,也可能产生理解上的不一致。另外,劳动合同义务设定的基础,也会随着社会生活条件的改善而产生变化。为使劳动合同顺利履行,保障公平的效果,减少争议,《劳动合同法》强调诚实信用原则并把它作为劳动合同履行的指导原

---

① 罗伯特·霍恩,等.德国民商法导论[M].楚建,译.北京:中国大百科全书出版社,1996:94.

② 王利明.合同法研究[M].北京:法律出版社,2002:386.

③ 梁慧星.从近代民法到现代民法[J].中外法学,1997(2):19-30.

则。比如,《劳动合同法》第二十九条规定:"用人单位与劳动者应该按照合同的约定,全面履行各自的义务。"劳动合同依诚信履行,要求劳动者和用人单位对合同的履行抱有善良的愿望,进行真诚的努力,追求公平的效果。对于用人单位而言,应在谋取自己合法利益的同时,尽量考虑、保护劳动者的利益;而对于劳动者来讲,应诚实守信地履行工作义务,对用人单位尽忠诚的义务,要切实维护用人单位的利益。所以《劳动合同法》上的诚实信用原则,既是一种观念上的要求,也是一种强行性规范。另外,劳动合同履行中诚信原则的要求还体现在附随义务的遵守上。附随义务又称为附从义务,是指主债务以外的,随债的关系发展依诚实信用原则而产生的义务。附随义务的种类甚多,大致包括注意义务、告知义务、照顾义务、说明义务、保密义务、忠实义务及不作为义务等。就附随义务的功能而言,可分为两类:一为有辅助功能的,即促进实现主义务;二为有保护功能的,即维护对方当事人人身或财产的利益。比如,《劳动合同法》第三十二条规定:"劳动者拒绝用人单位管理人员违章指挥、强令冒险作业的,不视为违反劳动合同。劳动者对危害生命安全和身体健康的劳动条件,有权对用人单位提出批评、检举和控告。"

劳动合同解除中的诚信原则的要求主要体现在对于解除条件的限制和后合同义务的履行两个方面。对于劳动合同解除条件的限制,《劳动合同法》第四十二条规定:"劳动者有下列情形之一的,用人单位不得依照本法第四十条、第四十一条的规定解除劳动合同:(一)从事接触职业病危害作业的劳动者未进行离岗前职业健康检查,或者疑似职业病病人在诊断或者医学观察期间的;(二)在本单位患职业病或者因工负伤并被确认丧失或者部分丧失劳动能力的;(三)患病或者非因工负伤,在规定的医疗期内的;(四)女职工在孕期、产期、哺乳期的;(五)在本单位连续工作满十五年,且距法定退休年龄不足五年的;(六)法律、行政法规规定的其他情形。"合同关系消灭后,当事人依诚实信用原则应负有某种作为或不作为义务,或协助对方处理合同终了的善后事务,这被称为后合同义务。《劳动合同法》第五十条规定:"用人单位应当在解除或者终止劳动合同时出具解除或者终止劳动合同的证明,并在十五日内为劳动者办理档案和社会保险关系转移手续。劳动者应当按照双方约定,办理工作交接。用人单位依照本法有关规定应当向劳动者支付经济补偿的,在办结工作交接时支付。"

四、诚信原则对《劳动合同法》的新要求

健全的劳动合同法律机制是劳动关系多元化、契约化、市场化下有序运行的基本保障，《劳动合同法》既要注重劳动者和用人单位双方的意思自治，充分发挥其积极性和创造性，同时也要强调国家的必要干预，以维护劳动关系的公正与稳定。① 因此，《劳动合同法》的完善需要以双方当事人利益的平衡作为判断标准。按照这一标准，诚信原则对《劳动合同法》的新要求主要体现在以下几个方面。

首先，实现劳动合同法治建设中指导理念的均衡。我国劳动合同法律制度的完善应当以中国特色社会主义理论和改革开放以来的基本经验为指导。中国特色社会主义理论之所谓中国特色，以及改革开放以来的基本经验，在如何认识和处理劳动者与用人单位的关系上，即集中体现为认为劳动者与用人单位双方在根本利益上是一致的，不存在根本性的矛盾和冲突。这是实现党和国家提出的建设和谐社会伟大目标的基础。我国劳动合同法制建设要致力于兼顾、协调单位与劳动者双方的合法权益，建构和谐劳动关系。

其次，实现劳动合同订立过程中双方力量的均衡。劳动合同订立过程中，保证劳动者与用人单位双方力量均衡的法律机制的主要侧重点应在于保障劳动者的自由结社权、平等就业权和集体谈判权。长期以来，我国形形色色的不合理的就业"门槛"一直存在，平等就业权的实现任重道远，免于就业歧视的权利尚需努力争取。集体谈判是指工会或职工代表与企业或企业团体就劳动问题进行交涉的一种方式，与强大的用人单位相比，单个或少数劳动者的能力非常有限，他们只有通过自由结社联合起来才能有效维护自己的权益。

最后，实现劳动合同履行中权利义务的均衡。劳动关系契约化是市场经济条件下劳动关系的基本特点，诚信原则要求当事人按约、全面履行合同。在劳动合同履行中，实现权利义务的均衡关键点在于在维护用人单位合法权益的同时，更侧重于维护处于弱势的劳动者的合法权益，有效寻求利益兼顾的最佳契合点。

第二节　《劳动合同法》中的意思自治与国家强制

在新中国立法史上，没有任何一部法律像《劳动合同法》这样在出台前

---

① 常凯.论劳动合同法的立法依据和法律定位[J].法学论坛，2008(3):5-14.

后引起那么多的争议。虽然《物权法》出台前也曾引发争论，但随着该法的颁布，纷扰散去，留下的是法律的实施问题。《劳动合同法》则不然，自出台后学界诸多是非评论仍未平息，甚至有些企业代言者上书高层，谏言修改《劳动合同法》。① 支持《劳动合同法》的学者认为《劳动合同法》中的国家强制很好地体现了对劳动者的倾斜保护，并且力度是恰当的；②反对的学者则认为《劳动合同法》过度强调国家强制，而对当事人的意思自治，特别是用人单位的用人自主权的关注不够，会使企业用人机制僵化或固化，将影响企业经营、经济发展和劳动者就业，该法对于用人单位与劳动者而言皆无利处，可谓"双输"。③

本书认为，上述争议之所以存在与劳动合同本身性质的复杂性有关。劳动合同是劳动者与用人单位建立劳动关系的重要基础，是确立双方当事人权利义务的重要依据。从形式上看，劳动合同的缔结过程是当事人意思自治实现的结果，劳动者基于自身的意志同意与用人单位建立劳动关系。但从实质上看，私法自治得以建立的两个前提，即主体的平等性和互换性在劳动合同关系中都丧失了。相对于用人单位，劳动者居于弱势地位。为了协调劳动合同双方当事人利益以及整个社会利益，需要国家针对劳动合同本身存在的不平等做出纠正。"保护弱者的原则正是通过倾斜对失衡的社会关系做出必要矫正，以此来缓和这种实质上的不平等。"④劳动合同关系的法律调整是公法因素与私法因素的整合。因此必须按照综合因素的要求实现《劳动合同法》中意思自治与国家强制的协调，仅仅抓住其中的一个方面加以强调不可能真正解决问题，反而会引起更大的争议。

从法律性质的角度看，劳动合同关系兼具公法和私法两种属性。私法性决定了在劳动合同缔结的过程中应充分尊重当事人的意思自治，公法性决定了在劳动合同内容的确定中发挥国家强制作用的必要性。实现《劳动合同法》中的意思自治与国家强制的协调需要分清劳动合同关系的性质与种类，在私法性劳动合同关系中保障意思自治的实现，在公法性劳动合同关系中维护国家强制的效力。本部分首先从劳动合同关系的私法性质入手，

---

①　郑尚元.《劳动合同法》的功能与制度价值分析——评《劳动合同法》的是与非[J].深圳大学学报(人文社会科学版)，2008(3):73-77.

②　常凯.论劳动合同法的立法依据和法律定位[J].法学论坛，2008(3):5-14.

③　肖华，董保华.华为事件是第一个双输案例[N].南方周末，2007-11-22(C14).

④　董保华，等.社会法原论[M].北京:中国政法大学出版社，2001:144.

分别对《劳动合同法》中意思自治的原因、主体和内容进行探讨。其次,根据劳动合同关系的公法性,分析《劳动合同法》中国家强制的依据和表现。最后,提出在分清劳动合同法律关系的性质与种类的基础上,实现劳动合同中的意思自治与国家强制的协调,即在公法性的劳动基准和劳动行政部门监督检查职责方面实行国家强制,对于私法性的劳动合同缔结过程和法定限制之外的内容要尊重当事人意思自治。

一、《劳动合同法》中的意思自治

在市场经济条件下,市场在劳动力资源的配置中起着基础性的作用,劳动关系的建立转变为用人单位和劳动者之间的民事行为,这样以劳动合同为基础的新型劳动关系逐步形成。正像有研究者所指出的那样,"在劳动者合同权利所蕴含的公权和私权属性中,私权属性是其固有的、更具本质意义的权利属性,特别是在我国劳动权长期被公权(行政权)所遮蔽的特定国情背景下,劳动者合同权利之私权特性更应受到人们的关注"[①]。

私法是调整平等主体之间的财产关系和人身关系的法律规范,其核心原则为私法自治,而其整个体系得以建立的前提是私主体作为理性人基于个人利益的考量做出的意志行为。[②] 私法强调当事人意思自治,自治是从关于理性经济人的假设出发,相信每个人会做出最有利于己的决定,经自由交易让有限资源可在最低成本下产生最大效益,整体的公共福祉也就自然达成了。劳动合同作为法律意义上劳动关系的建立,是用人单位与劳动者之间的契约,那么双方合意的自由就应该被法律所许可。德国学者海因·科茨等指出:"私法最重要的特点莫过于个人自治或其自我发展的权利。契约自由为一般行为自由的组成部分……是一种灵活的工具,它不断进行自我调节,以适用新的目标。它也是自由经济不可或缺的一个特征。它使私人企业成为可能,并鼓励人们负责任地建立经济关系。"[③]我国台湾学者苏明诗也认为:"各个人不分强弱、贤愚,均得以自己之意思活动,而社会之利益,亦

---

① 许建宇.劳动合同法的权利观[J].中州学刊,2005(6):82-83.

② 林嘉,范围.劳动关系法律调整模式论——从《劳动合同法》的视角解读[J].中国人民大学学报,2008(6):107-115.

③ 罗伯特·霍恩,海因·科茨,汉斯·莱塞.德国民商法导论[M].楚建,译.北京:中国大百科全书出版社,1996:90.

当与其成员之个人利益相一致,故自由竞争,应为社会之最好指导原理。"①
劳动合同是双方当事人在平等、自愿的基础上缔结的,具体的劳动权利与劳
动义务也通过双方当事人协商议定。劳动者与用人单位之间通过相互选择
和平等协商,以合同形式确定劳动关系,并可以通过协议来续延、变更、暂
停、终止劳动关系。② 反之,一旦劳动合同中的意思自治被取消,则劳动关系
将完全丧失活力,这一结果的出现与我国的经济体制改革努力的方向是完
全背道而驰的。

　　《劳动合同法》的调整对象,即劳动者与用人单位,是两个私的人格主
体。劳动关系中的劳动者是劳动力所有者,劳动是劳动者生存的基础,劳动
者通过劳动运用自己的劳动对象、劳动工具获得劳动报酬,是劳动关系的享
受权利和承担义务的主体。劳动合同立法从社会利益保护的角度出发,必
须对当事人意思自治进行限制,但是这种限制绝不是对当事人意思自治的
取消,在劳动合同立法中,必须给当事人意思自治留有足够空间以便让当事
人享有自由和实现自我。无论国家干预到什么程度,在市场体制下,劳动合
同永远是劳动力市场活动的基本形式,国家只是通过强制性规则为合同行
为设定边界,而不能代替当事人订立和履行劳动合同。尽管《劳动合同法》
中国家强制的色彩较普通的民事合同法要浓一些,但就功能而言,其基本规
则首先应当发挥的是维护用人单位与劳动者在平等基础上自由订立合同的
功能,而不是直接规定合同内容。正如冯彦君教授所言:"必须加以强调,劳
动合同再特殊,劳动合同立法再体现制度个性,劳动合同也仍然是合同,《劳
动合同法》也不可否定和排斥合同制度的基本共性,即制度普遍性。这种制
度普遍性就是最基本的契约自由和合同主体的选择空间。"③

　　意思自治是指当事人基于自身的意思表示为一定行为和不为一定行为
的自由。"合同法中的个体自治包括缔约与否的自由、缔约相对人的选择自
由、确定契约内容的自由以及选择契约形式的自由。"④相对于普通民事关系
中的契约自由,《劳动合同法》中的个体自治的范围虽然相对较小,但其地位
和作用却是无法忽视的。劳动合同中意思自治,除了表现为劳动者的择业

---

　　① 苏明诗.契约自由与契约社会化[C]∥郑玉波.民法债编论文选辑(上册).台北:五
南图书出版有限公司,1985:166.
　　② 王全兴.劳动法学(第二版)[M].北京:高等教育出版社,2008:54-55.
　　③ 冯彦君.我国劳动合同立法应正确处理三大关系[J].当代法学,2006(6):24-27.
　　④ 韩世远.合同法总论[M].北京:法律出版社,2004:36.

自由和雇主的用工自由之外，还体现在劳动合同的订立、形式、内容和解除等诸多方面。在劳动合同订立上，《劳动合同法》第三条第一款明确规定："订立劳动合同，应当遵循合法、公平、平等自愿、协商一致、诚实信用的原则。"关于劳动合同形式中的固定期限合同和无固定期限合同，《劳动合同法》第十三条和第十四条的表述方式是："用人单位和劳动者协商一致，可以订立……"充分体现意思自治在合同的形式规范中得到了确认。

　　在劳动合同的内容方面，《劳动合同法》第十七条第二款规定："用人单位与劳动者可以约定试用期、培训、保守秘密、补充保险和福利待遇等其他事项。"第十八条规定："劳动合同对劳动报酬和劳动条件等标准约定不明确，引发争议的，用人单位与劳动者可以重新协商。"可以看出劳动报酬和劳动条件都是可以通过约定进行瑕疵补救的。关于劳动合同中保密条款和竞业限制条款的内容，《劳动合同法》第二十三、二十四条规定显示对于保密和竞业的范围、地域、期限等，双方都是可以约定的。《劳动合同法》中的劳动合同协商变更制度和协商解除制度，也在一定程度上体现当事人的私法自治。虽然对劳动合同解除的条件有很多强制性的规定，但《劳动合同法》第三十六条规定了一个总的原则，即"用人单位与劳动者协商一致，可以解除劳动合同"。上述规定充分体现出，尊重当事人意思自治的要求贯穿了《劳动合同法》的始终。

二、《劳动合同法》中的国家强制

　　在私法自治的领域，事实上自始充满了各种国家强制。无论哪个国家的法律，都或多或少，或激进或保守地体现着特定历史背景下国家意志的影响。"不管怎样强调自由竞争和私法自治，我们从来不可能抛开国家这个裁判者和游戏规则的制定者，商品与劳动力市场的竞争，终究要靠国家制定的博弈规则才能有秩序地进行。"[①]

　　《劳动合同法》所调整的劳动关系首先是一种私的关系，劳资自治是劳动关系平衡的基础，但是劳动关系并不是完全的或单纯的自治，而必须有国家的介入，并有一种特别的制度予以救济，通过这种公的关系来进一步规范私的关系。[②] 为维护法律的公正与社会正义和社会稳定，以国家为代表的公权于是介入劳动合同关系，通过权力来实施对劳动合同关系不平衡的矫正。

---

　　① 孙学致.劳动合同法中的私法属性[J].当代法学，2006(6)：45-48.

　　② 常凯.论不当劳动行为立法[J].中国社会科学，2000(5)：71-82.

国家的介入实质是以公法来限制复杂多变的劳动合同关系。"在此语境中，国家公权力介入用法律的形式强制予以调整劳动关系中的不和谐因素也就不难理解了。在私法自治的基础上，在劳资双方利益平衡的考量和政策的合目的性的强制中实现分配正义和社会和谐，正是《劳动合同法》目的宣示之所在。"①这种修正以谋求社会公平为立基，以保障社会利益为出发点，以直接维护劳工利益为目的，同世界劳动立法的发展趋势是相一致的。

我国目前面临的实际情况是，改革开放以来，在劳动合同私法性复归的过程中，人们却又有意无意地忽略了其中固有的公法性质，在有些时候甚至从一个极端走向另一个极端。这种对劳动合同公法性的忽视，导致劳动行政管理部门在一些对社会有重要影响的案件中无所作为，最终出现了一些由劳动合同纠纷引起的重大社会问题。特别是近年来，由于劳动者权益被侵害，中国的劳动关系出现了一定程度上的不和谐。② 中国的劳动争议和劳资冲突越来越严重，有关统计数据显示，仅仅是经过体制内程序处理的劳动争议案件，都以每年 30％的速度递增。③

其实，在劳动合同关系中，除了具有私法性质的劳动者与用人单位之间的"平等"关系之外，还应包括具有公法性质的劳动者、用人单位与劳动行政部门之间的关系。正如史尚宽先生所言，因劳动契约关系、雇用人与受雇人之间所生之争议，或关于劳动者之保护或保险，雇用人与国家间所起之纷争，雇用人团体及受雇人团体因团体交涉所生之纠纷，皆为劳动争议。④ 在目前劳资力量极端不对等、工会作用发挥又非常有限的情况下，如果国家不以公法来介入，劳资力量将更不平衡。而这种长期的和过度的不平衡，又将会引发和激化劳资矛盾和劳资冲突。如果出现这种情况，不仅对劳动者不利，对企业的发展也不利，很可能我们将会付出更大的社会成本。因此，在

---

① 曹多富，许文苑.劳动合同法：在自治、强制中走向和谐[J].中外企业家，2008(6)：88-90.

② "劳动合同签约率低不是事实？短期劳动合同不是仍在盛行？用人单位利用其强势地位损害劳动者利益的事情不是经常发生？"这即是立法者所说的"影响劳动关系的和谐稳定"的三个问题。详见全国人大法律委员会主任委员杨景宇解读《劳动合同法》[EB/OL].2007-07-23[2014-07-09]. http://news.xinhuanet.com/legal/2007-07/23/content_6418697_1.htm.

③ 劳动和社会保障部，国家统计局.2005 中国劳动统计年鉴[M].北京：中国统计出版社，2005：523-524.

④ 史尚宽.劳动法原论[M].上海：正大印书馆，1934：241.

《劳动合同法》中，坚持和加强公权力对劳动关系领域的介入和干预，是中国现实的劳动关系调整的需要，也应该是包括《劳动合同法》在内的一切劳动立法所坚持的原则。①

《劳动合同法》中的国家强制主要体现在两个方面：第一，明确并强化了政府劳动行政部门的职责。《劳动合同法》中把国家主管劳动关系的主体称为"劳动行政部门"，《劳动合同法》第七十三条规定："国务院劳动行政部门负责全国劳动合同制度实施的监督管理。县级以上地方人民政府劳动行政部门负责本行政区域内劳动合同制度实施的监督管理。"为了惩戒劳动行政部门不作为，避免劳动者权益受到侵害，《劳动合同法》专设"监督检查"一章并用多款条文突出强化了劳动执法部门、监察部门的责任。其中第七十四条列举了县级以上地方人民政府劳动行政部门依法对实施劳动合同制度的情况进行监督检查的范围，具体包括："（一）用人单位制定直接涉及劳动者切身利益的规章制度及其执行的情况；（二）用人单位与劳动者订立和解除劳动合同的情况；（三）劳务派遣单位和用工单位遵守劳务派遣有关规定的情况；（四）用人单位遵守国家关于劳动者工作时间和休息休假规定的情况；（五）用人单位支付劳动合同约定的劳动报酬和执行最低工资标准的情况；（六）用人单位参加各项社会保险和缴纳社会保险费的情况；（七）法律、法规规定的其他劳动监察事项。"第七十五条规定了监督检查程序："县级以上地方人民政府劳动行政部门实施监督检查时，有权查阅与劳动合同、集体合同有关的材料，有权对劳动场所进行实地检查，用人单位和劳动者都应当如实提供有关情况和材料。劳动行政部门的工作人员进行监督检查，应当出示证件，依法行使职权，文明执法。"另外，为了切实发挥劳动行政部门监督检查的作用，第七十九条规定："任何组织或者个人对违反本法的行为都有权举报，县级以上人民政府劳动行政部门应当及时核实、处理，并对举报有功人员给予奖励。"

第二，在《劳动合同法》中，突出了劳动基准的内容。《劳动合同法》中的国家强制更多的是采用间接的方式即通过规定劳动基准的方式来平衡劳动者和用人单位的力量和利益，使得双方在谈判的时候尽量处于平等的地位。如《劳动合同法》第十七条第一款关于劳动合同必备条款的规定，其中"社会保险""劳动保护、劳动条件和职业危害防护"等规定为《劳动合同法》所特有，其目的就是防止用人单位滥用缔约中的优势地位，侵害劳动者的权益。

---

① 常凯.论劳动合同法的立法依据和法律定位[J].法学论坛,2008(3):5-14.

《劳动合同法》第三十二条赋予了劳动者对于违章指挥、强令冒险作业的拒绝权，以及对危害生命安全和身体健康的劳动条件提出批评、检举和控告的权利；第八十八条通过法律责任的形式强化了用人单位提供劳动保护和劳动条件的义务。

另外，《劳动合同法》中关于劳动基准的规定还具体体现在关于工作时间、最低工资标准和合同解除等方面。《劳动合同法》将工作时间和休息、休假规定为劳动合同的必备内容，并且明确了非全日制劳动者的工作时间，明确了用人单位遵守国家关于劳动者工作时间和休息、休假规定的义务。《劳动合同法》第二十条等对最低工资标准的规定，则更是为了保障劳动者的劳动报酬权利，防止用人单位肆意低价用工。因为最低工资不仅事关劳动者个人的生存，而且对劳动者其他家庭成员具有生存保障作用，所以《劳动法》第四十九条规定："确定和调整最低工资标准应当综合参考下列因素：（一）劳动者本人及平均赡养人口的最低生活费用；（二）社会平均工资水平；（三）劳动生产率；（四）就业状况；（五）地区之间经济发展水平的差异。"而其中"最低生活费用"应为劳动者本人及其赡养人口为维持最低生活需要而必须支付的费用，包括吃、穿、住、行等方面。《劳动合同法》分别在第二十条规定试用期劳动者工资、在第五十八条规定被派遣劳动者在无工作期间工资、在第七十二条规定非全日制劳动者小时工资不得低于最低小时工资标准。另外，《劳动合同法》确立了劳动合同解除的基本原则，特别是对用人单位的单方解除权，《劳动合同法》设定了严格的实体性条件和程序性条件（第四十条）。用人单位解除劳动合同必须符合以下条件：（1）程序性条件，即提前三十日以书面形式通知劳动者本人或者额外支付劳动者一个月工资。（2）实体性条件。首先需证明劳动者患病或者非因工负伤；其次证明医疗期满后劳动者不能从事原工作；最后还需证明用人单位另行安排了工作，劳动者也不能胜任。[①]

三、《劳动合同法》中意思自治与国家强制的协调

私法通过自治的方式能够防止公法对市民社会的不当干涉，而公法通过强制的方式防止私法自治的滥用。就《劳动合同法》而言，有两点是确定的：其一，它所调整的对象，即用人单位与劳动者，是两个"私性"的人格主

---

① 　林嘉，范围.劳动关系法律调整模式论——从《劳动合同法》的视角解读[J].中国人民大学学报，2008(6)：107-115.

体;其二,用人单位与劳动者的关系,因经济和组织上的附属性而具有了地位上不平等的特征。前者决定了劳动合同首先是私法自治的基本手段,这是现代国家与市民社会二元结构下谋求社会秩序和正义的基本要求;后者决定了法律必须解决不平等问题,国家介入是必要的,但必须控制。① 《劳动合同法》作为社会法,其调整手段是将公法和私法的手段融为一体,综合运用各种措施,既包括私法的任意性规范,也包括公法的强制性规范。因为如果任由当事人自由协商,由于劳动者在劳动力市场上的弱势地位,实际上就是任由强者以强凌弱,结果是用人单位的强势地位更强,劳动者的弱者地位更弱;反之,如果对劳动合同的所有内容进行干预,剥夺当事人的所有协商空间,则无异于我国计划经济时代的统包统配制度,势必造成劳动合同关系的僵化,出现更大的社会不公。② 所以就《劳动合同法》而言,需要把握好这两者的界限,使得劳动合同法律关系中主体的意思自治行为和国家的强制干预行为保持适度的平衡。那么这条界限到底在哪里,又如何实现《劳动合同法》中意思自治与国家强制的协调呢?

　　法理学基本原理告诉我们:"法律调整的对象不同,调整方法也不尽相同。运用什么样的法律调整方法,基本上决定于法律调整的对象,对象不同,方法有异。"③所以在如何实现《劳动合同法》中意思自治与国家强制平衡的问题上,笔者认为,可以根据涉及的事项区别对待。首先要分清劳动合同关系的性质与种类,在私法性劳动合同关系中保障意思自治的实现,在公法性劳动合同关系中维护国家强制的效力。具体而言,就是在劳动基准方面和劳动行政部门监督检查职责方面实行国家强制,劳动合同缔结过程中和法定限制之外要完全尊重当事人意思自治。

　　其一,在劳动基准方面和劳动行政部门监督检查职责方面实行国家强制。劳动基准的设定,乃是政府除了维护当事人契约内容"主观上的公平性"之外,尚要关注到契约对社会的影响,因而特别注重契约内容"客观上的妥当性"。④ 因此,应该以劳动基准作为劳动合同的上限或下限。在劳动关系中,真正形成利益冲突和对立的是劳动者与用人单位双方,他们之间的协

---

① 孙学致.劳动合同法中的私法属性[J].当代法学,2006(6):45-48.
② 郑爱青.《劳动合同法》:个人劳动关系规范的变革与不足[J].华东政法大学学报,2008(6):110-115.
③ 孙国华,朱景文.法理学[M].北京:中国人民大学出版社,1999:231.
④ 黄越钦.劳动法新论[M].北京:中国政法大学出版社,2003:35.

商往往会出现很多问题且困难重重,协商结果往往不能达到实质的公平公正,这对于经济发展和社会安定都会产生消极影响。政府的作用就是采取强硬的调整措施,让双方力量保持平衡,以平衡劳动关系。这其中最主要的调整措施就是规定一系列的劳动基准,如工时制度、最低工资标准、劳动条件标准和劳动保护措施、社会保险福利制度等,作为劳动合同存在的前提。

另外,政府的监督对于劳动合同的订立和履行是非常必要的,监督检查职责涉及劳动行政部门与劳动者、用人单位之间的公法关系。政府在协商格局中发挥监督作用,目的是通过政府监督和指导劳动合同的订立,确保劳动者和用人单位双方协商内容的公平、合理、合法、完备和可行。劳动合同关系中的公法性特征便是政府的强而有力的管理措施,比如,对劳资双方的协商谈判,采取直接介入和间接介入、主动介入和被动介入、争议前介入和争议后介入等方式进行协调,促使劳资双方合作从而达成协议。政府监管的协调和补充,能保障我国劳动合同关系有效地运行,使劳动合同关系得到科学合理的调整,劳动者和用人单位各自的权益得到保障。

其二,劳动合同的缔结过程和法定限制之外要尊重当事人意思自治。从劳动合同关系的主体来看,劳动者与用人单位是狭义上的劳动合同关系主体的双方。劳动者与用人单位,不管是国有企业还是私营企业、公司制企业还是非公司制企业,在现今的经济体制下都是平等的市场主体,都是独立的且自立自主的劳动关系一方主体。他们之间关系的建立、解除等都是自身意识支配的,有很大的自主性,劳动者的择业自由和用人单位的用工自由都是依其双向选择来达成的。而劳动合同是确立劳动者与用人单位关系的基本法律形式,是双方自愿的产物,《劳动合同法》在第二章"劳动合同的订立"中规定了大量的准许当事人自由协商的内容。这一点在《劳动合同法》第十八条中得到了充分的体现,第十八条规定:"劳动合同对劳动报酬和劳动条件等标准约定不明确,引发争议的,用人单位与劳动者可以重新协商;协商不成的,适用集体合同规定;没有集体合同或者集体合同未规定劳动报酬的,实行同工同酬;没有集体合同或者集体合同未规定劳动条件等标准的,适用国家有关规定。"从法条的逻辑上看,关于劳动报酬和劳动条件等内容,当事人在订立劳动合同时的约定的效力最高;如果劳动合同中没有约定或约定不明,当事人重新协商的结果效力次高;协商不成的,集体合同中劳动报酬和劳动条件规定的效力第三;没有集体合同或者集体合同未规定劳动报酬的,适用同工同酬的效力第四;最后,没有集体合同或者集体合同未规定劳动条件等标准的,适用国家有关规定。可见在劳动报酬和劳动条件的问题上,国家有关规定(主要是指劳动方面的法律、法规和规章等)效力排在最后,作为当事人意思自治的兜底和补充条款出现。类似的还有《劳动合同法》中第十一条、第十四条、第二十三条等规定,都体现了对劳动者与用人单位通过协商达成的约定的尊重。

从国家强制与意思自治均衡的角度分析,《劳动合同法》的规定存在着一些明显的不足。在某些节点上,有时国家干预不彻底,使得劳动者在某些重大利益方面仍然要被迫接受来自用人单位的单方决定;有时,国家干预显得过了头,完全窒息了合理的意思自治。[①] 这两种情形分别体现在竞业限制违约金的有关规定和劳动合同类型的有关规定中。比如,《劳动合同法》第二十三条规定:"用人单位与劳动者可以在劳动合同中约定保守用人单位的商业秘密和与知识产权相关的保密事项。对负有保密义务的劳动者,用人单位可以在劳动合同或者保密协议中与劳动者约定竞业限制条款,并约定在解除或者终止劳动合同后,在竞业限制期限内按月给予劳动者经济补偿。劳动者违反竞业限制约定的,应当按照约定向用人单位支付违约金。"但是竞业限制条款一般都由单位单方制定,劳动者被迫接受,单位往往把给劳动者的竞业限制经济补偿金定得很低,而把违约金定得很高。这时的意思自治对劳动者非常不利,实质上是把对劳动者的违约惩罚权完全交给了用人单位掌握,明显加强了用人单位在所谓"约定"竞业限制违约金时的独断专行。

另外,《劳动合同法》第十四条第二款规定:"有下列情形之一,劳动者提出或者同意续订、订立劳动合同的,除劳动者提出订立固定期限劳动合同外,应当订立无固定期限劳动合同:劳动者在该用人单位连续工作满十年的;用人单位初次实行劳动合同制度或者国有企业改制重新订立劳动合同时,劳动者在该用人单位连续工作满十年且距法定退休年龄不足十年的;连续订立二次固定期限劳动合同,且劳动者没有本法第三十九条和第四十条第一项、第二项规定的情形,续订劳动合同的。"这对无固定期限劳动合同的明确规定应该是一种深度的权利倾斜性配置举措,《劳动合同法》实施前,一些企业较大规模裁员等主要就是针对这一条款,这种公开的、较多企业参与的应对可以使我们初步判断这种倾斜性配置可能有过度之嫌。[②]

---

① 黄越钦.劳动法新论[M].北京:中国政法大学出版社,2003:35.

② 应飞虎.权利倾斜性配置的度——关于《劳动合同法》的思考[J].深圳大学学报(人文社会科学版),2008(3):78-82.

《劳动合同法》既要保障当事人是意思自治,又要体现政府对劳动合同关系的国家强制,并且要实现两者的和谐共生,这从形式上看是一个悖论,然而,"人类制度之所以能够存续下来,是因为我们大都能心怀各种矛盾的信念而泰然处之,这虽在哲学上令人烦恼,但却是事实"。① 因此,从一定意义上讲,《劳动合同法》的完善对我国当代法学研究者和立法者是一次智识上的严峻考验。

最后需要指出的是,"人类社会发展中的无数事实已经多次证明,有意识设计的变迁能产生从特点和范围上都不同于原计划变迁的未预料的后果,许多后果根本不是原计划变迁努力的结果"②。正如有学者所言:"法律有预期不到的成本,往往造成与法律的创造者和受益者的期望完全相反的结果。许多旨在帮助穷人的法律实际上却损害了他们的利益。"③因此,劳动合同法律制度的完善可能更多的不是一种预先设计的结果,而是一种经验性事实,其存在的合理性并不在于逻辑而在于事实,在于它在事实上的切实有效。

第三节   竞业禁止协议效力的判断

在现代市场环境下,劳动者特别是高技术人才流动较为频繁。在此过程中,因侵犯他人商业秘密引起的纠纷也越来越多。为了维护自身利益,许多用人单位纷纷选择用同劳动者签订竞业禁止协议的方式来预防侵害的发生,但竞业禁止又可能会带来侵害劳动者择业权、阻碍人才合理流动等问题。所以竞业禁止协议效力的判断往往成为离职劳动者与其所在企业两者间利益博弈的焦点之一。竞业禁止"亦称竞业限制或者竞业避止,指的是用人单位为了保护自身利益,防止劳动者离职后泄露其商业秘密或者到具有竞争关系企业工作的一种措施"④。

---

① 朱迪丝·N.施克莱.守法主义——法、道德和政治审判[M].彭亚楠,译.北京:中国政法大学出版社,2005:11.

② 史蒂文·瓦戈.社会变迁[M].王晓黎,等译.北京:北京大学出版社,2007:233.

③ 罗格·I.鲁茨.法律的"乌龙":公共政策的以外后果[J].刘呈芸,译.经济和社会体制比较,2005(2):12-22.

④ 郑尚元,李海明,扈春海.劳动和社会保障法学[M].北京:中国政法大学出版社,2008:126.

竞业禁止制度的核心是竞业禁止协议,竞业禁止协议与一般的协议不同,它是用人单位与劳动者签订的一种特殊合同。我国《劳动合同法》第一次从法律层面比较完整地规定了竞业禁止制度,但对如何判断竞业禁止协议的效力没有给出一个明晰的标准,竞业禁止协议效力判断应该坚持在优先保护劳动权的基础上尊重用人单位合法利益的原则,具体从竞业禁止的目的、对象、范围、期限、补偿等标准加以判断。《劳动合同法》中关于竞业禁止的规定存在一些不足,需要相应加以完善。本节拟从理论分析和案例剖析的视角对劳动合同竞业禁止协议效力的判断问题作初步的探讨。

一、典型案例

案例一:从某服饰公司辞职的周小姐近来非常郁闷,她在这家公司工作不到半年,也没有侵害公司的任何利益,却因为与公司签订了一份《商业秘密保护和竞业禁止协议书》而遇到了一些麻烦。在这份竞业禁止协议书中,双方约定如果周小姐离职,则在两年内必须承担为公司的商业秘密进行保密的义务,还约定周小姐离开公司后6个月内不得在与公司有经营竞争的相关单位从事相关的工作,而公司将给予周小姐经济补偿,具体标准为上年度标准月基本工资的30%,补偿时间为6个月。不过,在协议书的第15条,双方还约定"经甲方、乙方、担保人"签字盖章后生效,但周小姐因为一时找不到合适的担保人而把担保人签字的事情给耽搁了。后来,周小姐辞职,所在的新公司与原公司没有业务竞争关系。6个月后,周小姐要求服饰公司支付经济补偿金,服饰公司不肯。于是周小姐便向市劳动争议仲裁委员会提起仲裁,要求原公司支付经济补偿3310.50元,这一要求得到了仲裁委的支持。[①]

竞业禁止是用人单位根据法律规定或双方约定,限制或禁止员工在本单位任职期间同时兼职于业务竞争单位,限制或禁止员工在离职后从事与本单位竞争的业务,包括不得在生产同类产品或经营同类业务且有竞争关系或其他利害关系的其他业务单位任职,不得自行建立与本单位业务范围相同的企业,不得自己生产、经营与本单位有竞争关系的同类产品或业务。但现在有一些企业,利用甚至滥用竞业禁止的条款,与单位的普通员工签订这样的协议,其目的无非是保护自己单位的竞争优势。但当劳动者的劳动权与用人单位的竞争优势相冲突时,劳动者的劳动权利是高于用人单位的

---

① 朱乔夫.这份竞业禁止协议书有效吗[N].浙江法制报,2008-03-19(10).

竞争优势的,用人单位不可以通过竞业禁止协议来限制劳动者的自由就业权利。

案例二:浙江省宁波市中级人民法院宣判了一起劳动者违反竞业限制劳动合同案,将竞业限制违约金由 114 万元(约定一年工资的 50 倍)适当调整为 4.5 万元。2004 年 4 月,林某进入宁波某进出口公司工作,先后任外销员、外销经理。2007 年 12 月 19 日,林某与公司签订了一份劳动合同,约定了竞业限制条款。若违反竞业限制,林某要支付离开单位前一年工资 50 倍的违约金。2010 年 3 月 30 日,林某作为主要投资人另外成立了公司,经营范围与原公司基本相同。5 月 14 日,林某向原公司提出辞职,并在当月 20 日办理交接手续。同时,公司通过网络信息安全管理系统监控发现,2010 年 4 月至 5 月期间,林某在与多名客户通过电子邮件联系时,存在告知客户其将离开原公司并成立自己的公司,要求客户与其本人保持联系并转移业务到其新公司等行为。2010 年 10 月 15 日,宁波市鄞州区劳动争议仲裁委员会裁决林某违反竞业限制,向公司支付违约金 22.8 万元。林某与进出口公司均不服劳动争议裁决,分别向宁波市鄞州区人民法院提起了诉讼。法院一审认为,林某在进出口公司工作期间参与投资设立与其工作公司经营范围相同的公司及在离职前与公司多名客户联系等行为,违反了双方在劳动合同中的约定,应承担相应的违约责任。因进出口公司未提供证据证实林某违反竞业限制的行为对其造成的实际损失,结合双方约定的竞业限制违约金的计算方式及竞业限制期限、林某的过错程度,进出口公司请求的违约金数额明显过高,应予以调整。法院判决驳回了林某的诉讼请求,责令林某支付进出口公司竞业限制违约金 4.5 万元。进出口公司不服,提起上诉。宁波中院二审驳回了进出口公司的上诉,维持原判。①

竞业限制协议涉及企业和员工双方的利益,其中隐含着企业的合法权益与员工的自主择业权、劳动权之间的冲突。一方面,企业的合法权益应该得到保护,因为商业秘密等权益是维持其竞争力和竞争优势的根本,对侵犯企业合法权益的行为予以放任就会打击企业进行知识创新的积极性,妨碍技术和经济的进步。另一方面,保证劳动者的择业自由,促进劳动力的合理流动,不仅有利于劳动者发挥自身的最大价值,也会促进整个社会的发展和繁荣。竞业限制协议在一定程度上损害了劳动者的择业自由,阻碍了人才的自由流动,使得劳动者无法在其最能实现自我价值的领域里自由竞争和

---

① 董小军.高额违约金是否该赔[N].宁波日报,2012-01-21(4).

施展才华。上述两种权益各有其经济、法律及道德的依据,都有其合理性,任何一方都不应把自己的利益凌驾于对方的利益之上,而应该致力于实现双方之间的利益平衡。劳动者和用人单位在劳动关系中地位的不平等性,决定了法院在司法实践中有必要对高额违约金进行限制和调整。本案进出口公司与林某约定的竞业限制违约金,明显高于林某的劳动收入,妨碍了林某择业自由和离职生存。因此,法院依职权并根据当事人签订的劳动合同中违约金的计算方式,结合劳动者因违反竞业限制所造成的损失、过错程度和竞业限制期限综合调整了林某的赔偿数额。

案例三:沈先生原是杭州泰林生物技术设备有限公司的员工,两个多月前,他跳槽到了另一家公司。这家公司也在滨江,叫杭州科百特过滤器材有限公司。没想到,泰林公司转身就把沈先生和他的新东家一起告到了法院。引发这场官司的导火线是一份协议。一年前,沈先生和泰林公司签订劳动合同时,附有一份《职工竞业禁止协议》。按照这份协议,沈先生无论以什么理由离职,两年里都不能从事老本行,泰林公司每月补偿其人民币 3000 元。沈先生来自嘉兴,今年 34 岁,正值职业黄金年龄。10 年前,他毕业于北方一所名牌大学,后来一直从事生物科技相关行业。按沈先生的说法,在 2011 年 3 月进入原单位泰林公司之前,他在好几家公司(包括外资公司)待过,但从来不知道"竞业禁止"是怎么一回事,因为前几次跳槽,对方压根都不提这件事。没想到,在新东家科百特公司上班一个月左右,沈先生就收到了法院传票。他这才知道当初劳动合同里附了一份他签字的《职工竞业禁止协议》。根据协议内容,沈先生从泰林公司离职后,有以下"竞业禁止"义务:离职后 2 年内,不得在与泰林公司从事的行业相同或相近的企业,及与泰林公司有竞争关系的企业内工作,不得拉走泰林公司的其他职员;沈先生从泰林公司离职后,开始计算竞业禁止期起,泰林公司每月支付给他 3000 元的竞业禁止补偿费;沈先生如果违约,应当一次性向泰林公司支付相当于其在泰林公司时 3 倍的年薪作为违约金,如果造成泰林公司损失,还得赔偿,并且收益全归泰林公司。沈先生说,自己每个月光是房贷和车贷就要交 6000 多元,泰林公司的做法让他的择业自由权受到侵犯,生存都无法保障。①

作为竞业禁止协议生效的一个基本条件,企业必须对员工的竞业禁止行为做出经济补偿。竞业禁止协议中必须同时写明补偿金的数额和发放办法,否则就是无效协议。签订竞业禁止协议后出现纠纷,要求赔偿的一方必

---

① 陈洋根,金炜."竞业禁止"协议,到底合不合理?[N].今日早报,2012-05-30(06).

须有明确的证据表明,他已经因为另一方的行为利益受损。法院也不是根据其约定多少就判赔多少,而是根据其受损情况判定赔偿的具体数额。

二、竞业禁止协议效力判断的原则

竞业禁止涉及劳动者的就业自由权和用人单位的商业秘密权,在此基础上又产生人才流动和竞争秩序等一系列权益,可以说都是现代市场经济社会所竭力维护的。"在竞业禁止纠纷中,不管保护哪一方的利益,都必然要限制甚至损害另一方的合法权益。"①竞业禁止制度本身就是一把双刃剑,"从市场经济讲求效率的角度看,竞业禁止制度是必须的;但从保护劳动者权益的角度看,竞业禁止制度对劳动者择业有一定的不利影响"②。所以在认定竞业禁止协议的效力时,"既要防止因不适当扩大竞业限制的范围而妨碍劳动者的择业自由,又要保护用人单位的商业秘密等合法权益,最大限度地实现设立竞业限制制度的立法本意和目的"③。概括来讲,竞业禁止协议效力判断应该坚持一个原则,即在优先保护劳动者的基础上尊重用人单位的合法利益。在竞业禁止协议效力判断中,坚持上述原则主要是基于以下理由。

第一,劳动关系中劳动者处于弱势地位。如果单纯从逻辑上看,分别拥有人力资本的劳动者与拥有非人力资本的用人单位应具有对等的权利。劳动力与货币资本的交易,应该遵循平等交换、自由选择的原则,尊重交易主体的意志,保证交易双方的应有权利,一方并不具有高于另一方的地位。但是理论上的、应然的平等,并不等于现实的、实然的平等。竞业禁止协议大都在意图确定劳动关系时签订,在劳动力市场供大于求的客观现实中,劳动者缺少一定的勇气和筹码与对方讨价还价(往往是不签竞业禁止协议,则不被录用),竞业禁止协议成了录用的进门证。所以,在实践中,上述竞业禁止关系确立中的协商意志常常演变为雇主一方的权力意志。④ 劳动关系当事人双方在劳动力市场上处于实质不平等状态,即劳动者处于弱势地位,双方的利益失衡,需要通过国家强制来加以矫正。

---

① 彭学龙.竞业禁止与利益平衡[J].武汉大学学报(哲学社会科学版),2006(1):138-142.

② 许明月,袁文全.离职竞业禁止的理论基础与制度设计[J].法学,2007(4):72-81.

③ 最高人民法院《关于当前形势下做好劳动争议纠纷案件审判工作的指导意见》第10条。

④ 刘继峰.论竞业禁止协议的滥用及制度完善[J].学术论坛,2009(6):67-72.

第二,竞业禁止可能影响到劳动者的生存权等基本人权。生存权是人的最基本权利,而择业自由和合法竞争,是市场经济条件下劳动者生存权实现的主要表现形式。劳动者有权在法律允许的范围内自由选择其职业和就业场所,这是宪法、劳动法赋予的权利。若强令雇员离职后不得到与原雇主有竞争关系的企业谋职,无疑将削弱他的谋生能力,减少其再就业机会。从这一角度看,竞业限制协议下双方交换的利益并不具有同质性。原用人单位出于保护竞争利益的需要对劳动者的择业权进行限制,付出的代价是经济利益;而劳动者履行竞业限制义务受损的是其劳动权。从两种利益的位阶上看,劳动权益高于经济利益。① 正如北京市海淀区人民法院在一起竞业禁止案件的民事判决书中所表述的那样:"公司与离职劳动者签订竞业禁止合同,对离职劳动者施加在一定期间、一定地域范围内禁止从事竞争性行为之义务,客观上限制了离职劳动者自主选择职业、参与市场竞争的劳动权利和自由,而在现代市场经济社会的按劳分配制度之下,劳动权直接关系到劳动者的生存权能否得到保障。""故离职竞业禁止合同对劳动者施以的义务和对宪法赋予公民的劳动权等基本权利的限制,必须在具有合理前提下才可以产生法律效力。"②

第三,尊重用人单位的合法权益是诚信原则的要求。竞业禁止协议效力判断过程中,在强调保护劳动者劳动权时不应该损害用人单位的合法权益。这一内容是基于民事活动中诚实信用原则的要求。诚实信用作为市场经济活动的道德准则,要求当事人诚实经营,在追求自己的经济利益时不得损害他人的利益,以维护良好的市场经济秩序。诚实信用作为法律原则是将道德准则法律化,而使其具有法律拘束力,成为民事主体进行民事活动时应遵循的基本准则。劳动者竞业禁止义务是劳动合同关系中的一种应有义务,在劳动关系存续期间约束劳动者,而在劳动关系终止之后,理论上仍有一定的基于诚实信用所产生的附随义务继续对劳动者有约束力。与此类似,在普通法上,忠诚事主是雇员之默示义务,这一义务并没有体现在契约的明示条款中,属于雇佣关系当事人之间约定俗成、不言自明之义务,忠诚事主才能保证雇佣契约的正当履行。③ 尊重用人单位的合法利益,也是竞业

① 张妮,王全兴.离职竞业限制协议的效力问题探讨——兼论商业秘密法律保护手段选择[J].法学杂志,2011(10):132-135.

② 北京市海淀区人民法院民事判决书(2005)海民初字第5598号。

③ 郑尚元.员工竞业禁止研究[J].现代法学,2007(4):76-82.

禁止协议效力判断中的题中应有之义,因为当法律放弃对劳动者的诚信要求时,我们的社会必然陷入某种混乱。①

三、竞业禁止协议效力判断的标准

在竞业禁止协议效力判断标准的问题上,发达国家的立法及司法已经做出了有益的探索。对这些做法进行考察可以给我国相关制度的完善提供一些启示。德国法律对员工离职后竞业禁止没有直接的规定,但在司法实践中将商法第74、75条对商人禁止限制适用于员工。德国商法第74条规定如下:(1)雇主与受雇人间就雇佣关系终止后,于其产业活动中对受雇人之限制(竞业禁止)合意,必须以书面为之,且雇主应将其所签署合意条款之文件交付受雇人。(2)雇主于竞业禁止期间,每年至少应支付受雇人依其原合同最后一次所应支付额之半数作为补偿金,否则,该竞业禁止条款不生效力。德国法律对竞业禁止合同有下列几项限制:必须签署书面协议;以二年为限;雇主须负补偿义务;雇主须存在可受保护的营业利益;就限制之种类、范围、时间、区域,不得过于苛刻以致严重损害雇员的就业权利。②

美国系联邦制国家,有关竞业禁止的事项属于各州权属范围。美国有些州,如加利福尼亚州,明确否定竞业禁止合同的效力,但是《美国统一商业秘密法》却被越来越多的州所采纳。从立法和判例来看,美国倾向于对离职后的竞业禁止原则持肯定态度,但在实际操作中十分谨慎。比较有影响的判例是美国 BDO Seidman Vs. Jeffrey Hirshberg 案,在该案的判决中,提出了三项判定竞业禁止协议是否合理的标准,即:(1)不得超过雇主保护其合法利益的范围;(2)没有给雇员造成过分的困难;(3)没有损害公共利益。③

在实践中,一些用人单位利用自己的优势地位,违反平等自愿、协商一致的原则,采取欺诈、胁迫等手段订立不合法的竞业禁止协议。在竞业禁止义务限制的时间、地域范围、领域等方面违反法律法规的规定或丧失公平,严重限制和侵害劳动者就业权。劳动者负有竞业禁止义务的时间,不得超过法定的最高年限;义务的范围,应当以雇员与雇主可能产生实质性竞争关系的经营区域为准以及雇员与雇主形成竞争关系的职业种类和专业领域(生产同类产品或经营同类业务)为限,而不能任意扩展。超出上述界限的竞业禁止条款,法律不予保护。"用人单位在约定竞业禁止条款时只是单向

①　董保华.由竞业限制经济补偿争鸣引发的思考[J].法学,2010(10):17-25.
②　翟业虎.论我国竞业禁止立法的不足与完善[J].湖北社会科学,2011(1):168-171.
③　盛建.约定竞业禁止的比较法分析[J].山东审判,2005(2):72-75.

禁止劳动者就业权，而未约定支付经济补偿的，也属限制和侵害劳动者就业权行为。"①

针对上述问题并借鉴其他国家的有效做法，本书提出，竞业禁止协议效力判断的标准主要应该从以下几个方面来考虑。

其一，竞业禁止的目的。竞业禁止必须要有值得保护的正当利益，这一正当利益就是雇主的商业秘密。按照我国《反不正当竞争法》的规定，商业秘密是指不为公众所知悉、能为权利人带来经济利益，具有实用性并经权利人采取保密措施的技术信息和经营信息。可见商业秘密包括两类：技术信息和经营信息。如管理方法、产销策略、客户名单、货源情报等属经营信息；生产配方、工艺流程、技术诀窍、设计图纸等属技术信息。《劳动合同法》第二十三条第一款规定："用人单位与劳动者可以在劳动合同中约定保守用人单位的商业秘密和与知识产权相关的保密事项。"由此可见，劳动者的竞业限制义务与其保密义务相联系，竞业限制制度是服务于用人单位的保密目的的。"由于竞业禁止保护的是用人单位的商业秘密，因此竞业禁止协议发生纠纷后，用人单位要举证证明竞业禁止协议保护的商业秘密的存在。如果提供不了商业秘密存在的证据，人民法院可以直接认定竞业禁止协议无效。"②

其二，竞业禁止的对象。竞业禁止不能针对所有的离职员工，受到竞业限制的劳动者一方是在"劳动关系"中"负有保密义务"的劳动者，即只能是因为职务关系或工作关系接触或可以接触本单位商业秘密的雇员，特别是处于关键岗位有可能接触本岗位重要商业秘密的人员。如高级管理人员、掌握核心机密的技术人员、关键岗位的技术工人、市场计划或者销售人员等。《劳动合同法》第二十四条第一款规定："竞业限制的人员限于用人单位的高级管理人员、高级技术人员和其他负有保密义务的人员。"那些根本没办法接触到商业秘密的员工不该成为竞业禁止的对象，否则肆意扩大范围，会对普通员工的再就业造成困扰。比如，张某某与一家公司签订了一份竞业禁止协议，约定张某某在公司担任仓库保管，因为在工作中知晓公司原材料及货物的进出情况，所以离职后的一年内不得在同类行业工作。张某某在合同期满后离职到当地同行业的另一企业从事相同工作，公司以其违反

---

① 陈信勇.劳动与社会保障法[M].杭州：浙江大学出版社，2010：67.

② 汪张林.竞业禁止协议效力的影响因素及其评析[J].福建行政学院学报，2011(3)：89-92.

竞业限制协议为由,诉请要求张某某支付巨额违约金。法院经审理驳回了公司的诉讼请求。因为张某某既非公司高级管理人员、高级技术人员,其普通保管的身份也不能涉及或掌握公司秘密,根本没有承担竞业禁止义务的必要,即使有竞业限制协议,也不能对其发生效力。

其三,竞业禁止的范围。竞业禁止范围不能是一个不确定的变量,否则将危及雇员的生存权。竞业禁止的范围应当限于雇员在原任职期间接触或可能接触的商业秘密领域,而不能过于笼统和随意扩大。如原国家科委《关于加强科技人员流动中技术秘密管理的若干意见》中就有"生产同类的产品或者经营同类业务且有竞争关系和其他利害关系的单位"规定,将竞业禁止的范围与雇员接触或可能接触的商业秘密范围相结合。这一规定是非常合理的,较为充分地体现了上文所分析的在优先保护劳动权的基础上尊重用人单位的合法利益原则的要求。反之,如果任由其范围扩大到任职人员所熟悉的整个专业领域,或是扩大至其他行业领域,必将严重威胁劳动者的自由择业权。因此,竞业限制的范围须严格限定在与劳动者可能知悉的原用人单位商业秘密有关的范围内,而超出此范围的约定即使存在也属无效。

其四,竞业禁止的期限。竞业禁止的期限其实就是劳动者自由择业的时间限制,期限的确定要充分考虑劳动者与用人单位利益的平衡。期限过长会影响离职劳动者的再就业,而期限太短又容易造成用人单位商业秘密的泄露。国际通行的标准是不超过离职后二至五年,比如德国规定不超过二年,瑞士限制退职职员竞业期限最长不得超过三年。我国《劳动合同法》第二十四条第二款规定:"在解除或者终止劳动合同后,前款规定的人员到与本单位生产或者经营同类产品、从事同类业务的有竞争关系的其他用人单位,或者自己开业生产或者经营同类产品、从事同类业务的竞业限制期限,不得超过二年。"但对于超过二年的约定是否无效未作明示,即未对此作出效力性规定。由于竞业禁止协议不同于普通的民事协议,其具有较强的社会政策价值取向。上述条款中关于竞业禁止期限的规定主要是为了矫正协议双方的力量失衡而设的,刚性较强,以防止用人单位利用资源优势,在谈判中形成对劳动者不利的约定。所以《劳动合同法》规定竞业限制期限为二年,显然是避免雇方对劳动者可能的利益损害,将超过二年的限制部分认定为无效,较为符合劳动立法的目的。①

其五,竞业禁止的补偿。因竞业禁止限制了有关劳动者的自由择业权,

---

① 张心全.《劳动合同法》竞业限制条款法外解读[J].中国劳动,2007(11):25-26.

根据权利义务对等原则，用人单位应以合适方式，给予劳动者在竞业禁止期间相应的补偿。大多学者都认可，约定并必须给付经济补偿金是竞业禁止协议生效的前提条件。同时，这也是很多法院用来裁判竞业禁止协议法律效力的标准之一。《最高人民法院公报》2009 年第 11 期选登了南京市鼓楼区人民法院审结的一宗有关离职竞业禁止的典型案例：王云飞诉施耐德电气(中国)投资有限公司上海分公司劳动争议纠纷案。法院认为："没有约定竞业禁止经济补偿或者补偿数额过低，不符合规定的，竞业禁止协议没有法律约束力。"该观点被总结在裁判摘要中。同时需要注意的是，竞业限制协议是一种双务合同。用人单位应对履行竞业限制协议的劳动者按月给予经济补偿，而劳动者一旦违反竞业限制协议，应按照约定向用人单位支付违约金。给用人单位造成损失的，还应当承担赔偿责任。①

四、劳动合同竞业禁止条款立法的思考

《劳动合同法》第二十三条规定："用人单位与劳动者可以在劳动合同中约定保守用人单位的商业秘密和与知识产权相关的保密事项。对负有保密义务的劳动者，用人单位可以在劳动合同或者保密协议中与劳动者约定竞业限制条款，并约定在解除或者终止劳动合同后，在竞业限制期限内按月给予劳动者经济补偿。劳动者违反竞业限制约定的，应当按照约定向用人单位支付违约金。"这条规定明显违背了优先保护劳动者的原则要求，对用人单位向劳动者支付竞业禁止补偿金只是规定了授权性的"可以"，用人单位往往以此作为无须支付竞业禁止补偿金的抗辩；而对劳动者违反竞业禁止的约定却规定"应当"向用人单位支付违约金。这种权利义务的不平衡，使得劳动者弱势一方的择业自由权受到严重的限制。② 另外，经济补偿标准是判断竞业禁止协议效力的最重要的标准之一，但该条文对经济补偿最低标准未作明确规定，此条款在实践中极易被滥用，过低的经济补偿可能会严重损害劳动者利益。

《劳动合同法》第二十四条规定："竞业限制的人员限于用人单位的高级管理人员、高级技术人员和其他负有保密义务的人员。竞业限制的范围、地域、期限由用人单位与劳动者约定，竞业限制的约定不得违反法律、法规的规定。在解除或者终止劳动合同后，前款规定的人员到与本单位生产或者

---

① 李长勇.《劳动合同法》规定的竞业限制制度的几个问题[J].齐鲁学刊,2012(1):106-110.

② 翟业虎.论我国竞业禁止立法的不足与完善[J].湖北社会科学,2011(1):168-171.

经营同类产品、从事同类业务的有竞争关系的其他用人单位,或者自己开业生产或者经营同类产品、从事同类业务的竞业限制期限,不得超过二年。"从该条款的内容来看,交由当事人自由协商的空间过大。可以预见的是,如依据此规定,在实践中用人单位凭借优势地位,滥用协商权将不可避免。正如有研究者已经意识到的那样:"在我国,对于离职竞业禁止如此复杂的问题,赋予当事人和法官过大的自由决定权是不现实的,也是不科学的,建立法律统一和细致的规定,将当事人的自由意志和法官的自由裁量限制在一定的范围内是必要的。"①

　　针对上述问题,本文认为在《劳动合同法》修订过程中应该从原则和标准两方面对竞业禁止制度加以完善。其一,将"在优先保护劳动者的基础上尊重用人单位的合法利益"确定为竞业禁止制度的原则。因为立法者的法律观念及价值取向对民事立法起着重要的作用,一定时期的国家政策,也会反映在相应的法律制度设计上。在优先保护劳动者的基础上尊重用人单位合法利益原则,为竞业禁止设定了基本的方向和标准。有了这一原则,就可以正确地反映该制度所调整的社会关系的基本规律。

　　其二,从具体标准的完善上看,主要考虑以下几个方面:首先,将保护商业秘密明确为竞业禁止协议的目标,即便是在竞业禁止协议有效期内,所保护的商业秘密一旦失窃,竞业禁止协议就自行失效。其次,对竞业限制的范围进行原则性规定,而不是放任由当事人约定。将竞业禁止严格限定在与劳动者可能知悉的用人单位商业秘密有关的范围内,并且以能够与用人单位形成实际竞争关系的地域为限。最后,对经济补偿金及其最低标准作出明确规定。立法应明确规定,无经济补偿金的竞业禁止协议无效。至于经济补偿金的最低标准,从比较法的角度看,应不低于劳动者在原单位年工资收入的1/2较为妥当。

---

① 卢修敏.离职竞业禁止协议的立法选择[J].广西政法管理干部学院学报,2008(5):82-86.

第四章　和谐劳动关系的保障：劳动
争议处理法律机制

第一节　劳动争议及其处理机制

在当代中国社会,劳动争议已经成为影响和谐稳定劳动关系的重要因素之一,因而劳动争议处理机制也就成为劳动法律制度体系的重要组成部分。劳动争议处理机制作为动态的纠纷排解机制,对促进劳动权利义务的实现和劳动关系的顺畅和谐,维护当事人的合法权益均发挥着重要的制度机能。反之,如果劳动争议得不到及时、公正的处理,就可能使得矛盾激化,引发恶性事件。劳动关系的稳定在整个社会关系的稳定中起着至关重要的作用,劳动争议的处理在调节整个社会关系中起着"稳定器"和"避震器"的作用。①

现行的劳动争议处理制度确立于 20 世纪 90 年代,该制度对于缓解我国社会转型期的劳资矛盾,保护劳动者和用人单位的合法权益发挥了重要作用。但是,随着劳动关系的日益多元化、复杂化,特别是近年来,我国经济增长下就业负载能力的弱化和就业压力的增大,使得劳动争议案件猛增。"在数量激增的劳动争议案件面前,现行劳动争议处理制度的弊端日益显现

---

① 　沈同仙.劳动法学[M].北京:北京大学出版社,2009:246.

出来,改革劳动争议处理机制的理论和实践呼声也日益高涨。"①针对这一现实要求,研究我国目前劳动争议处理模式的困境,找出其原因之所在,积极探讨有效的创新之路,对劳动关系的和谐具有重要的现实意义,也是构建和谐社会的内在要求。

一、劳动争议与劳动争议的特点

"劳动争议是指劳动关系当事人之间因劳动的权利与义务发生分歧而引起的争议,又称劳动纠纷。"②劳动争议的产生是建立在劳动关系的基础之上,若当事人之间不存在劳动关系,则无从产生劳动争议。劳动争议的实质是劳动领域中的经济利益冲突,一切劳动争议从法律形式上看是权利和义务的争议,但从实质上看,无论是用人单位还是劳动者都是为了争取一定的经济利益。

由于各种原因,劳动关系当事人之间产生纠纷往往是难以避免的事情。劳动纠纷的发生,不仅使正常的劳动关系得不到维护,还会使劳动者的合法利益受到损害,不利于社会的稳定。由此可见,劳动争议的解决既关乎法律,又关乎社会,如果没有公权力的有力支持,劳动者及其家人的生存将难以维系,而劳动者生存状态的恶化势必导致劳资关系中矛盾的激化,最终会影响到用人单位的经济利益,而且极有可能危及社会的稳定。因此,应当正确把握劳动争议的特点,积极预防劳动争议的发生,并有效解决已经发生的劳动争议。

根据国务院 1993 年《企业劳动争议处理条例》的规定,我国劳动争议包括:(1)因企业开除、除名、辞退职工和职工辞职、自动离职发生的争议;(2)因执行国家有关工资、保险、福利、培训、劳动保护的规定发生的争议;(3)因履行劳动合同发生的争议;(4)法律、法规规定应当依照该条例处理的其他劳动争议。2001 年《最高人民法院关于审理劳动争议案件适用法律若干问题的解释》中指出下列争议亦属劳动争议:(1)劳动者与用人单位在履行劳动合同过程中发生的纠纷;(2)劳动者与用人单位之间没有订立书面劳动合同,但已形成劳动关系后发生的纠纷;(3)劳动者退休后,与尚未参加社会保险统筹的原用人单位因追索养老金、医疗费、工伤保险待遇和其他社会保险费而发生的纠纷。

---

① 冯彦君,董文军.中国应确立相对独立的劳动诉讼制度——以实现劳动司法的公正和效率为目标[J].吉林大学社会科学学报,2007(5):104-111.

② 郭捷.劳动法学[M].北京:中国政法大学出版社,2011:281.

2008 年 5 月 1 日实施的《劳动争议调解仲裁法》对劳动争议亦作了明确规定，具体包括：(1)因确认劳动关系发生的争议；(2)因订立、履行、变更、解除和终止劳动合同发生的争议；(3)因除名、辞退和辞职、离职发生的争议；(4)因工作时间、休息休假、社会保险、福利、培训以及劳动保护发生的争议；(5)因劳动报酬、工伤医疗费、经济补偿或者赔偿金等发生的争议；(6)法律、法规规定的其他劳动争议。

2006 年 10 月 1 日起实施的《最高人民法院关于审理劳动争议案件适用法律若干问题的解释(二)》则指出下列纠纷不属于劳动争议：(1)劳动者请求社会保险经办机构发放社会保险金的纠纷；(2)劳动者与用人单位因住房制度改革产生的公有住房转让纠纷；(3)劳动者对劳动能力鉴定委员会的伤残等级鉴定结论或者对职业病诊断鉴定委员会的职业病诊断鉴定结论的异议纠纷；(4)家庭或者个人与家政服务人员之间的纠纷；(5)个体工匠与帮工、学徒之间的纠纷；(6)农村承包经营户与受雇人之间的纠纷。

按照一般劳动法理论，劳动争议可以分为权利争议与利益争议、个别劳动争议和集体劳动争议。"其中权利争议属于既定权利的争议，即因适用劳动法和劳动合同、集体合同的既定内容而发生的争议；利益争议是指在确定劳动权利义务过程中而出现的争议，主要是因制定或变更劳动条件而发生的争议。"①个别劳动争议是因劳动契约关系所生之各个雇用人与受雇人间之争议及关于权利发生效力及消灭之问题。也就是说，这是发生在劳动者个人和雇主间的争议。"集体劳动争议，又称团体劳动争议，集体争议是集体劳动关系的产物，通常是在集体合同的谈判过程中发生的，争议的主体，一方是工会或劳动者集体，另一方是雇主或雇主组织。"②与一般民事争议不同，劳动争议有自身的特点，主要体现在以下几个方面：

其一，劳动争议当事人特定。劳动争议的主体是劳动关系双方当事人，即用人单位和劳动者。同时，由于集体合同制度的深入开展，涉及集体合同的争议中，工会和雇主组织作为劳动者的代表和雇主的代表，也可以成为劳动争议的当事人。

其二，劳动争议当事人之间的关系具有双重性。劳动关系当事人通常通过劳动合同缔结劳动关系，所以具有民事合同性质的平等性。但是劳动

---

①　郭捷.劳动法学[M].北京：中国政法大学出版社，2011：283.

②　杨强.从权利到利益：我国劳动争议的新特点及其应对[J].中国劳动关系学院学报，2010(6)：63-67.

者相对于用人单位的弱势地位是不争的事实,即当事人(劳动者)相对于对方(用人单位)而言存在着不可避免的隶属性,双方当事人的地位具有实质性的不对称。

其三,劳动争议中权利义务关系特殊。劳动权利义务关系不仅存在于劳动关系存续期间,还在一定条件下继续存在于劳动关系终止后的一段时间内。劳动权利义务关系的内容,不仅包括劳动合同关系,还包括劳动法律法规政策、集体合同和用人单位内部劳动规则,换言之,有关劳动关系的法律调整中,通常包括权利事项和利益事项:权利事项涉及劳动者的基本权利,体现国家和社会对劳动者的保护,大都以确定性和强制性法律规范加以确认和保护,如最低工资的规定;而利益事项是允许双方根据实际情况协商和作出任意性选择,通常通过劳动合同形式加以确定。因而,处理劳动争议的实体法包括劳动法在内,极大程度地体现了其社会法的属性,兼具公法与私法的特征。①

以上这些特殊性对劳动争议处理提出了特别的要求,不能简单地套用现有的以私法自治为原则的民事程序法,劳动争议的解决方式应当体现公权介入的理念,应该根据劳动争议处理中保护劳动者的要求,对劳动争议处理程序做出特别的程序设计。宏观的如劳动争议处理体制、程序性权利与义务的合理分配、"三方原则"的充分体现等,微观的如管辖、时效、证据等方面特殊的设计等。

同时,劳动争议的上述特征也决定了在劳动争议处理过程中,以调解和仲裁为主的非诉讼解决机制具有特别重要的作用。劳动争议的处理需要柔化,争议的解决不仅仅是为了维护权益,更是为了保证劳动关系健康发展。比如,调解不仅能使争议解决,同时对维护双方合法利益、维护劳资关系有着无可替代的作用。②

二、劳动争议处理机制

劳动争议处理机制,又称劳动争议处理体系,"是指由劳动争议处理的各种机构和方式在劳动争议处理过程中的各自地位和相互关系所构成的有机整体,它表明劳动争议发生之后应当通过哪些途径,由哪些机构、以哪些

---

① 杨强.从权利到利益:我国劳动争议的新特点及其应对[J].中国劳动关系学院学报, 2010(6):63-67.

② 洪冬英.劳动争议调解仲裁法评析[J].学海,2008(6):128-136.

方式处理"①。

国际劳动争议处理模式主要有两种,分别是"欧洲模式"和"美国模式"。在欧洲,一般劳动争议除了由调解组织和专业委员会解决之外,主要通过法院诉讼的方式来解决,如劳动法院、劳动法庭或普通法院特别程序。尽管各国的劳动法庭具体制度不同,但它们都是劳动争议解决的主要渠道,采用不同于普通法院的诉讼程序和审判规则。仔细研究发现,许多国家采用的各专业法庭,实质上是法院和仲裁形式融合的产物。

我国《劳动法》、《劳动争议调解仲裁法》、原劳动部《劳动争议仲裁委员会办案规则》、《劳动争议仲裁委员会组织规则》、《企业劳动争议调解委员会组织及工作规则》等法律和行政规章确立了现行劳动争议处理体制基本模式。

《劳动争议调解仲裁法》第五条规定:"发生劳动争议,当事人不愿协商、协商不成或者达成和解协议后不履行的,可以向调解组织申请调解;不愿调解、调解不成或者达成调解协议后不履行的,可以向劳动争议仲裁委员会申请仲裁;对仲裁裁决不服的,除本法另有规定的外,可以向人民法院提起诉讼。"根据上述规定,目前我国实行的是"协商—调解—仲裁—诉讼"的劳动争议处理模式。这一模式的主要内容是:劳动争议发生后,劳动者可以与用人单位协商解决;不愿协商或协商不成的,可以向(本企业、专设或社会)调解委员会申请调解;调解不成的,可以向劳动争议仲裁委员会申请仲裁;对仲裁不服的,可以向人民法院起诉,人民法院审理劳动争议案件实行两审终审制。其中协商和调解不是必经程序,但劳动仲裁是诉讼的前置程序和必经程序,一方当事人在法定期限内不提起诉讼,又不履行仲裁裁决的,另一方当事人可向人民法院申请强制执行,除了特殊的一裁终局的劳动争议之外,当事人只有对仲裁裁决不服时才可以向人民法院提起诉讼。

1. 劳动争议协商解决

劳动关系是社会关系中的一种基础性关系,关系着社会的长治久安。"完备且有效的劳动争议处理制度,能够使劳资双方之间产生的矛盾或冲突得到及时化解或缓解。可以说,这是各国政府考虑并发展劳动争议处理制度的基本出发点和目的。"②因此,世界各国劳动争议处理制度虽然各有差

---

① 侯玲玲.中瑞劳动争议处理体制比较研究[J].西南民族大学学报(人文社科版),2006(3):217-220.

② 姜颖.劳动争议处理教程[M].北京:法律出版社,2003:57.

异,但总的来说,都非常重视协商解决,以期尽可能促进劳动关系的和谐与安定,防止劳动争议演化为激烈的对抗。劳动争议发生之后,劳动者可以与用人单位协商,也可以请工会或者第三方共同与用人单位协商,达成和解协议。但需要注意的是,协商并不是劳动争议处理必经程序。协商的前提是双方自愿,如果一方不愿协商或协商失败,可以选择其他程序解决劳动争议。

2. 劳动争议调解

发生劳动争议,当事人不愿协商、协商不成,不能达成和解协议或者达成和解协议后不履行的,可以向调解组织申请调解。调解是一种以柔性方式化解矛盾的机制,源于儒家文化,在我国具有悠久的历史传统。新中国成立后,调解制度得到发展。调解解决纠纷,成本低,及时,灵活,可以促使当事人尽快取得谅解,减少双方的对立情绪,防止矛盾激化,被称为"绿色"纠纷处理机制。① 在解决劳动争议中引入调解机制,把劳动争议解决在基层,化解在萌芽状态,使得劳动关系得以维持,有利于保障劳动者和用人单位双方的利益,有利于和谐劳动关系,可以说,调解是一种最经济的劳动争议解决方式。

广义的劳动调解包括劳动争议仲裁过程中的调解和劳动争议诉讼过程中的调解。前者指的是仲裁庭在作出裁决前,由仲裁庭或仲裁员主持,对劳动争议案件先行调解。调解达成协议的,应当订立调解书。调解书应当写明仲裁请求和当事人协议的结果。调解书由仲裁员签名,加盖劳动争议仲裁委员会印章,送达双方当事人。调解书经双方当事人签收后,发生法律效力。后者指的是劳动争议诉诸诉讼的,人民法院审判人员可以依自愿、合法原则,进行庭前调解、当庭调解、庭后调解。调解达成协议的,人民法院应当制作调解书,调解书由审判人员、书记员署名,加盖人民法院印章,送达双方当事人。经双方当事人签收后,即具有法律效力。调解不成的,应当及时判决。

狭义的劳动争议调解,专指《劳动争议调解仲裁法》中规定的独立于仲裁和诉讼的劳动争议调解程序,是指劳动争议调解组织对当事人双方自愿申请调解的劳动争议,在查明事实、分清是非的前提下,依据法规、政策的规

---

① 北京市律师协会劳动和保障法专业委员会. 中华人民共和国劳动争议调解仲裁法释义[EB/OL]. 2002-03-09[2015-07-09]. http://vip. chinalawinfo. com/newlaw2002/SLC/SLC_SiyItem. asp? Gid=838868585.

定和集体合同、劳动合同的约定，通过说服、劝导和教育，促使当事人双方在平等协商、互谅互让的基础上自愿达成解决劳动争议的协议的机制。《劳动争议调解仲裁法》第十条规定了当事人可以选择申请调解的三类调解组织：企业劳动争议调解委员会，依法设立的基层人民调解组织，在乡镇、街道设立的具有劳动争议调解职能的组织。

企业劳动争议调解委员会是三类调解组织中最为传统的劳动争议调解解决机构。企业劳动争议调解委员会由职工代表和企业代表组成，职工代表由工会成员担任或者由全体职工推举产生，企业代表由企业负责人指定。其中，企业劳动争议调解委员会主任由工会成员或者双方推举的人员担任。1993 年国务院通过的《中华人民共和国企业劳动争议处理条例》第七条规定企业可以设立劳动争议调解委员会，调解委员会负责调解本企业发生的劳动争议。1994 年制定的《劳动法》肯定了这一制度。由企业劳动争议调解委员会调解劳动争议，有利于将劳动争议解决在企业内部，使劳动关系得以维持，是一种非常好的解决争议的方式。从实践上看，企业劳动争议调解委员会在解决劳动争议中发挥了一定的作用。根据全国总工会的统计，2006 年全国共建立企业劳动争议调解委员会 25.8 万个，受理劳动争议案件 34 万件，调解成功 6.3 万件，占 18.5%。①

在我国社会生活中特别是在司法活动中，基层人民调解组织发挥着重要的作用。基层人民调解组织，往往指作为群众性组织的人民调解委员会。人民调解委员会是在基层人民政府和基层人民法院指导下，调解民间纠纷的群众性组织，其主要任务是调解民间纠纷，其中包括劳动争议。我国《宪法》《民事诉讼法》和《人民调解委员会组织条例》等法律、法规确立了基层人民调解组织的地位和作用。

《宪法》第一百一十一条第二款规定："居民委员会、村民委员会设人民调解、治安保卫、公共卫生等委员会，办理本居住地区的公共事务和公益事业，调解民间纠纷，协助维护社会治安，并且向人民政府反映群众的意见、要求和提出建议。"《人民调解委员会组织条例》第六条规定："人民调解委员会的调解工作应当遵循以下原则：（一）依据法律、法规、规章和政策进行调解，法律、法规、规章和政策没有明确规定的，依据社会公德进行调解；（二）在双方当事人自愿平等的基础上进行调解；（三）尊重当事人的诉讼权利，不得因

---

① 王厚忠. 劳动仲裁法解读十：调解组织［EB/OL］. 2008-09-10［2015-06-03］. http://abc.fayi.com.cn/93169.html.

未经调解或者调解不成而阻止当事人向人民法院起诉。"除了上述《宪法》和《人民调解委员会组织条例》的条款之外,我国的《村民委员会组织法》《居民委员会组织法》《继承法》《婚姻法》等法律中也有一些关于人民调解的规定。

人民调解制度由于在宪法、基本法律和许多特别法律中都被明确加以规定,享有较高的法律地位,成为独具中国特色的法律制度。为了发挥人民调解组织的作用,解决劳动争议调解力量不足的问题,一些地方探索将劳动争议调解纳入人民调解组织的职能范围,取得了很好的效果。如深圳市宝安区西乡社区在街道人民调解委员会中设立调解中心,依托调解中心,将人民调解员、司法调解员、治安调解员、劳动争议仲裁员以及律师、法律志愿者等力量进行整合,从 2006 年 7 月到 2007 年 9 月,西乡驻劳动服务站人民调解室共调解劳动争议 910 件,调解成功率达 94％。深圳市 2005 年通过人民调解解决劳动争议 4129 件,2006 年为 17149 件,2007 年上半年为 7817 件,分别占当年调解纠纷总数的 17％、34.9％和 29.7％。①

在乡镇、街道设立的具有劳动争议调解职能的组织,属于《劳动争议调解仲裁法》中规定的新型劳动争议调解组织。"据全国总工会统计,2006 年全国共设立区域性、行业性劳动争议调解组织 1.1 万个,受理劳动争议案件 10.2 万件,调解成功 8.3 万件,占 81％。"②此类劳动争议调解组织设在乡镇与街道,与企业劳动争议调解委员会相比比较独立,不容易受到用人单位的干涉,因此在调解活动中能够发挥较好的效果。由于没有统一的具体规定加以规范,各地的组织形式并不完全相同。目前,在乡镇、街道设立的具有劳动争议调解职能的组织主要有两种模式:一种是依托于乡镇劳动服务站的调解组织,另一种是依托于地方工会的劳动调解组织。

就依托于乡镇劳动服务站的调解组织模式来说,我国许多地方设立的乡镇、街道劳动服务站具有劳动争议调解职能。如浙江全省 1500 个乡镇,截至 2006 年 9 月共建立乡镇劳动关系协调机构 860 家,其中包括 39 个仲裁派出庭,有工作人员 2132 人。劳动关系协调处理机构隶属当地乡镇政府,由副乡(镇)长任主任,工会、劳动和社会保障服务站、商会等方面参加,具体工作由劳动和社会保障服务站承担,经费由乡镇政府解决。2005 年浙江全

① 王厚忠.劳动仲裁法解读十:调解组织[EB/OL].2008-09-10[2015-06-03].http://abc.fayi.com.cn/93169.html.

② 王厚忠.劳动仲裁法解读十:调解组织[EB/OL].2008-09-10[2015-06-03].http://abc.fayi.com.cn/93169.html.

省乡镇劳动争议协调机构调解处理各类劳动争议达 34473 件，是县级以上劳动争议仲裁委员会立案案件数的两倍。① 乡镇劳动关系协调机构已成为浙江劳动争议案件处理的重要力量。

就依托于地方工会的调解组织模式来说，近年来，一些地方在小型非公有制企业和外商投资企业比较集中的乡镇、街道、开发区或社区，由地方工会、政府和企业代表组织等组成区域性、行业性劳动争议调解组织，调解本区域重大疑难劳动争议、集体劳动争议以及未建立劳动争议调解委员会的企业发生的劳动争议。区域性、行业性劳动争议调解组织对解决劳动争议也发挥了积极作用。

上述三类劳动争议调解组织的调解程序开始于当事人一方或双方的申请，实行自愿原则。当事人申请劳动争议调解的，可以向调解组织提出书面申请，也可以口头申请。口头申请的，调解组织应当当场记录申请人基本情况，申请调解的争议事项、理由和时间。

调解委员会的中心工作是对双方争议的事实进行调查，并召开调解会议开始调解。调解组织派调解员组织调解，调解员应当充分听取当事人对事实和理由的陈述，耐心疏导，帮助劳动者和用人单位达成协议，并依协议制作调解协议书。调解结果如果成功，双方达成协议，制作调解协议书。② 调解协议书由双方当事人签名或者盖章，经调解员签名并加盖调解组织印章后生效，对双方当事人具有约束力，当事人应当履行。如果一方当事人在协议约定期限内不履行调解协议的，另一方当事人可以依法申请仲裁。调解失败的，应在调解协议书上说明情况，由调解委员会主任签名、盖章。

3. 劳动争议仲裁

仲裁一般是当事人根据他们之间订立的仲裁协议，自愿将其争议提交由非司法机构的仲裁员组成的仲裁庭进行裁判，并受该裁判约束的一种制度。仲裁活动和法院的审判活动一样，关乎当事人的实体权益，是解决民事争议的方式之一。劳动争议仲裁是指劳动争议仲裁机构对当事人请求解决的劳动争议，依法居中公断的执法行为，包括对劳动争议依法审理并进行调

---

① 北京市律师协会劳动和社会保障法专业委员会. 中华人民共和国劳动争议调解仲裁法释义［EB/OL］. 2002-03-09［2015-07-09］. http://vip. chinalawinfo. com/newlaw2002/SLC/SLC_SiyItem. asp? Gid=838868585.

② 王辉. 我国劳动争议调解制度价值评析及制度重构［J］. 中国劳动关系学院学报，2008(2):49-52.

解、裁决的一系列活动。①

《劳动争议调解仲裁法》第十四条规定:"自劳动争议调解组织收到调解申请之日起十五日内未达成调解协议的,当事人可以依法申请仲裁。"《劳动争议调解仲裁法》第十五条规定:"达成调解协议后,一方当事人在协议约定期限内不履行调解协议的,另一方当事人可以依法申请仲裁。"与劳动争议调解的不同之处在于劳动争议仲裁具有强制性,首先表现在劳动争议仲裁是劳动诉讼的必经程序,即劳动争议案件不经劳动仲裁不能提起诉讼。其次,劳动仲裁的强制性还表现在与一般民商事仲裁不同,无须事先或事后达成仲裁协议,一方申请劳动仲裁即可启动仲裁程序。劳动争议发生后,当事人不愿调解、调解不成或者达成调解协议后不履行的,可以向劳动争议仲裁委员会申请仲裁。

从组织机构上看,按照《劳动争议调解仲裁法》第十七条的规定,县、市、市辖区应当设立劳动争议仲裁委员会,省、自治区、直辖市需要设立劳动争议仲裁委员会的,由省、自治区、直辖市政府确定。各级劳动争议仲裁委员会相互间不存在行政隶属关系,各自独立仲裁本行政区域内发生的劳动争议案件,各自向同级政府负责并报告工作。劳动仲裁机构,即劳动仲裁委员会,由劳动行政部门、同级工会和用人单位团体或代表用人单位方面的特定部门各自选派的代表组成,主任由劳动行政部门负责人担任,副主任由仲裁委员会委员协商产生。劳动仲裁委员会的办事机构通称劳动争议仲裁办公室,具有双重身份和双重职能,既是仲裁委员会的办事机构,又是劳动行政部门的职能机构。

从仲裁管辖上看,《劳动争议调解仲裁法》第二十一条规定:"劳动争议仲裁委员会负责管辖本区域内发生的劳动争议。劳动争议由劳动合同履行地或者用人单位所在地的劳动争议仲裁委员会管辖,双方当事人分别向劳动合同履行地和用人单位所在地的劳动争议仲裁委员会申请仲裁的,由劳动合同履行地的劳动争议仲裁委员会管辖。"

从时效上看,劳动争议申请仲裁的时效期间为一年。时效制度将一定的事实状态经过一定的时间与一定法律后果联系在一起,实质上是规定时间对于法律事实发生,权利和义务变动,乃至法律责任等必然产生的影响。时效期间的构成条件有两个:一是一定事实状态的存在;二是一定事实状态持续存在一定期间。缺少其中任何一个条件,都不构成时效期间这一法律

---

① 王全兴.劳动法[M].北京:法律出版社,2004:383.

事实。时效期间引起一定的法律后果,该后果也就是时效的法律效力。时效的构成和效力是由法律直接规定的,当事人不得排除其适用。时效期间是由法律规定的,不得由当事人约定。因此,时效期间为法定期间,具有强行性。仲裁时效期间从当事人知道或者应当知道其权利被侵害之日起计算,一年仲裁时效,由当事人一方向对方当事人主张权利,或者向有关部门请求权利救济,或者对方当事人同意履行义务而中断。从中断时起,仲裁时效期间重新计算。因不可抗力或者有其他正当理由,当事人不能在一年的仲裁时效期间申请仲裁的,仲裁时效中止。从中止时效的原因消除之日起,仲裁时效期间继续计算。劳动关系存续期间因拖欠劳动报酬发生争议的,劳动者申请仲裁不受一年的仲裁时效期间的限制。但是劳动关系终止的,应当自劳动关系终止之日起一年内提出。

从程序上看,第一是当事人提出仲裁申请,应当提交书面仲裁申请,并按照被申请人人数提交副本。书写仲裁申请确有困难的,可以口头申请,由劳动争议仲裁委员会记入笔录,并告知对方当事人。第二是受理。劳动争议仲裁委员会收到仲裁申请之日起 5 日内,认为符合受理条件的,应当受理,并通知申请人,而且应当在 5 日内将仲裁申请书副本送达被申请人;认为不符合受理条件的,应当书面通知申请人不予受理,并说明理由。第三是组成仲裁庭。在受理仲裁申请之日起 5 日内将仲裁庭的组成情况书面通知当事人。仲裁庭由三名仲裁员组成,设首席仲裁员。简单劳动争议案件可以由一名仲裁员独任仲裁。第四是调查取证。仲裁委员会有权要求当事人提供或补充证据。当事人因客观原因不能取证的,当事人提供的证据互相矛盾、无法认定的,或针对双方当事人的申诉和答辩中存在的疑点,仲裁委员会依职权可找有关单位、知情人了解情况和收集证据,遇有需要勘验或鉴定的问题,应交由法定部门勘验或鉴定;没有法定部门的,由仲裁委员会委托有关部门勘验或鉴定。第五是开庭审理。仲裁庭应当在开庭 5 日前,将开庭日期、地点书面通知双方当事人。在仲裁审理过程中有权进行质证和辩论,笔录由仲裁员、记录人员、当事人和其他仲裁参加人签名或者盖章。裁决应当自劳动争议仲裁委员会受理仲裁申请之日起 45 日内结束。仲裁庭对劳动争议的一部分事实已经清楚的,可以就该部分先行裁决。

劳动争议仲裁裁决有强制执行的效力,即一旦发生法定效力,可申请法院强制执行,但是劳动争议仲裁不是劳动争议处理的最终程序,当事人对劳动仲裁裁决不服的,在法定期间,可以向法院起诉。①

4. 劳动争议诉讼

劳动争议诉讼是解决劳动争议的最终程序。劳动诉讼程序是劳动争议处理的最后程序,当事人对劳动仲裁裁决不服的,可以向人民法院提起诉讼。实行劳动争议诉讼制度,从根本上将劳动争议处理工作纳入了法制轨道,以法的强制性保证了劳动争议的彻底解决。同时,这一制度也初步形成了对劳动争议仲裁委员会的司法监督机制,对提高仲裁质量十分有利。此外,还较好地保护了当事人的诉讼权,给予不服仲裁裁决的当事人以求助于司法的权利。

劳动争议诉讼是指劳动争议当事人不服劳动争议仲裁委员会的裁决,在规定的期限内向人民法院起诉,人民法院受理后,依法对劳动争议案件进行审理的活动。我国劳动诉讼适用的是一般民事诉讼程序,人民法院审理劳动争议案件适用《民事诉讼法》所规定的诉讼程序,即劳动争议进入司法程序后,可以与一般的民事争议一样,历经一审、二审、再审的全部司法过程。

《劳动争议调解仲裁法》第五十条规定:"当事人对本法第四十七条规定以外的其他劳动争议案件的仲裁裁决不服的,可以自收到仲裁裁决书之日起十五日内向人民法院提起诉讼;期满不起诉的,裁决书发生法律效力。"《最高人民法院关于审理劳动争议案件适用法律若干问题的解释(一)》第一条规定,劳动者与用人单位之间发生的下列纠纷,属于《劳动法》第二条规定的劳动争议,当事人不服劳动争议仲裁委员会作出的裁决,依法向人民法院起诉的,人民法院应当受理:(一)劳动者与用人单位在履行劳动合同过程中发生的纠纷;(二)劳动者与用人单位之间没有订立书面劳动合同,但已形成劳动关系后发生的纠纷;(三)劳动者退休后,与尚未参加社会保险统筹的原用人单位因追索养老金、医疗费、工伤保险待遇和其他社会保险费而发生的纠纷。《最高人民法院关于审理劳动争议案件适用法律若干问题的解释(一)》第二条规定,劳动争议仲裁委员会以当事人申请仲裁的事项不属于劳动争议为由,作出不予受理的书面裁决、决定或者通知,当事人不服,依法向人民法院起诉的,人民法院应当分别情况予以处理:属于劳动争议案件的,应当受理;虽不属于劳动争议案件,但属于人民法院主管的其他案件,应当

---

① 侯玲玲.中瑞劳动争议处理体制比较研究[J].西南民族大学学报(人文社科版),2006(3):217-220.

依法受理。另,根据《劳动争议调解仲裁法》第四十九条的规定,从广义的角度看,劳动争议诉讼还包括撤销之诉。

第二节　我国劳动争议处理法律机制存在的问题分析

"协商—调解—仲裁—诉讼"的劳动争议处理模式曾经在一段时期内发挥过积极作用,但随着我国以市场为取向的劳动力就业改革的发展,劳动关系越来越复杂,劳动争议本身的性质也在不断发生变化,这时原有劳动争议处理模式的困境也逐渐显露出来,突出表现在以下四个方面。

一、协商不对等

《劳动争议调解仲裁法》第四条规定:"发生劳动争议,劳动者可以与用人单位协商,也可以请工会或者第三方共同与用人单位协商,达成和解协议。"但是,至于如何协商却缺少法律规制和操作规范。由于用人单位内部缺少疏导、化解劳动者不满情绪的制度以及信息不对称等原因,内部协商往往形同虚设,劳动者诉求很难得到解决。

在劳动争议的协商过程中,虽然有时有企业工会组织的参与,但其也往往更多地从企业利益出发,并没有发挥其应该具有的代表和维护劳动者利益的作用。在这样过分悬殊的双方力量基础上,即使有和解协议的产生,也一般是由劳动者承受了不对等的协商结果所达成的妥协。

二、调解实效低

《劳动争议调解仲裁法》第十条第二款规定:"企业劳动争议调解委员会由职工代表和企业代表组成。职工代表由工会成员担任或者由全体职工推举产生,企业代表由企业负责人指定。企业劳动争议调解委员会主任由工会成员或者双方推举的人员担任。"在经济上,企业调解委员会本身并没有独立于企业之外的地位,其人、财、物的权力依附于企业。主要表现在:其一,企业调解委员会的活动费用由企业承担;其二,所有劳动争议调解委员会成员的工资均由企业支付。由于企业劳动争议调解委员会及其成员在经济上附属于企业,在劳动争议调解中就不太可能保持所要求的中立性和公正性,因而这种调解机制也就难以取得劳动者的信任。加之许多劳动争议发生在劳动关系终结之后,劳动者也大多不愿再回到企业调解委员会的框架内寻求争议的解决之道。因此,无论在理论上还是实际上,企业调解委员会都难以发挥立法者所期冀的作用。①

除了传统的企业调解之外,《劳动争议调解仲裁法》将基层人民调解组织新增作为劳动争议调解组织,使调解成为一种可以普遍适用的劳动争议处理方式。由于基层人民调解组织更多的是从事民间纠纷的调解,劳动纠纷相对于一般民间纠纷来讲更具有特殊性,表现在:劳动纠纷既牵涉到劳动者的人身关系,又牵涉到财产关系;劳动纠纷解决的效果直接影响着用人单位的发展;劳动纠纷解决得是否充分、有效,可能影响社会的稳定。这些特殊性决定了劳动纠纷的调解与民事纠纷的调解相比,有着特殊的目的、方法和要求,如果基层人民调解组织未进行相关职能机构的建设和相关人员的配备,未规定具体调解的方法和要求,它们便不能更快更好地胜任劳动争议调解的艰巨任务。②

同时,《劳动争议调解仲裁法》新增了"在乡镇、街道设立的具有劳动争议调解职能的组织"作为劳动争议调解组织。由于立法未对基层人民调解组织和在乡镇、街道设立的具有劳动争议调解职能的组织的相关职能机构建设细化,其作用的发挥也有待实践的进一步检验。正如有研究者已经指出的那样:"在乡镇、街道设立的具有劳动争议调解职能的组织的层次并不明确,法律也缺乏相关的强制性规定和现实的可操作性。由于对调解组织的设立法律上并没有强制性的规定,加之由于各类调解组织层级低、缺乏独立性、受地域所限等原因,该类调解组织在化解劳动争议中的作用是有限的。"③

虽然《劳动争议调解仲裁法》第十四条规定:"调解协议书由双方当事人签名或者盖章,经调解员签名并加盖调解组织印章后生效,对双方当事人具有约束力,当事人应当履行。"即在履行相应程序后,调解协议书对双方当事人具有约束力,当事人应当履行。但该法第十五条同时又规定:"达成调解协议后,一方当事人在协议约定期限内不履行调解协议的,另一方当事人可以依法申请仲裁。"同时,《劳动争议调解仲裁法》第五条也规定:"发生劳动争议,当事人不愿协商、协商不成或者达成和解协议后不履行的,可以向调解组织申请调解;不愿调解、调解不成或者达成调解协议后不履行的,可以

---

①　董保华.劳动争议处理法律制度研究[M].北京:中国劳动社会保障出版社,2008:67.

②　刘源.劳动争议调解制度的完善[J].贵州大学学报,2011(4):69-72.

③　王天玉.借鉴与整合:从英国 ACAS 看我国劳动争议调解制度改革[J].中国劳动关系学院学报,2008(1):78-82.

向劳动争议仲裁委员会申请仲裁;对仲裁裁决不服的,除本法另有规定的外,可以向人民法院提起诉讼。"从上述条文的逻辑关系上,我们不难看出,只要其中的一方申请仲裁,原来已经达成的调解协议书就立即失效。调解协议的执行力不能得到应有确认,损害了调解的权威和效用,会使当事人产生"调解无用"、问题的解决最终还是要靠仲裁或诉讼的观念,进而会轻视调解。①

三、仲裁限制多

我国劳动争议处理程序的最大特点是试图将调解、仲裁、诉讼三者结合,并形成以仲裁为中心的互补关系。仲裁作用的发挥依赖于其自身的灵活性、独立性和公信力。但是我国的仲裁制度有着行政化、诉讼化的特点,由此导致仲裁公信力不足、处理争议过于刚性、限制过多。② 这一弊端具体体现在以下两个方面:

其一,劳动争议仲裁机构独立性不够。"仲裁本身蕴含的要求是仲裁机构的中立性,不允许任何一方主宰或具有明显倾向的权威,即该机构能够真正公平、公正地表达各方的真实愿望,否则劳动仲裁或形同虚设或成为某种权威的附属物,而无法发挥居中公断的基本功能。"③首先,我国的劳动仲裁机构在设立上没有行政级别,导致在同一个行政区域内有多个劳动仲裁机构,相互之间不干涉,其性质既具有司法性质,又具有行政色彩,介乎两者之间,然而却没有独立的性质。这会导致多种国家力量对其管理,从而使得其立场不够坚定,不能独立地行使仲裁职能,也难以维护劳动者的真正权益。再者,劳动争议仲裁机构是附设在政府机构内部的一个非独立的机构,缺乏"居中公断"的法律地位。其重要原因之一是劳动仲裁机关依靠政府提供经费和其他支持来维持运转。④ 最后,仲裁人员在现实当中多由司法机关或者行政机关人员兼任,其立场更加难以显示仲裁机构的公正性。

其二,劳动争议仲裁效力不确定。《劳动争议调解仲裁法》第四十七条规定:"下列劳动争议,除本法另有规定的外,仲裁裁决为终局裁决,裁决书自作出之日起发生法律效力:(一)追索劳动报酬、工伤医疗费、经济补偿或者赔偿金,不超过当地最低月工资标准十二个月金额的争议;(二)因执行国

---

① 王辉.我国劳动争议调解制度价值评析及制度重构[J].中国劳动关系学院学报,2008(2):49-52.

② 徐智华.劳动法与社会保障法[M].北京:北京大学出版社,2012:360.

③ 曹燕.和谐劳动关系法律保障机制研究[M].北京:中国法制出版社,2008:202.

④ 曹燕.和谐劳动关系法律保障机制研究[M].北京:中国法制出版社,2008:217.

家的劳动标准在工作时间、休息休假、社会保险等方面发生的争议。"该条文对一裁终局案件作了严格的限制。其实,随着经济社会的发展,劳动争议案件越来越复杂,赔偿标准越来越高,"不超过当地月最低工资标准十二个月金额的争议"的限定将绝大多数劳动争议排除在了一裁终局案件的范围之外。另外,现代劳动争议大都比较复杂,往往是几个方面的争议关系结合在一起,而《劳动争议调解仲裁法》第四十七条中规定的"工作时间、休息休假、社会保险等"的要求又使得很多争议不可能适用一裁终局。总而言之,第四十七条将一裁终局的范围限定在了一个过窄的范围内,不利于劳动争议的快速、高效解决。

四、诉讼有困境

当劳动争议案件起诉到法院后,法院是按照民事诉讼程序来处理的。诉讼解决劳动争议的长处是其结果更能体现法律公正、公信力高,短处是程序比较复杂且过于刚性。劳动争议往往需要及时、简便地解决,这些是司法诉讼所不擅长的。因此,在通常情况下,劳动争议诉讼应该是当事人的最后选择。就整个劳动争议处理机制来说,诉讼渠道应是补充性的,而非主流渠道。然而现实的情况是,在劳动争议仲裁变得行政化、诉讼化的情况下,先裁后审的体制设计必然导致大量劳动争议最终进入诉讼渠道,寻求矛盾的合理解决或司法公正。[①]

当前,劳动争议案件的诉讼程序存在一些不利于保护劳动者权益的问题,主要表现为:(1)程序复杂,时间过长;(2)诉讼成本过高,许多劳动者请不起律师,甚至打不起官司;(3)举证责任分担不合理,劳动争议诉讼中的举证责任倒置在司法解释中虽有列举规定,但尚不全面,可操作性也不强;(4)审判机构的组成与劳动争议的特点不相适应,劳动争议案件由民事审判庭审理,审判人员的组成和相关程序并没有很好地体现出劳动争议处理的"三方原则"(国际上通行劳动争议处理的"三方原则",即由政府、雇主和工人共同参与劳动争议处理的原则)。[②]

在实践中,上述协商、调解、仲裁和诉讼的劳动争议处理机制的局限带来了以下问题:

其一,劳动争议处理机制效率低下。从时间上看,按照"协商—调解—

---

①　徐智华.劳动法与社会保障法[M].北京:北京大学出版社,2012:360.

②　林嘉.我国的劳动法律制度[J].中国人大,2006(1):36-39.

仲裁—诉讼"劳动争议处理模式，劳动争议案件通常要经过协商、调解、劳动争议仲裁机关的仲裁，人民法院的一审、二审才能最终结案。这样，一起劳动争议案件的处理，在正常情况下也需要一年以上，如果遇到特殊情况可能耗时更长。另外，即使得到终审判决，法院的执行还需要时间。如果考虑到后来可能存在的申诉程序和审判监督程序，案件的最终解决可能还要更长的时间。

从成本上看，当事人参与冗长的劳动争议解决程序首先要支付高昂的成本。以劳动仲裁为例，由于劳动仲裁裁决具有前置性、非终局性和可诉性的特点，使得劳动争议各方不得不为参与劳动仲裁付出代价。所谓为仲裁付出代价，首先包括当事人必须向劳动争议仲裁委员会支付仲裁费用，如果聘请律师，还必须向律师支付律师费，为了出席仲裁庭还必须支付交通、食宿等必要费用，以及其他相关费用。其次包括参与劳动仲裁的机会成本。机会成本是由选择产生的——一种经济资源往往具有多样用途，选择了一种用途，必然要丧失另一种用途的机会，后者可能带来的最大收益就成了前者的机会成本。在某些危及生存的情形下，劳动者参与劳动仲裁的机会成本非常巨大。

其二，劳动争议处理机制在重大劳动冲突面前无所作为。由于我国目前的"协商—调解—仲裁—诉讼"处理机制必须由当事人来启动，在一般情况下，劳动行政管理机关不得主动干预。即使是该处理机制中的"前置性仲裁"制度，即当事人在向人民法院提起诉讼前必须先向劳动仲裁机构申请仲裁，也必须由一方当事人来启动，劳动争议仲裁机构自己不能主动要求仲裁某一劳动争议。这样无论发生怎样激烈的劳资对抗，无论面对影响如何重大的劳动争议，劳动行政机关都无法主动强行介入。这会使得目前的劳动争议处理机制在重大劳动冲突面前无所作为，从而为劳动争议的激化，甚至是社会的不稳定埋下潜在的隐患。正是这一困境，在实践中会导致劳动争议引发的刑事案件频繁发生，甚至在一些地区出现震惊全国的群体性突发事件，极大地影响劳动关系的稳定和我国和谐社会的建设。

目前，我国"协商—调解—仲裁—诉讼"劳动争议处理机制面临困境的深层原因主要在于对劳动争议性质定位的偏差，表现为片面强调劳动争议的私法性而有意无意地忽略了劳动争议的公法性。这一点可以从目前学术界关于劳动争议的几个权威定义中看出。比如关怀教授认为："劳动争议就是劳动纠纷,是指劳动关系双方当事人因劳动的权利和义务引起的纠纷。"①
范占江先生提出:"劳动争议是指劳动关系双方当事人之间发生的争议。"②
王全兴教授认为:"劳动争议又称劳动纠纷,许多国家和地区则称劳资争议
和劳资纠纷。其广义是指劳动关系双方当事人或团体之间关于劳动权利和
劳动义务的争议,其狭义仅反映劳动双方当事人之间关于劳动权利和劳动
义务的争议。在劳动法学中一般取其狭义。"③

　　上述定义虽然在表述上并不完全相同,但在一点上是完全一致的,那就
是将劳动争议看成是用人单位与劳动者之间的横向法律关系。从这种关系
出发就很容易得出一个结论,即劳动争议仅仅是处于"平等"地位的用人单
位同劳动者之间发生的民事争议。这种貌似"平等主体之间"的民事争议很
容易掩盖用人单位和劳动者之间事实上的不平等关系,没有体现对劳动者
特殊保护的现代劳动法制的精神和要求。同时,也容易使负有保护劳动权
义务的劳动行政管理部门以"劳动争议是私法争议"为借口逃避自己的监管
职责和法律责任。④

　　在计划经济时期,由于国家对社会大多数生产资料(包括劳动者的劳动
力)的占有和管制,决定了在我国对劳动争议的调整几乎完全通过行政手段
来进行。强大的公权压力使得在理论认识和具体实务中都过分强调劳动争
议的公法性质,劳动者和用人单位之间的"私"的自由很少有生存空间。

　　正是在对这种情况加以反思的基础上,同时也是在经济体制改革的推
动下,我国劳动争议的私法性质开始逐渐得以复归,开始强调用人单位和劳
动者在劳动争议处理中的自主选择和自由决定。但在劳动争议"私法性"复
归的过程中,却又出现了另外一个偏差,在有些时候,甚至开始从一个极端
走向另一个极端,这就是有意无意地忽略了劳动争议中的公法性质。这种
对劳动争议公法性的忽视,导致政府劳动行政管理部门在一些对社会有重
要影响的劳动争议案件中无所作为,最终出现由劳动争议引起的重大社会
问题。

　　其实,在劳动争议中除了具有私法性质的劳动者与用人单位之间的"平

---

①　关怀.劳动法学[M].北京:中国人民大学出版社,2001:264.
②　范占江.劳动争议处理概论[M].北京:中国劳动出版社,1995:8.
③　王全兴.劳动法学[M].北京:中国法制出版社,2001:159.
④　张友连.和谐社会背景下我国劳动争议处理模式的创新[J].中国劳动关系学院学
报,2007,21(5):24-27.

等"关系之外，还应包括具有公法性质的劳动者、用人单位与劳动行政部门之间的关系。正如史尚宽先生所言，因劳动契约关系、雇用人与受雇人之间所发生之争议，或关于劳动者之保护或保险，雇用人与国家间所起之纷争，雇用人团体及受雇人团体因团体交涉所在之纠纷，皆为劳动争议。①

我国目前所采用的"协商—调解—仲裁—诉讼"劳动争议处理机制，从其立法初衷来讲，可能正是为了更好地维护劳动者的利益，给予劳动者和用人单位更多的机会和自由以实现对争议的处理，更好地体现劳动争议处理的私法性质。但是这种以实现"形式正义"为价值取向的设计，在实际运行中于某些方面却走向反面。类似问题的产生，促使我们不得不认真反思目前劳动争议处理模式的非科学性。究其原因，正是由于对劳动争议私法性质认识的偏差，设置了比较冗长的劳动争议处理模式，从而导致劳动争议处理机制效率的低下。将劳动争议等同于普通的私法争议，忽视了劳动争议处理效率的重要性，没有考虑到当事人特别是处于弱势一方的劳动者所要支付的成本。其实，劳动争议长时间得不到解决给劳动者和社会带来的伤害有可能远远大于劳动争议本身的损失。

第三节　我国劳动争议处理法律机制的改进

劳动争议是劳动者与用人单位摩擦的必然产物，法治是解决劳动争议最主要的渠道。我国劳动争议裁判机构的专门化、专业化程度都还有提升空间，劳动争议处理的程序也有值得检讨的地方。总体而言，"创新劳动关系治理体制，就要完善劳动争议立法，探索建立专门的劳动争议法庭，充实各级劳动争议仲裁机构的人力、物力，理顺劳动仲裁与劳动诉讼的关系，并且探索引入社会力量参与纠纷解决的路径"②。

一、劳动争议处理模式的改进

目前的"协商—调解—仲裁—诉讼"处理模式片面强调劳动争议的私法性，导致了效率低下及劳动行政部门在重大劳动争议冲突面前无所作为等困境。要真正解决这些问题，需要在纠正对劳动争议片面认识的基础上，根

---

① 史尚宽.劳动法原论[M].台北：台湾正大印书馆，1978：241.
② 叶静漪.劳动关系治理体制的创新与完善[J].西部大开发，2014(10)：69-70.

据和谐劳动关系的要求积极创建我国劳动争议处理新模式。

本书认为,我国劳动争议处理可以采取"一争议二分类三途径"的新模式。其主要内容是:针对一个劳动争议,首先可根据争议的性质将其分为劳动私法争议或劳动公法争议。具体而言,可以将一般的劳动合同争议归入劳动私法争议的范畴;将因劳动行政管理所发生的争议归属于普通劳动公法争议;将涉及公共利益及社会秩序的劳动集体性争议,因其可能影响他人和社会利益而归入特殊的劳动公法争议。然后在上述划分的基础上,针对不同性质的劳动争议安排不同的救济程序。对于劳动私法争议,可以通过民事诉讼程序来解决;对于普通的劳动公法争议,应安排行政诉讼程序予以救济;对于涉及公共利益及社会秩序的特殊劳动公法争议,可以借鉴国外的强制劳动仲裁予以处理。

首先,对劳动私法争议通过民事诉讼程序来解决。劳动私法关系一般由当事人按照平等、自愿的原则自行处理,只是在双方产生争议时,公权力才以审判权的方式介入。没有当事人的申请,民事审判程序不得启动,这既是民事诉讼的基本要求,也是尊重当事人自主性的体现。当然,由于劳动私法关系本身的特点,使得劳动争议民事诉讼并不完全等同于一般的民事诉讼。因为在劳动争议中,即使是在私法性质的争议上,劳动者与用人单位之间也具有不公平的潜在可能性。针对这一特点,本书认为,在劳动私法争议民事诉讼中,可以借鉴一些特殊民事诉讼程序的做法,比如可以在一些地方实施举证责任倒置,要求用人单位承担更大的举证责任,通过程序上的权利义务的再分配来达到平衡双方的目的。

其次,对普通的劳动公法争议可安排行政诉讼程序予以救济。劳动公法争议在实践中常常被人们所忽视,这在一定程度上导致劳动行政机关不作为的现象普遍存在。有些地方以招商引资为借口,为了短期利益,为了地区利益,甚至出现了放任用人单位侵害劳动者权益的现象。针对这些情况,应该明确劳动行政机关的公法性义务,并且通过行政诉讼来追究劳动行政机关怠于履行职责的责任。比如,劳动者就用人单位不提供劳动安全保障向劳动行政机关举报,如果该机关没有及时予以查处,造成劳动者权益受到严重侵害,这时劳动者可以选择行政诉讼的救济途径。劳动公法争议除了劳动行政机关应该作为而不作为引起的争议之外,还应包括劳动行政机关不该作为而乱作为所引起的争议,这主要表现为劳动行政机关越权、违法或不当干涉用人单位的用人自主权、劳动者的自主择业权等。这时也可以通

过行政诉讼的方式来处理因劳动行政机关过于"积极"而引起的劳动公法
争议。①

最后,对涉及公共利益、社会秩序的特殊劳动公法争议用强制劳动仲裁
予以处理。目前各地因劳资纠纷而发生的怠工、集体停工、集体上访、请愿、
游行示威事件常有发生。其中有较大影响的主要有江西省南康事件、湖北
省石首事件、河北保定棉纺厂职工"徒步进京旅游"事件、吉林通钢事件、河
南林钢事件等等。诸如此类的工人集体行动事件往往给和谐劳动关系的构
建带来了一定的联动效应。② 西方国家的劳动争议强制仲裁,要求在符合一
定条件的情况下,由法律明文规定启动仲裁程序,并不关注当事人是否
愿意。

强制仲裁是国家对劳动争议实施的带有干预性质的公共政策和法律的
结果,目的是防止罢工或闭厂等激烈的产业行为的发生,避免劳动争议对社
会利益的损害以及造成社会不稳定局面的出现。比如,美国联邦劳动部的
主要职能之一就是调解劳动争议,各大工业城市也都设立了相应的调解局。
当一些与国计民生密切相关的产业部门发生劳动争议,如果政府不进行干
涉可能影响产业的发展,甚至破坏社会秩序的稳定时,政府会采取直接干预
政策,由政府设置的仲裁机关主持,实行强制仲裁。当然,作为一种特殊的
劳动争议解决机制,强制劳动仲裁的适用受到一定的限制,一般要求针对涉
及公共利益、社会秩序的特殊劳动公法争议。如果离开了这一限制,允许强
制劳动仲裁程序随意启动的话,可能会对社会生活的常态产生不利的影响,
同时也可能为公权不当干预私权开启合法之门。尽管对其适用有着严格的
限制,但是强制劳动仲裁本身的存在却是十分重要的。这一制度为劳动争
议安装了一个安全阀,使其被控制在一个安全的范围之内,不致对社会产生
过大的影响。

二、劳动争议协商法律机制的改进

劳动争议协商机制之所以流于形式,不能将矛盾解决在内部和萌芽状
态,主要问题在于劳动者和用人单位之间的力量不均衡。可以通过构建自
主平衡的协商机制来平衡双方的力量,从而引导、促进劳动纠纷的协商解
决。具体而言,可以从以下几个方面来构建自主平衡的协商机制。

---

① 张友连.和谐社会背景下我国劳动争议处理模式的创新[J].中国劳动关系学院学
报,2007,21(5):24-27.

② 王春玲.构建和谐劳动关系问题研究[J].临沂大学学报,2014(3):82-86.

其一,充分发挥工会的作用。工会的职责是依法维护劳动者的合法权益,对用人单位履行劳动合同、集体合同的情况进行监督。用人单位违反劳动法律、法规和劳动合同、集体合同的,工会有权提出意见或者要求纠正。人力资源和社会保障部第76次部务会审议通过,自2012年1月1日起施行的《企业劳动争议协商调解规定》第九条规定:"劳动者可以要求所在企业工会参与或者协助其与企业进行协商。工会也可以主动参与劳动争议的协商处理,维护劳动者合法权益。"我国劳动争议协商发挥作用的关键在于工会要真正代表劳动者与资方进行协商,维护劳动者利益。要促进用人单位内部的工会组织角色的转换,使其在发生劳动争议时代表劳动者与用人单位通过协商的方式解决争议。

我国现在的工会主要领导的产生采取的是先由单位的党委提名,再由工会代表大会选举出的工会委员投票选举的方式。工会的运行经费不是直接由劳动者缴纳,而是提取工资总额的2%,直接向企业收取。如此组建的工会难以得到劳动者的信任。因为劳动者与工会两者之间缺少利益上的共同点,反而工会与企业之间倒是有利益上的关联性。要想使工会、劳动者真正成为一家人,必须让其成为利益的共同体。只有这样,《劳动争议调解仲裁法》第四条的规定才会落到实处,劳动者才会请工会与用人单位共同协商,达成和解协议,化解纠纷。

其二,规范协商程序。对协商程序予以规范,引导用人单位建立起制度化的协商程序。关于劳动争议协商程序,我国一些行政规章中有一些相应的规定,比如,《企业劳动争议协商调解规定》第十条规定:"一方当事人提出协商要求后,另一方当事人应当积极做出口头或者书面回应。5日内不做出回应的,视为不愿协商。协商的期限由当事人书面约定,在约定的期限内没有达成一致的,视为协商不成。当事人可以书面约定延长期限。"但是这一规定还显得过于简单,比如对理论研究者原先一直关注的按什么程序协商、当事人具有哪些权利义务等重要环节仍然没有加以明确。① 而只有对这些环节予以明确,才能提高程序的有用性和可操作性,一旦发生劳动纠纷,用人单位与劳动者才会愿意选择启动这一协商程序来解决劳动纠纷。

三、劳动争议调解法律机制的改进

我国劳动争议调解是　种自愿性民间调解,劳动争议一旦发生,当事人

---

① 王全兴,侯玲玲.我国劳动争议处理体制模式的选择[J].中国劳动,2008(8):13-17.

可以选择调解或劳动仲裁，调解的结果不具有法律上的强制执行力。① 作为解决劳动争议的方式之一，只有构建起多元化、多层次的调解机制，才能起到解决劳动纠纷的作用，才能引导当事人通过调解机制来化解双方的劳动纠纷。本书认为，应该从以下几个方面对我国的劳动争议调解法律机制进行完善。

其一，将劳动争议调解设计为强制程序。劳动关系是一种财产关系与身份关系兼而有之的社会关系，其存在着对立，而更多的则体现为利益上的统一。劳动纠纷在诉讼之前要经过调解程序已成学界的共识。所以劳动关系应尽量避免尖锐对立，维持彼此间和谐关系，当有助于社会秩序稳定，立法上当使劳资争议事件均应起诉前先经调解，较为妥适。②

从世界各国长期的劳动争议解决的实践来看，调解在劳动争议解决中占据着重要地位，有一些国家早已在立法中将调解作为劳动争议诉讼的必经程序。比如，在德国，调解是初审法院审理劳动争议案件的必经程序；在法国，调解也是劳资争议委员会处理劳动争议的必经程序；在澳大利亚，劳动争议案件的处理实行强制调解制度，调解是必经程序、前置程序。③ 当然，劳动争议调解必须遵循自愿合法的原则，不得强迫当事人调解。"只有把调解作为劳动争议处理的必经程序，尽可能使大部分争议在此阶段终结，才不至于使劳动争议双方的矛盾进一步激化。有利于和谐劳动关系的恢复，同时，也会相应减轻仲裁机构和法院的负担。"④把劳动争议调解设为申请劳动争议仲裁或诉讼前的必经程序，即便当事人不约定调解，发生争议后也必须先进行调解。同时，当事人不能以协议的方式对此加以改变，即使当事人之间已经约定了直接仲裁或诉讼，该约定也应被认定为无效。

其二，实现调解组织的外部化。与将调解作为一种劳动争议解决的强制程序相适应，应该把设在用人单位内部的调解组织转化为外部的调解组织。调解委员会由工会代表、用人单位代表和劳动者代表组成，其中工会代表不是来自于所发生争议的用人单位的工会代表，而是在基层的行政区域

---

①　侯玲玲.中瑞劳动争议处理体制比较研究[J].西南民族大学学报,2006(3):117-220.

②　台湾劳动法学会.劳动基准法释义：施行二十年之回顾与展望[M].台北：新学林出版股份有限公司,2005:555.

③　刘源.劳动争议调解制度的完善[J].贵州大学学报,2011(4):69-72.

④　刘源.劳动争议调解制度的完善[J].贵州大学学报,2011(4):69-72.

内工会组织所派出的代表,用人单位代表是由发生争议的用人单位派出,劳动者代表则是由劳动者选出的代表。工会代表的组织和日常费用由所在区域的地方政府或基层工会负责解决,这样就可以保证工会代表立场的相对公正,同时也使用人单位不必再设置专门的内部劳动争议调解组织,节省了经营成本。另外,还可以实现对同一区域性和行业性的劳动争议的调解,由同一调解组织,通过适用相同的法律、法规来处理的目标,一定程度上避免了类似争议在处理结果上可能出现的不一致。[①]

其三,构建劳动争议行政调解机制。用行政权力介入劳动争议调解,有利于达成共识,协调双方利益,化解劳动纠纷,并有利于破解调解中出现的取证难的问题。在我国,劳动行政部门参与劳动争议调解具有天然的优势,具体表现在三个方面:第一,我国有"强行政"的传统,劳动行政部门参与劳动争议调解容易得到劳动者和用人单位双方的认可;第二,劳动行政部门拥有谙熟劳动法律制度、执法经验丰富的管理人员队伍,参与劳动争议调解有利于及时发现违法行为、促进执法监督、解决争端;第三,劳动行政部门是双方认同的具有公信力的第三方,参与劳动争议调解有利于促成调解协议的达成。[②] 劳动争议行政调解机制的构建可与劳动行政执法相结合,以现行的劳动保障监察机构为依托,增加其劳动争议行政调解职能,组建劳动争议行政调解组织,处理调解申请。具体措施是:"借鉴《治安管理处罚法》中关于行政调解的做法,构建起由劳动行政部门负责的劳动争议行政调解机制。"[③]

其四,建立与实施劳动争议调解结果的强制执行程序。劳动争议调解机制的有效性在于达成的调解协议书得到履行,调解协议一经达成和审查通过,除存在法定的无效或可撤销情形之外,当事人必须执行。通过赋予自愿选择调解形成的调解结果以强制执行力,可以增强调解组织的地位和权威,使劳动争议双方当事人对调解组织建立信任感。同时,也促使调解组织能从自身所处的地位和职责出发,积极行使调解职能,体现自己的荣誉感和说服力,使更多的劳动争议当事人选择调解解决争议,从而达到建立调解制

---

① 王振麒.对贯彻实施《劳动争议调解仲裁法》的几点建议[J].中国劳动,2008(5):18-19.

② 干辉.我国劳动争议调解制度价值评析及制度重构[J].中国劳动关系学院学报,2008(2):49-52.

③ 刘云甫,朱最新.和谐社会视角下的劳动调解仲裁法[J].行政与法,2008(4):105-107.

度来分流和减轻人民法院审理劳动争议案件的压力,进一步实现劳动争议处理程序中每一处理程序设置的目的。①

　　从《劳动争议调解仲裁法》第十四条至第十六条的规定来看(第十四条,经调解达成协议的,应当制作调解协议书。调解协议书由双方当事人签名或者盖章,经调解员签名并加盖调解组织印章后生效,对双方当事人具有约束力,当事人应当履行。自劳动争议调解组织收到调解申请之日起十五日内未达成调解协议的,当事人可以依法申请仲裁。第十五条,达成调解协议后,一方当事人在协议约定期限内不履行调解协议的,另一方当事人可以依法申请仲裁。第十六条,因支付拖欠劳动报酬、工伤医疗费、经济补偿或者赔偿金事项达成调解协议,用人单位在协议约定期限内不履行的,劳动者可以持调解协议书依法向人民法院申请支付令。人民法院应当依法发出支付令),劳动争议调解协议的法律约束力明显不足,应当通过两个方面的措施来增强调解协议书的法律约束力。

　　第一,实现调解与劳动仲裁对接。加强调解组织与劳动争议仲裁机构的横向联系,由劳动争议仲裁机构制作调解书予以确认。《企业劳动争议协商调解规定》第二十七条规定:生效的调解协议对双方当事人具有约束力,当事人应当履行。双方当事人可以自调解协议生效之日起15日内共同向仲裁委员会提出仲裁审查申请。仲裁委员会受理后,应当对调解协议进行审查,并根据《劳动人事争议仲裁办案规则》第五十四条规定,对程序和内容合法有效的调解协议,出具调解书。

　　第二,通过制定仲裁规则、司法解释等形式,确认达成的调解协议书只要不违反本人真实意愿、没有胁迫等违法情形的,该调解协议书就应作为劳动仲裁裁决、诉讼判决的内容予以采纳,从而增强调解协议书的法律约束力,增强调解在化解劳动纠纷中的作用。②《企业劳动争议协商调解规定》第二十八条规定:"双方当事人未按前条规定提出仲裁审查申请,一方当事人在约定的期限内不履行调解协议的,另一方当事人可以依法申请仲裁。仲裁委员会受理仲裁申请后,应当对调解协议进行审查,调解协议合法有效且不损害公共利益或者第三人合法利益的,在没有新证据出现的情况下,仲裁委员会可以依据调解协议作出仲裁裁决。"该规定部分认可了调解协议的效

　　①　王辉.我国劳动争议调解制度价值评析及制度重构[J].中国劳动关系学院学报,2008(2):49-52.

　　②　洪冬英.劳动争议调解仲裁法评析[J].学海,2008(6):128-136.

力。由于《企业劳动争议协商调解规定》的效力位阶偏低,上述规定并没有在问题处理的过程中得到充分的重视。另外,《企业劳动争议协商调解规定》的适用范围非常有限,仅用于企业劳动争议案件,而大量企业之外的劳动争议则无法适用,所以需要制定位阶更高、适用范围更广的规范来提高调解协议书的法律约束力。

四、劳动争议仲裁法律机制的改进

劳动争议仲裁在我国应当属于强制的行政替代性纠纷解决机制,同时也属于裁判类的争议解决方式。相对于劳动争议调解,劳动争议仲裁可以发挥政府在劳动者和用人单位双方利益协调中的作用,同时劳动争议仲裁相比于诉讼可以更加快捷、迅速地维护劳动者的合法权益。应该说,现行劳动争议仲裁对劳动争议诉讼起到了不可替代的分流、减负作用,大大减轻了司法机关的压力。

其实,由于受传统文化的影响,相对于西方社会,东方社会中,行政部门更是在劳动争议处理中发挥着不容置疑的作用。比如,我国香港地区超过60%的劳动争议案件都是通过劳动行政部门的行政调处终结的,行政调解和调停在个别劳动争议处理中扮演越来越重要的角色。我国的《劳动争议调解仲裁法》对完善仲裁制度、规范仲裁程序、缩短处理周期、提高处理效率、减少职工维权成本起到了很好的法律保障作用。但要构建一个高效权威的劳动仲裁机制,现行法律的规定有必要从以下几个方面予以完善。

其一,扩大一裁终局的范围。根据《劳动争议调解仲裁法》第二条的规定,发生劳动争议的六种情形适用该法。第四十七条规定了有条件一裁终局的两种情形:第一种情形是追索劳动报酬、工伤医疗费、经济补偿或者赔偿金,不超过当地月最低工资标准十二个月金额的争议;第二种情形是因执行国家的劳动标准在工作时间、休息休假、社会保险等方面发生的争议。这两种情形的一裁终局发生法律效力,必须满足劳动者不依第四十八条的规定提起诉讼并且用人单位不依第四十九条的规定向中级人民法院申请撤销裁决这个前提条件。

由此可见,我国《劳动争议调解仲裁法》的上述规定将一裁终局的劳动争议案件限定在一个十分有限的范围内,并不能满足当事人快速解决劳动争议的需求。以劳动者工伤纠纷案为例,劳动者已经进行了工伤认定的前置行政程序,进行了劳动能力鉴定,最终又经历一裁二审程序,较一般的民事纠纷,付出了更加艰辛的代价,不利于维权。诸如此类工伤纠纷案件,法律应当对理赔的标准等在实体上作出更加细化的规定,便于操作;同时在程序上予以简化,实行一裁终局。有必要对一裁终局的劳动争议范围进行考量,扩大其范围;同时为体现对当事人的对等保护,劳动者与用人单位均不得提起诉讼,实行真正的一裁终局。①

其二,完善劳动仲裁与诉讼的衔接机制。一直以来,劳动争议仲裁和诉讼衔接不畅的问题作为劳动争议处理制度的一个重大问题长期存在,但《劳动争议调解仲裁法》对于这一问题仍然没有解决。② 该法基本没有涉及劳动争议诉讼,只是在第五十条规定,当事人对一裁终局以外的劳动争议仲裁裁决不服的,可以自收到仲裁裁决书之日起十五日内向人民法院提起诉讼。这样的规定意味着当事人向人民法院起诉要重新组织证据、应诉要重新准备应诉材料。劳动争议仲裁机构认定的证据、认可的事实、确认的赔偿标准,在法院的审理过程中均要重新查明。"在这种机制中,裁是裁、审为审,互不相干,劳动仲裁不能为诉讼服务,人民法院缺乏对劳动仲裁应有的监督,增加了诉讼时间和成本。"③

因此,必须建构起劳动仲裁与诉讼互相作用的衔接机制,这就要求简化法律程序,减轻当事人的压力,保持劳动仲裁的独立性和应有作用的发挥,强化法院对劳动仲裁的监督;在操作上,劳动仲裁机构向人民法院移送相应的案卷,劳动仲裁机构认定的事实,没有相反证据的,人民法院予以认定,简化审理程序,以利于人民法院及时作出判决,最大限度地维护当事人的权益。④

五、劳动争议诉讼法律机制的改进

从比较法和法理上分析,与一般民事案件相比,劳动纠纷审理程序有以下几个特点:

第一,诉讼程序更为简化。可以不严格遵循《民事诉讼法》中第一次开庭的口头审理和书面预审、文书交换等程序规定。此外,初审案件审理前,通常不要求被告作书面答辩。案件由合议庭审理,但调解程序由职业法官

---

① 谢增毅.我国劳动争议处理的理念、制度与挑战[J].法学研究,2008(5):97-108.

② 张网成.从改革建议看我国现行劳动争议处理制度之不足[J].中国劳动关系学院学报,2008(2):53-57.

③ 李冰梅,林维丽.完善我国劳动争议处理机制的法律思考[J].行政与法,2009(2):56-58.

④ 洪冬英.劳动争议调解仲裁法评析[J].学海,2008(6):128-136.

一个人主持即可。

第二,强调发挥调解作用。把调解强制作为初审的前置程序,如经过调解,当事人双方能够达成调解协议、原告撤回起诉或被告自认原告诉讼请求的,调解程序即告结束,否则即进入审理程序。

第三,注重案件的社会因素。法院在审理劳动纠纷案件时,需要结合个案审查解雇行为是否"从社会因素看是公正的",即必须审查案件判决对当事人的实际影响。社会因素包括当事人的工龄、年龄、家庭情况、性别等。比如,"德国学者的研究表明,较之其他法院,劳动法院在审理案件时更注重案件的社会效果"①。

设立单一机构处理劳动争议案件,是由劳动争议本身特点所决定的。在单一劳动仲裁机构和单一劳动法院两种选择上,劳动法院审理应优于劳动仲裁。它除了具备现行劳动仲裁简单、快捷的优点,又有其自身的优势:(1)司法机关和行政部门分离,有助于实现劳动司法的独立;(2)增强劳动争议案件处理的权威性,便于案件结果的尽快执行以及审理过程中的先予执行。

我国没有独立的劳动诉讼程序,劳动争议案件都由法院内部的民事法庭按照民事争议的程序处理,即我国劳动司法机构属于"兼审非独立型"。就我国实际情况而言,短时间内单一劳动法院模式的建立存在相当大的困难。首先,它是对我国传统的司法模式提出的挑战,如要被公众和官方接受还需要劳动法制观念的更新;其次,建立劳动法院要求大量的立法活动,如修改现有的《人民法院组织法》,制订《劳动法院法》,修改《劳动法》等;再次,即使将现有的劳动仲裁机构改造为劳动法院,也是一个极为复杂的过程,它需要许多细致的工作和充分的准备,这些工作短期内是无法完成的。所以,这种模式只可能是一个远期目标,不是现阶段的选择。

由于司法程序和司法机构的改革在现行劳动争议处理体制改革中尤为急迫,而建立独立劳动法院近期内又无法实现,所以,只能在现有的司法框架内进行改革。建议在法院内部设立劳动法庭,作为专门行使劳动争议审判权的特别审判机构。目前我国劳动争议案件适用普通的民事诉讼程序,由普通法院组织体系下的民事审判庭来完成,其裁判人员的组成与普通民事案件并无区别。依照我国《民事诉讼法》的规定,人民法院审理民事案件,由审判员、陪审员共同组成合议庭或者由审判员组成合议庭。在裁判人员

---

① 高越强.德国的劳动纠纷解决机制[N].人民法院报,2011-09-23(08).

的构成中，并没有体现出"三方性"。

在劳动诉讼中强调审判人员的组成具有"三方协调性"和"智识专业性"，充分体现出劳动纠纷处理对公正性的要求。[①] 解决争议的审判人员具备了劳动关系方面的专业知识，会使纠纷的解决在体现公正性的同时，也满足效率性的要求。目前我国的劳动诉讼由于缺乏独立性，导致"三方性"和"专业性"在劳动诉讼的审判人员构成中均无体现，从而无法充分满足劳动纠纷处理对公正性的要求。所以劳动法庭的审判组织应遵循劳动争议处理的"三方原则"，即由职业法官、工会方代表、用人单位或组织方代表委派的法官组成。[②] "三方性"原则在劳动诉讼中的应用，可以使审判人员及其所作出的审理结果获得争议双方当事人的信任，有利于缓解矛盾，便于沟通，满足了构建和谐劳动关系的基本要求。

①　冯彦君,董文军.中国应确立相对独立的劳动诉讼制度——以实现劳动司法的公正和效率为目标[J].吉林大学社会科学学报,2007(5):104-111.

②　侯玲玲.中瑞劳动争议处理体制比较研究[J].西南民族大学学报(人文社科版),2006(3):217-220.

第五章 集体劳动关系:和谐劳动 关系不可省缺之维

第一节 集体劳动关系法治化

一、集体劳动关系法治化的必要性

作为劳动关系主要存在形态的个别劳动关系,具有财产关系和平等关系的属性,这决定了这种关系的双方当事人,即劳动者和用人单位须以物质利益为动因进行协商。但由于劳动关系具有隶属关系的属性,劳动者处于相对弱势的地位,又使这种协商难以平等进行,并且如果放任这种失衡关系可能会导致极其严重的后果。集体劳动关系的出现有助于克服个别劳动关系的内在不平衡,劳动者个人意志通过劳动者团体表现出来,由劳动者团体代表劳动者与劳动力使用者交涉劳动过程中的事宜,可以提高劳动者一方的交涉能力。

集体劳动关系相对个别劳动关系而言,是指在实现劳动过程中,劳动者组成工会与用人单位之间发生的涉及劳动者整体情况的社会关系。集体劳动关系是在个别劳动关系存在和发展的基础上形成的,是劳动者通过行使团结权,组成工会来实现自我保护,进而平衡和协调劳动关系。在集体劳动关系中,劳动力已组合起来,作为一个集体而存在,这是个体劳动力的一种集合形式。集体劳动关系的一方是工会组织,另一方为雇主或雇主组织,是团体对团体的关系。双方主要通过集体谈判和集体协议的形式来体现其构

成和运行,实现劳动者的自我保护,进而平衡和协调劳动关系。集体劳动关系法治化的必要性集中表现在以下几个方面:

首先,集体劳动关系需要法治化提供确定性。劳动者与用人单位之间存在着实质性不对等,如果没有法律加以明确规范,用人单位往往成为双方规则的制定者,使劳动者处于不利地位。集体劳动关系的法治化一项重要的任务是通过解决不确定性问题,来避免这种情况的发生。比如,《浙江省集体合同条例》第十一条规定:"被派遣劳动者有权推举代表与劳务派遣单位进行集体协商。使用被派遣劳动者较多的用工单位,应当有被派遣劳动者代表参加集体协商会议,听取其意见建议,保障被派遣劳动者合法权益。"再比如,《劳动合同法》第五十五条规定:"集体合同中劳动报酬和劳动条件等标准不得低于当地人民政府规定的最低标准;用人单位与劳动者订立的劳动合同中劳动报酬和劳动条件等标准不得低于集体合同规定的标准。"这些规定就划定了集体合同和劳动合同中劳动报酬和劳动条件等标准的下限,减少了劳资双方博弈时的不确定性。

其次,集体劳动关系的法治化有助于明确各种主体的权利义务,避免角色错位。集体劳动关系虽然大多情况下体现为劳动者集体与资方的关系,但一如前述,集体劳动关系中还暗藏着劳动者个人与雇主、劳动者与劳动者集体、劳动者与劳动者之间等复杂的博弈关系和利益冲突。而且,劳动者和集体的代表都具有多重身份,行事时必然会有不同的利益诉求,难免发生道德风险。因此,通过法律规范他们之间的关系,有利于防止冲突升级。① 比如,《浙江省集体合同条例》第十四条就规定:"用人单位应当保证协商代表履行职责必要的工作时间。协商代表履行职责占用工作时间的,其工资和其他待遇不受影响。劳动者一方协商代表在担任协商代表期间劳动合同期满的,劳动合同期限自动延长至完成履行协商代表职责之时。除出现下列情形之一的,用人单位不得与其解除劳动合同:(一)严重违反用人单位依法制定的规章制度的;(二)严重失职、营私舞弊,对用人单位利益造成重大损害的;(三)同时与其他用人单位建立劳动关系,对完成本单位的工作任务造成严重影响,或者经用人单位提出,拒不改正的;(四)被依法追究刑事责任的。劳动者一方协商代表在履行协商代表职责期间,未经本人同意,用人单位不得调整其工作岗位。"

---

① 刘振坤.集体劳动关系的法律调整[EB/OL].2013-05-06[2014-06-09].http://www.cslnet.cn/show_tit.aspx? id=831.

再次,法律调整集体劳动关系,还可以增加个别劳动关系的确定性和可预期性。比如,我国《劳动合同法》第十一条规定:"用人单位未在用工的同时订立书面劳动合同,与劳动者约定的劳动报酬不明确的,新招用的劳动者的劳动报酬按照集体合同规定的标准执行;没有集体合同或者集体合同未规定的,实行同工同酬。"法律的明确规定,使劳动者个人在与资方谈判时有了明确的参照,也使新员工至少可以获得该行业、该企业的最低标准的报酬。

最后,通过法律调整集体劳动关系,可以使谈判协商和争议解决规范化和程序化,避免双方行动的任意性和外界的随意干预。以集体行动处理劳动纠纷主要有两种形态:"其一是常态行动——集体协商与参与共决机制。集体协商机制即由工会代表劳动者与雇主或雇主联合会谈判达成协议的机制,集体协商协议对双方当事人及其成员都具有效力;参与共决机制是劳动者通过职工委员会了解、参与企业各类涉及员工的政策制定过程,从而保障自身权益,有效防止事后可能出现的劳资对立。其二是非常态行动——罢工。劳资双方矛盾激化到一定程度,工会、雇员可通过罢工表达诉求,而雇主方可以采取停止支付薪金或关闭企业作为回应手段。"①

集体劳动关系的法治化可以引导争议双方通过常态行动,避免通过非常态行动来解决纠纷,从而维护劳动关系的和谐。以集体合同的订立为例,根据我国《劳动法》和《劳动合同法》中相关内容的规定,集体合同需要劳动者和用人单位之间协商一致,并将集体合同草案提交职工代表大会或全体职工讨论通过,然后报送劳动行政部门,只有当劳动行政部门在收到文本后十五日内未提出异议时,集体合同才生效。这种制度设计,使得集体合同符合劳资双方合意,同时又经过全体职工和劳动行政部门的确认,其订立更加规范,更能体现劳资双方的意愿并符合国家法律的规定。② 另外,对于集体合同争议,我国《劳动法》区分了签订阶段与履行阶段,并设计了不同的解决程序,更有利于争议的化解。

随着我国市场经济的发展,对劳动关系的法律规制日渐成熟,对集体劳动关系的法律调整也日益完善。我国调整集体劳动关系的立法主要有以下规范:我国《劳动法》第八十九条规定,"用人单位制定的劳动规章制度违反

---

① 高越强. 德国的劳动纠纷解决机制[N]. 人民法院报,2011-09-23(8).

② 刘振坤. 集体劳动关系的法律调整[EB/OL]. 2013-05-06[2014-06-09]. http://www.cslnet.cn/show_tit.aspx? id=831.

法律、法规规定的，由劳动行政部门给予警告，责令改正；对劳动者造成损害的，应当承担赔偿责任"。另外，在我国工会开展活动要遵守《工会法》的规定。而集体协商机制也随着《劳动法》《工会法》《劳动合同法》《集体合同规定》等法律和规章的制定而日益规范化。① 但是，由于我国特殊的国情和特定的历史发展阶段，对集体劳动关系的法律调整中还存在诸多不尽如人意之处，不论是立法、执法还是司法过程中，均存在诸多特殊问题。对这些问题的深入探讨，将有利于进一步完善我国集体劳动关系的法律规制。

二、我国集体劳动权法治化的不足

正是由于前述劳动者个人在与雇主博弈过程中的弱势地位，世界各国普遍开始重视集体劳动权的保护。在集体劳动关系中，劳动者的权利集中表现为团结权。团结权为劳动者维持生存所必要，是宪法和劳动法确认的劳动者的基本权利，具有人权的性质。因为劳动者个人在劳动力市场上处于绝对的弱势地位，显然无法在平等的基础上与用人单位开展谈判。因此，劳动者必须团结起来，依靠集体的力量，才能维护自身的利益。团结权有广义和狭义之分。狭义的团结权是指劳动者组织和参加工会并保证工会自主运行的权利。广义的团结权则是指劳动者运用组织的力量对抗雇主以维护自身利益的权利，其具体内容主要包括三个方面：团结权（狭义）、团体交涉权和罢工权。这三项权利被国外劳动法学界普遍称为"劳动三权"。②

结合构建社会主义和谐社会的要求，对照国际劳工标准的相关规定，本书认为，我国现行集体劳动权立法中，影响创建和谐劳动关系的因素集中体现在以下几个方面。

其一，集体谈判权保障不力。"集体谈判就是指工会或职工代表与企业或企业团体就劳动问题进行交涉的一种方式。"③为保护工人免受反工会行为歧视，保护工人组织与雇主组织互不干涉，促进劳资双方自愿协商，国际劳工标准规定了集体谈判权。1949 年《组织权与集体谈判权公约》规定："对于雇主或雇主组织同工人组织之间进行自愿谈判的机制，政府应当采取适合本国国情的措施鼓励，并促进其充分地发展与运用，以使双方通过签订集

---

① 刘振坤. 集体劳动关系的法律调整［EB/OL］. 2013-05-06［2014-06-09］. http://www.cslnet.cn/show_tit.aspx? id＝831.

② 常凯. 论不当劳动行为立法［J］. 中国社会科学，2000(5)：71-82.

③ 强磊，李娥珍. 当前中国的劳动合同：集体谈判与集体合同［M］. 北京：中国物价出版社，1994：22.

体协议来规定工人的就业条件。"其努力的目标是使所有经济活动部门中的所有雇主同所有的工人群体之间都有可能进行集体谈判。

在我国劳动法律中,集体谈判主要表现为签订集体劳动合同。我国《劳动法》第三十三条规定:"企业职工一方与企业可以就劳动报酬、工作时间、休息休假、劳动安全卫生、保险福利等事项,签订劳动合同。""集体合同由工会代表职工与企业签订;没有建立工会的企业,由职工推举的代表与企业签订。"《劳动合同法》第五十一条规定:"企业职工一方与用人单位通过平等协商,可以就劳动报酬、工作时间、休息休假、劳动安全卫生、保险福利等事项订立集体合同。集体合同草案应当提交职工代表大会或者由全体职工讨论通过。集体合同由工会代表企业职工一方与用人单位订立;尚未建立工会的用人单位,由上级工会指导劳动者推举的代表与用人单位订立。"第五十二条规定:"企业职工一方与用人单位可以订立劳动安全卫生、女职工权益保护、工资调整机制等专项集体合同。"《工会法》第二十条也规定:"工会代表职工与企业以及实行企业化管理的事业单位进行平等协商,签订集体合同。"

从上述规定中我们可以看出,劳动者集体谈判权主要是通过工会或职工代表与用人单位之间开展,而《工会法》与《劳动合同法》未规定工会"必须"代表职工与企业签订集体合同,对工会没有或不愿代表的情况,法律没有规定。同时《劳动法》也只是规定企业职工与企业"可以"通过谈判签订集体合同,但如果企业不愿意与职工谈判,那么职工该怎么办、可以怎么办,法律也没有规定。另外,我国现行法规并没有规定罢工权,我国 1982 年《宪法》取消了 1978 年《宪法》中的"罢工自由"。① 从这个立法行为中,我们可以推断我国劳动者并不享有罢工自由。同时我国《劳动法》只规定了企业职工可以通过集体谈判与企业签订集体合同,但对企业之外的其他劳动者的集体谈判权如何保证则没有规定。

我国现行劳动法规中关于集体谈判权的规定有如下几个缺陷:一是范围太窄,只限于企业职工;二是力度太弱,连续几个"可以"使得对集体谈判权的规范只是停留在纸上,可有可无;三是对集体谈判权无任何保障措施,既无对违反该项规定的用人单位的处罚措施,又不允许劳动者通过罢工来自保。法学基本理论告诉我们无保障则无权利,或只能是纸面上的权利。

---

　　① 周长征.外商投资企业适用《劳动法》若干难点问题探讨[J].南京大学法律评论,2002(2):106-114.

对比国际劳工标准,我国现行劳动立法对集体谈判权的保障还有许多工作尚待完善。

其二,未充分体现结社自由权。结社自由权是国际劳工标准的基础,与强大的资方相比,单个或少数劳动者的能力非常有限,难以与资方相对抗,他们只有联合起来才可能维护自己的权益,因此结社权是劳工标准中最为基础性的内容。国际劳工组织一直特别强调对工人结社自由权的保护,1948年通过的《结社自由和组织权利保护公约》第二条规定:"凡工人和雇主,均应没有任何区别地有权建立他们自己选择的组织,以及仅依有关组织的章程加入他们自己选择的组织,而无须事先得到批准。"从这一表述中可以看出,工人的结社自由权包括两个内容:第一是工人有建立和选择组织的自由,第二是这种建立和选择行为无须得到任何人、任何组织的批准。

结社自由权是我国公民的一项宪法权利,《宪法》第三十五条规定:"中华人民共和国公民有言论、出版、集会、结社、游行、示威的自由。"劳动者的结社自由主要表现为参加和组织工会。我国《工会法》第三条规定:"在中国境内的企业、事业单位、机关中以工资收入为主要生活来源的体力劳动者和脑力劳动者,不分民族、种族、性别、职业、宗教信仰、教育程度,都有依法参加和组织工会的权利。""我国的工会制度与劳工标准中的结社自由权并不是完全一致,因为工会在我国是唯一合法的、联合广大职工并代表国家利益的群众组织,在全国范围内具有统一的组织体系。"①即我国的工会实行民主集中制,中华全国总工会领导各地方总工会和各产业工会全国组织;各级地方总工会、产业工会和基层工会,均按行政区域和行业体系,实行上级领导下级的管理制度。《工会法》第十一条规定:"基层工会、地方各级总工会、全国或者地方产业工会组织的建立,必须报上一级工会批准。"工会并不实行自由设立原则,所以在我国,结社自由并未得到充分体现。

其三,罢工权的缺乏。罢工权是指劳动者为了改善劳动条件或获得其他经济利益而集体中止劳动的权利,很多国家将罢工权作为一种基本权利写入宪法。其实,罢工权是由劳动者集体即工会来组织行使的集体劳动争议权,其目的是保障集体谈判得以实现。当然,罢工必然会对正常的经营与管理造成一定影响,导致资方利益受损,所以罢工权的行使必须有相应的法律进行规制,包括罢工权行使的条件、组织方式、活动形式等,在有效保障罢

---

① 郭捷,等.劳动法学[M].北京:中国政法大学出版社,1997:89.

工权行使的同时防止权利的滥用。①　国际劳工组织对纯粹的经济和社会性罢工持肯定态度。

在工会制度完善的条件下,罢工一般是由团体谈判失败引起的。因此,禁止有关承认(团体谈判)纠纷的罢工不符合结社自由的原则。禁止与团体劳动合同是否对多个雇主有约束力的问题相关的罢工的条款与结社自由关于罢工权利的原则相抵触。工人及其组织应当能够要求采取支持多方雇主合同的产业行动。但是,"罢工权不应仅仅被限制在可以通过签订团体协议来解决的劳资纠纷的范围内;如有必要,工人及其组织应能够在更为广泛的范围内表达对有关影响他们会员利益的经济和社会问题的不满"。国际劳工组织理事会结社自由委员会关于罢工权利的判例法可能不完全适合我国国情,但它可以为我国的罢工立法提供一个有益的借鉴。②

从法律规定上看,中国宪法经历了罢工权的无、有、无的过程:1954 年《宪法》没有罢工权的规定,1975 年《宪法》的第二十八条和 1978 年《宪法》的第四十五条都有关于罢工权的规定,1979 年和 1980 年分别对《宪法》进行了两次修改,罢工权仍然保留,直到 1982 年的现行宪法,"罢工自由"才从宪法明文规定中消失。没有法律具体界定罢工权的内涵和行使方式,使得该权利的行使受到诸多非法律因素的限制,并且没有法律救济的直接途径。实践中,有的企业还以罢工违法为由解除与劳动者的合同。在司法实践中,罢工权在我国的行使很少被法律真正保护。

三、我国集体劳动权立法的完善

结合国际劳动标准相关规定,我国集体劳动权立法应从以下几个方面加以完善。

首先,认真落实集体谈判权。目前我国处于就业高峰期,劳动者在就业中处于相对不利的地位,压低、随意拖欠工人工资的事件时有发生。每年年末农民工为讨要工资上访甚至跳楼的事件屡见报端,即可佐证一些劳动者生存之艰难。在这种情况下,保障劳动者集体斗争的权利,特别是集体谈判权则显得尤为必要。具体的做法是将《劳动法》及《劳动合同法》中企业职工"可以"与企业签订集体劳动合同改为企业"应当"与职工签订集体劳动合

---

①　王柏民,谷斐斐.论我国劳动者集体劳动权的特点及其实现路径[J].温州大学学报,2011(6):51-56.

②　郭曰君.国际劳工组织视野下的罢工权的法律保护[G]//许崇德,韩大元.中国宪法年刊(2008 年卷).北京:法律出版社,2009:183.

同;将《工会法》中的工会"可以"代表职工与企业、实行企业化管理的事业单位签订集体合同,改为工会"有权"代表职工与企业、实行企业化管理的事业单位签订集体合同。另外,还要加强对集体谈判权的程序性的规定。好在主管部门已注意到了这一问题,并发布了《工资集体协商试行办法》,其中对工资集体协商问题作出了一些程序性的规定。但由于该《办法》仅仅是一个行政规章,其效力受到一定限制,所以应该在更高位阶的法律法规中对这类问题加以规定。

其次,切实保障劳动者的结社自由权。长期以来中华全国总工会及其各级分支机构被认为是我国唯一合法的工人团体,并且下级工会的组建要经过上级工会的批准。这一认识形成的前提是:在我国工人阶级是国家的主人,每个劳动者都是主人翁,都是为国家(包括全民和集体)工作,他们与用人单位之间的利益一致,因此不可能有什么矛盾冲突。但从实际情况来看,这一前提并不完全正确,劳动者与用人单位的矛盾大量存在并且有时还很激烈。退一步来看,随着市场经济的发展,我国出现了一大批外商投资企业、私营企业等其他生产组织形式,这时如果再固守劳动者"主人翁"、劳动者应该无限度奉献的旧观点显然是不合时宜的。另外,从具体操作上看,现在劳动者只要愿意组织工会并报经上级工会组织,几乎都能得到批准,所以批准之规定并无实质的作用,但这一规定却又与国际劳工标准中结社自由权的要求不相符。既然如此,最为明智的做法就是将对组织工会的批准改为登记,这样既无损于实际工作,又符合国际劳工标准的要求,两全其美,何乐而不为呢?

最后,明确认可、完善罢工权。罢工权的立法,因涉及对人权状况的评价,又与社会稳定紧密相关,一直是劳动法学及整个社会法学研究的敏感问题。从法理上来说,我国工人是享有罢工权的。2001年全国人大常委会批准加入的联合国《经济、社会及文化权利国际公约》第八条第一款(丁)项规定:"本公约各国承担保证有权罢工,应该按照各个国家的法律行使此项权利。"我国在加入时并未对此作出保留性声明,因此理论上罢工权在法源上已经存在。2001年《工会法》对停工、怠工条款进行了修改,规定企业、事业单位发生停工、怠工事件时,工会应当代表职工同企业、事业单位或者有关方面协商,反映职工的意见和要求,提出解决问题的建议。对职工的合理要求,企业、事业单位应当予以解决,工会协助企业、事业单位做好工作,尽快恢复生产、工作秩序。这里讲的停工、怠工事件其实质就是罢工或变相罢工,这种情况是普遍存在的,无须也无法回避。① 另有学者指出,关于公民权利的推定,应当遵守"法无禁止即自由"的逻辑,宪法没有禁止之处,就是人民享有自由之处。鉴于我国宪法没有禁止罢工行为,由此可以推论中国公民可能有罢工权,只是宪法没有明文规定而已。②

市场经济发展的历史已经证明,罢工并未摧毁市场经济的发展,并未造成劳动者权益的日趋萎缩恶化,也并未使社会陷入长时间的动荡不安。"从工人运动和市场经济发展过程看,罢工既是维护劳动者合法权利的一种重要手段,也是协调平衡劳资利益,缓解劳资矛盾,矫正劳动力市场劳资不对称不对等关系,维护和促进市场经济发展的一种有效机制。"③

历史经验表明,若想对劳动关系进行集体规制,便不能不规定罢工权。罢工是劳动者维护自身劳动权,对抗雇主方的最有效的途径。当然罢工有多种形态,将其限定在合法性之内一般不会有什么大的危害,其要件有:一是主体限定,罢工须由工会组织,经工会会员大会以无记名投票,全体过半数之同意,始可为之;二是目的限定,罢工须出于正当目的,仅限于经济目的,增进劳动者劳动权益(包括劳动条件和雇佣条件)之提高,禁止政治性、宗教性或其他非经济目的之任何罢工;三是须穷尽最后手段,非经调解或者仲裁程序后集体协商不得罢工;四是争议手段限定,须以正当非暴力之手段行之,受制于所谓"禁止过分原则""公平进行对抗原则"及"公共利益拘束原则",不得采取破坏财产和侵害人身权利的行为,违者承担相应法律责任。④

比如,为避免或减少罢工影响,妥善解决劳资纠纷,德国以立法或最高法院判决的形式,对罢工行为进行规范和限制。其主要内容包括:规定罢工限制和雇主的对抗机制。罢工限制主要有:(1)组织过程应合法。罢工必须由工会组织,且必须经工会内部民主程序决定。(2)目的应合法。罢工以换取劳动条件改善为目的,不得带有政治目的。(3)行为应当克制。在集体协商协议有效的情况下,不得以参加罢工的方式寻求合同条款的修改。劳资双方的谈判尚未破裂或在集体协商协议有效的情况下,不得组织罢工。(4)行为应适度。罢工者不能够占领建筑物,不能够要求顾客抵制雇主产品,不

① 艾琳.实现和谐集体劳动关系的政府路径选择[J].深圳大学学报(人文社会科学版),2014(1):114-118.
② 周永坤."集体返航"呼唤罢工法[J].法学,2008(5):3-11.
③ 延伊伦.论工会在劳动关系中的边缘化[J].生产力研究,2011(10):116-118.
④ 黄越钦.劳动法新论[M].北京:中国政法大学出版社,2003:319.

能够阻止其他愿意继续工作的员工返回工作单位等。雇主的对抗机制是:在合法罢工的前提下,雇主不能够禁止雇员参加罢工,但如罢工不合法,雇主有权向法院申请初步禁令,阻止员工罢工。此外雇主还可以采取关闭企业等措施进行对抗。企业关闭期间,劳资双方可暂时不履行各自合同义务,但关闭总时间不得超过罢工的总时间。雇主协会、工会、职工委员会等集体力量的理性介入,能有效沟通对立双方的诉求,防止非理性群体性事件出现。工会和职工委员会既是劳动者权益的保障者,也是劳工关系的稳定器和群体性劳动纠纷预防器。①

"置罢工权于法律保障框架下行使,让劳资双方进行自由对抗,增加对劳资纠纷后果的判断预期,这样既能有效规制劳资关系又不会影响全社会的安定团结。"②罢工权的立法,不是鼓励罢工,而是规范罢工,把集体行动法制化、规范化、常态化,才能节省政府行政成本、减轻政府治理压力,通过完善制度来构建和谐的劳动关系和社会秩序。

第二节　集体劳动关系中的政府和工会

一、政府:劳动法律关系的特殊主体

在市场经济条件下的劳动法律关系中,政府具有何种地位和作用,这不仅是劳动法学的一个重要理论问题,更直接涉及政府在劳动关系法律调整中的定位。我国正处在市场经济发展过程中,了解和探讨这一问题,不仅具有学术意义,而且具有实践意义。

所谓劳动法律关系,是指法律所规范的与劳动关系直接相关的各方主体的权利义务关系。对于政府是否具有劳动法律关系中的主体地位,我国学界的一种意见认为,"劳动法律关系主体是由劳动者和法人(或用人单位)双方构成,不包括政府";③另一种意见认为政府作为劳动行政主体是劳动法律关系的主体构成。④ 关于政府究竟是否属于劳动法律关系的主体的问题,分歧产生的原因主要是对劳动关系的不同界定。劳动者与雇主之间的劳动

---

① 高越强.德国的劳动纠纷解决机制[N].人民法院报,2011-09-23(8).
② 孙国平.中国劳动权保护的现状与未来[J].河北法学,2010(8):105-115.
③ 关怀.劳动法学[M].北京:群众出版社,1983:109.
④ 史探径.劳动法[M].北京:经济科学出版社,1990:74-75.

关系,只是狭义的劳动关系;而劳动法所调整和规范的劳动关系,还包括企业层面的集体劳动关系,即劳动者所组成的工会与雇主的关系,以及产业层面和社会层面的劳动关系,即工会组织与雇主组织以及政府之间的三方关系。劳动法所调整的劳动关系是一个广义上的劳动关系,政府是这一法律所调整的集体劳动关系中的直接构成主体。

我国台湾学者黄越钦在考察了世界各国处理劳资关系实际情形的基础上,将劳动关系的调整模式分为斗争模式、多元放任模式、协约自治模式和国家统合模式四种。根据黄越钦先生的模式归类法,我国劳动关系的模式可以归入国家统合模式。国家统合模式,是指企业与劳工组织在一个社会结构中所扮演的角色由国家予以决定,在"量"的方面,对企业的功能与活动范围加以界定与限制,在"质"的方面,通过立法予以命令或禁止。[①]

政府在劳动法律关系中实际上是国家的代表,劳动法作为社会法,其目的是以国家强制力来保障劳动者权利,以协调实现劳资自治,或者说,是通过公权力的实施来保障劳动者的私权利,以达到劳资关系的平衡。因此,国家或作为国家代表的政府即成为劳动法律关系中的不可或缺的主体。所谓"政府是劳动法律关系的主体"是一种简略的说法,准确的表述应该是"政府劳动行政部门及与劳动关系相关的政府部门是劳动法律关系的主体"。

政府作为劳动法律关系的主体,是一种特殊主体。这种特殊性主要表现之一,便是政府与劳动者和雇主分别形成特定的法律关系。政府与劳动者所形成的劳动法律关系,并不是一种简单的劳动行政关系,而是政府与特定的公民的关系。在这一法律关系中,国家通过政府的劳动行政部门来履行国家在劳动法律关系中的义务,即保护劳动者的义务。在个别劳动关系中,主要是履行作为义务,具体为规定劳动标准、实行劳动监察、处置劳动争议,以保证劳动者个人权利的实现;在集体劳动关系中,既有不作为义务,即国家不得干涉劳动者集体行使团结权,但同时也负有作为义务,即国家必须采取相应的措施以保障劳动者集体团结权的实现。

如果说,政府在和劳动者的法律关系中是义务主体,那么,在和雇主的法律关系中,政府则是权力主体。在这一关系中,政府行使的是劳动行政管理权,这一权力的直接目的是规范雇主行为,以排除对劳动者的侵害。政府作为权力主体,一是利用劳工标准立法来规定雇主在个别劳动关系中的义务,同时限制雇主财产权的滥用,特别是解雇权的滥用;二是通过劳动行政

---

① 黄越钦.劳动法新论[M].北京:中国政法大学出版社,2003:74.

来对雇主遵守劳动法的情况实施劳动监察;三是通过建立和实施不当劳动
行为禁止制度,对雇主侵害劳动者团结权的行为,给予权利人以行政救济和
司法救济。以国家强力来保障劳工标准的实施,是劳动法中政府和雇主关
系的最主要内容。政府和企业雇主的法律关系,实际上具有公法关系的性
质和特征。

关于政府参与劳动关系调整的角色定位,常凯教授将其界定为"规制
者""监督者""损害控制者""调解与仲裁者"[①];程延园教授在结合我国劳动
关系实际的基础上提出了著名的"5P"角色观——劳动者基本权利的保护者
(Protector)或管制者、集体谈判与雇员参与的促进者(Promoter)、劳动争议
的调停者(Peace-maker)或仲裁者、就业保障与人力资源的规划者(Plan-
ner)、公共部门的雇佣者(Public sector employer);[②]李炳安教授认为政府应
扮演好"劳工政策的制定者""劳工权利的保护者""劳工就业的促进者""劳
工法制的践行者""劳动安全的守护神""人力资源的开发管理者""劳动基准
实施的监督者""劳动争议的调停者""劳资和谐的倡导者"。[③] 郑功成教授认
为,政府在确保劳动及与劳动相关法制贯彻落实的同时,还要利用公共权力
与公共资源来引导劳动关系向平等、合作、互利、和谐的方向发展。[④] 政府对
劳动关系的干预存在不到位或不作为的现象,丁胜如先生将其总结为四个
方面:政府转型后的失控、政府与资本的合谋、劳动监察不到位、劳动争议处
理滞后。[⑤]

在市场经济条件下,政府作为劳动法律关系的构成主体,已经不是计划
经济下作为企业劳动关系的主体,而是宏观的社会劳动关系的主体。比如
在市场经济条件下,政府从企业经营管理事务中退出,并不意味着政府不能
干预劳动关系或者在劳动关系中无所作为,而是应该实现从依靠行政手段
处理劳资矛盾向依靠法律、经济手段规范劳资双方行为的转变,成为一个积
极作为的和谐劳动关系的推动、协调者,积极承担起纠正市场偏差、维护社
会公正的职能。"当劳动者力量和资本所有者力量失去平衡时,政府必须采

---

① 常凯.劳动关系学[M].北京:中国劳动社会保障出版社,2005:219.

② 程延园.劳动关系学[M].北京:中国劳动社会保障出版社,2005:68.

③ 李炳安,向淑青.转型时期政府在劳资关系中的角色[J].中国党政干部论坛,2007
(6):9-11.

④ 郑功成.法治的劳动关系新理念亟待确立[N].光明日报,2014-08-07(11).

⑤ 丁胜如.浅谈政府在劳动关系中的作用[N].工人日报,2006-03-29(6).

取必要的措施和政策扶助弱势一方，积极协调劳资矛盾，推动劳动关系和谐发展，才能发挥应有的作用。"①劳动法律关系中政府主体的具体当事人，主要是政府中主管或兼管劳动事务的有关行政部门及机构。

在宏观即社会劳动关系方面，政府劳动部门对劳动关系的介入，主要表现为法律规范的间接监控与监察和仲裁的直接矫正相结合。这种宏观调控的方法，一是通过劳动行政和劳动监察，直接运用行政手段来调整劳动关系。二是通过政府、工会和雇主"三方协商"机制来调整劳动关系，三方协商的内容主要包括：有关劳动法律法规的草案制定；有关涉及劳动者或雇主利益的社会政策，诸如社会保障、社会分配以及劳动力市场管理等政策的制定；有关劳动标准诸如法定劳动时间和最低工资标准以及安全与卫生标准的制定等。

在微观即企业和产业劳动关系方面，政府劳动部门对劳动关系的介入主要表现在两个方面：一是通过劳动行政部门对劳动合同和集体合同的制定和履行予以指导和管理，并通过劳动监察部门对违反国家劳动标准的行为予以监督查处；二是对劳动合同或集体合同签订或履行中发生的劳动争议，通过劳动争议仲裁委员会予以处理。概括而言，在宏观方面政府劳动行政部门的主要作用是政策调控，在微观方面政府劳动行政部门的主要作用是监察和调解。而这种调控和监察调解的直接目的，是通过公权介入的国家干预来保障劳动者权利的实现，以促进劳动关系的平衡和稳定。②

二、集体劳动关系中的工会

在一般意义上，工会是劳动者以维持和改善劳动条件为目的而组织的团体，是劳动者的集合体。在劳动关系领域，用人单位拥有明显的组织、经济优势，作为个体意义上的劳动者，其地位显然不能与之匹配，加之劳动者面临着就业竞争的压力，这进一步强化了劳动者与用人单位事实上的不平等。为弥补单个劳动者因势单力薄不足以与用人单位抗衡的缺陷，劳动者通过行使团结权组成工会，从而通过集体谈判取得与雇主平等的地位。工会的合法地位为国际法所保障，比如，1948年联合国《世界人权宣言》中规定："人人有维护其利益而组织和参加工会的权利。"再如，1966年联合国的《经济、社会和文化权利国际公约》也规定缔约国承担保证人人有权组织工

① 杨静.完善我国工资集体协商制度 推动劳动关系和谐发展[J].河北经贸大学学报，2014(6)：73-79.

② 洪芳.我国劳动关系调整模式转型[J].人民论坛，2014(5)：78-80.

会和参加其所选择的工会,以促进和保护其经济和社会利益的责任。在我国,《工会法》明确规定了工会的性质及职责:工会是"职工自愿结合的工人阶级的群众组织","维护职工合法权益是工会的基本职责"。①

在我国计划经济时期,工会和企业联合会都被整合进党政机构,成为党联系群众和企业的桥梁和纽带,与其说工会和企业联合会是独立的社会组织,不如说其具有准政府组织的特点。因涉及党对国家的领导方式和复杂的人事制度改革,目前,我国工会的组建和企业组织的建立并未随着市场经济的发展而发生根本性的变化。② 我国的工会虽然被定义为工人阶级或职工自愿结合的群众组织,但实践中由于种种原因,为数不少的企业工会组织仍然未能发挥其应有的职能。其主要原因有:

第一,工会组织对职工的吸引力不够。20 世纪 90 年代中期以来,随着经济结构的调整和国有、集体企业的改制,不少工会组织被撤并,传统产业的职工大幅度减少,而新兴产业的青年职工对工会的向心力普遍不强。同时,一些非公有制企业对建立工会组织和开展工会活动采取不合作的态度,导致了很多企业的工会组织形同虚设,无法发挥其凝聚企业职工力量的作用。③ 深圳大学徐道稳教授等人的调查表明,59.9%的人表示愿意参加职工代表大会,但只有 13.0%的人参加过,认为职工代表大会"根本没用""基本没用"的比例分别为 12.4%和 52.8%。④

第二,工会工作受制于经营者导致工会活动缺乏必要的独立性。相对于目前劳动关系的重大变化,现有的工会组织体制和传统的工作方式出现了极度的不适应。由于很多企业的工会组织过度依附企业行政而缺少独立性,成了一种福利机构甚至摆设。工会组建方面的主要问题是,由于企业工会组建主要是由雇主控制和主导,所以许多新建的企业工会是"挂牌工会"或"空壳工会"。更为严重的是,一部分新建工会被雇主所控制而成为"老板工会",这些工会在劳资冲突时,往往会选择站在雇主一方。⑤ 同时,在企业一些严重侵害职工权益的事件中,如工伤事故、随意解雇工人、超时加班、拖

---

① 周毅.论劳动权及其法制保障[D].长春:吉林大学,2008:34-35.

② 洪芳.我国劳动关系调整模式转型[J].人民论坛,2014(5):78-80.

③ 王春玲.构建和谐劳动关系问题研究[J].临沂大学学报,2014(3):82-86.

④ 徐道稳,吴伟东.劳动合同法社会效果与应对策略研究[M].北京:法律出版社,2013:144.

⑤ 常凯.劳动关系的集体化转型与政府劳工政策的完善[J].中国社会科学,2013(6):91-108.

欠和克扣工资等,很少看到工会在维权方面的作为。"工会组织的缺位,导致了仅以分散状态存在的工人无力抗拒掌握较多资源的管理者,工人们缺少诉求的渠道,劳资关系无人协调,往往会导致矛盾激化。"①

第三,企业工会干部的"双重"身份导致企业工会作用的缺失。目前很多企业特别是非公有制企业的工会干部是具有双重身份的,他们一方面要维护职工的合法权益,另一方面自身又是企业的雇佣劳动者,对企业的依附性、屈从性倾向明显。工会的负责人由资方任命,工会组织由资方成员或"亲信"组成,遇到工人利益受损,自然向资方倾斜,不能为职工的利益代言。

第四,职工权益维护机制的不健全导致工会维护作用的不到位。在现行体制下,集体合同工资协商制度和职代会制度是维护企业职工权益的两大机制。虽然大部分企业都已实施这两项制度,但普遍缺少实效性。一方面,由于缺少监督约束机制,一些企业虽然签订了集体合同和工资协议,但在执行中这些合同和协议却成了一纸空文,难以落实;另一方面,许多企业虽然建立了职工代表大会制度,但职代会却成了行政领导的报告会,只有行政讲话的份,没有职工审议的权,职代会作用难以发挥。② 工会的代表和维护职能并没有真正得到实现,只教育职工而不教育企业,会积累、激化劳资矛盾,导致职工产生厌恶与排斥心理,工会自然无法形成超然、中立、公正的地位和权威,而且不可避免地成为企业(雇主)的工具,成为企业调解组织的制度性、结构性障碍。"按照《工会法》的规定,工会应当成为职工利益的维护者,在维护职工利益方面其与职工代表有一致性,那么企业工会成员就不能成为劳动争议调解委员会独立的第三方。"③

针对目前部分工会组织特别是企业工会组织在维护职工权益、促进民主管理等方面的功能尚未充分发挥的现实,应着力强化工会组织功能,切实发挥其在推动和谐劳动关系建设中的作用。具体做法有:

其一是理顺工会的职责定位。维护职工的合法权益是工会的基本职责,从某种意义上来说,工会是劳动关系矛盾的产物,维权是工会组织产生发展的客观需要和依据,工会组织一旦脱离了这一基本职责,也就失去了存在的必要。现行的企业内调解制度就存在致命的缺陷,即缺乏独立的第三

① 王春玲.构建和谐劳动关系问题研究[J].临沂大学学报,2014(3):82-86.
② 王春玲.构建和谐劳动关系问题研究[J].临沂大学学报,2014(3):82-86.
③ 王辉.我国劳动争议调解制度价值评析及制度重构[J].中国劳动关系学院学报,2008(2):49-52.

方。《劳动法》第七条要求工会的职责是维护劳动者一方的利益，但是，《劳动法》第八十条又要工会在劳动争议调解中处于第三人的位置，居中协调劳动者与用人单位的利益冲突。工会在劳动法律关系中的矛盾地位导致了工会在处理劳动争议时陷入两难困境。如果工会不作为职工的代表，而是作为"第三人"参与劳动争议的协商，就会使劳动者孤立无援。因此，应让工会放弃第三方的身份，做回自己，真正代表劳动者的利益。① 为此，工会应牢固树立"职工利益无小事"的思想，始终把维权职能作为工作重点，贯穿到工会工作的各个方面，经常深入职工，倾听职工呼声，调查了解情况，进一步畅通职工表达意愿的渠道，及时解决劳动纠纷和劳动争议，减少和避免职工与单位之间的不和谐因素。②

其二是工会要积极有为，切实发挥作用。《劳动合同法》中增强了工会作为劳动者代表的基层组织作用，如第五十六条规定："用人单位违反集体合同，侵犯职工劳动权益的，工会可以依法要求用人单位承担责任；因履行集体合同发生争议，经协商解决不成的，工会可以依法申请仲裁、提起诉讼。"第七十七条规定："劳动者合法权益受到侵害的，有权要求有关部门依法处理，或者依法申请仲裁、提起诉讼。"以及第七十八条规定："工会依法维护劳动者的合法权益，对用人单位履行劳动合同、集体合同的情况进行监督。用人单位违反劳动法律、法规和劳动合同、集体合同的，工会有权提出意见或者要求纠正；劳动者申请仲裁、提起诉讼的，工会依法给予支持和帮助。"这都体现了工会在维护劳动者权益方面的重要作用。③

工会作为劳动者合法权益的代表者和维护者，在当前劳动关系向市场化转变的过程中，劳动者权益缺乏有力的表达和维护机制的情况下，更应主动、独立地参与到与劳动者权益相关的事务当中去，切实地代表劳动者争取其应有的权益，以妥善处理劳资矛盾和纠纷。"工会在表达和维护职工合法权益的过程中，应积极参与到宏观、微观政策制定层面当中去，只有这样才能将职工、工会自身的利益要求及时地反映出来，才能够使政府和企业制定

---

① 刘振坤. 集体劳动关系的法律调整［EB/OL］. 2013-05-06［2014-06-09］. http://www. cslnet. cn/show_tit. aspx? id=831.

② 王春玲. 构建和谐劳动关系问题研究［J］. 临沂大学学报，2014(3)：82-86.

③ 杨继昭，张晶.《劳动合同法》背景下和谐劳动关系的价值诉求［J］. 社会科学论坛，2014(5)：224-228.

出的相关政策维护职工的基本权益。"①

三、集体劳动关系的三方协商机制

集体劳动关系协调机制是政府、雇主和工会三方代表在制定劳动法规、调整劳动关系、处理劳动争议等方面履行职责、发挥作用，进行协商和对话，共同协调劳动关系的机制。完善劳动关系协调机制，是社会主义市场经济条件下协调劳动关系的基本途径，对于维护劳资双方权益、弱化争议问题、促进协议达成具有非常重要的意义。

在经济全球化背景下，集体劳动关系已从以往劳资间的激烈斗争，逐渐转向以合作或协商为特征的新型劳动关系，这使得三方协商机制的实施成为一个世界性趋势。根据国际劳工组织 1976 年 144 号《三方协商促进履行国际劳工标准公约》规定，三方机制是指政府（通常以劳动部门为代表）、雇主（企业）组织和工人组织之间，就制定和实施经济与社会政策而进行的所有交往和活动，即由政府、雇主（企业）和工会通过一定的组织机构和运作机制共同处理所有涉及劳动关系的问题，如劳动立法、经济与社会政策、劳动工资、劳动条件等。"三方协商机制自 1848 年法国最早采用后经国际劳工组织(ILO)大力提倡，现已成为　种国际劳工标准，逐渐被世界大多数国家所采用，是目前协调劳资关系的主要方式。"②

我国加入世界贸易组织后，已广泛融入经济全球化浪潮；在集体劳动关系方面，各方对市场化、多元化和法制化的呼声日渐兴起。相应地，我国社会主义市场经济体制下的集体劳动关系也发生了深刻变化，即由计划经济体制下抽象化、一体化的劳动关系逐步向具体化、多元化的集体劳动关系转变。因此，适时地将三方协商机制纳入劳工政策中、增强劳资双方的参与度就显得非常必要。③ 目前，我国已深度参与国际分工和全球化竞争，尤其在制造工业方面更是占据了一席之地。相应地，中国在保持"世界工厂"地位的同时，也必然会进入一个集体劳动关系的转型期。这时确定好政府、雇主和工人，即劳、资、政三方各自的角色定位，合理并且创造性地发挥自身在三

---

① 杨静.完善我国工资集体协商制度 推动劳动关系和谐发展[J].河北经贸大学学报，2014(6):73-79.

② 刘湘国,程秋萍.我国调整劳资关系的三方协商机制需要解决的几个问题[J].嘉兴学院学报,2012(4):104-108.

③ 李小彤.三方协商机制作用有多大——访南开大学商学院人力资源管理系博士杨凤岐[N].中国劳动保障报,2011-11-26(3).

方协商机制中的作用,就成为当务之急和重中之重。

我国集体劳动关系三方协商机制的形成,始于 20 世纪 90 年代初。1990 年 11 月,全国人大批准了国际劳工组织第 144 号《三方协商促进履行国际劳工标准公约》,并对三方协商机制这一指导原则作出了承诺。1996 年以后,在山东、山西和辽宁等省,开始尝试建立劳动关系三方协调机制。2001 年 8 月,劳动和社会保障部、中华全国总工会、中国企业联合会共同建立了劳动关系三方会议制度,一个国家性的正式的三方协调制度得以建立。2001 年 10 月《工会法》修正案的出台,为三方协商机制的建立提供了法律依据和框架。该法第三十四条第二款规定:"各级人民政府劳动行政部门应当会同同级工会和企业方面代表,建立劳动关系三方协商机制,共同研究解决劳动关系方面的重大问题。"此后,2008 年实施的《劳动合同法》《劳动争议调解仲裁法》也有关于三方协商机制的规定。①

2001 年 8 月 3 日,国家协调劳动关系三方会议通过的《关于建立国家协调劳动关系三方会议制度的意见》中三方会议的职责任务被界定为:就制订劳动关系政策提出意见建议;研究分析劳动关系状况及趋势;对制定调整劳动关系的法律政策提出建议;指导、协调地方劳动关系协调工作;对重大集体劳动争议或群体性事件进行调研,提出解决意见。② 2002 年 8 月,劳动和社会保障部、中华全国总工会、中国企业家联合会/中国企业家协会发布的《关于建立健全劳动关系三方协调机制的指导意见》(劳社部函〔2002〕144号)中,对省级以下三方机制的职责要求,在上述内容的基础上增加了"开展劳动法律、法规和规章的宣传工作"的内容。2009 年 2 月,又对三方机制的职责任务进行了调整完善,明确提出了"劳动关系工作体系"的概念,强调建立劳动关系重大问题的信息沟通和协调处置机制,并要求加强与国际劳动者组织、各国三方机构的联系、交流与合作。③ 2015 年 3 月,《中共中央 国务院关于构建和谐劳动关系的意见》中指出:"完善协调劳动关系三方机制组织体系,建立健全由人力资源社会保障部门会同工会和企业联合会、工商

---

① 乔健.中国特色的三方协调机制:走向三方协商与社会对话的第一步[J].广东社会科学,2010(2):31-38.

② 国家协调劳动关系三方会议办公室.国家协调劳动关系三方会议制度[EB/OL].2001-12-04[2014-12-05].http://www.cec-ceda.org.cn/ldgx/info/content.php? id=57.

③ 乔健.中国特色的三方协调机制:走向三方协商与社会对话的第一步[J].广东社会科学,2010(2):31-38.

业联合会等企业代表组织组成的三方机制,根据实际需要推动工业园区、乡镇(街道)和产业系统建立三方机制。加强和创新三方机制组织建设,建立健全协调劳动关系三方委员会,由同级政府领导担任委员会主任。完善三方机制职能,健全工作制度,充分发挥政府、工会和企业代表组织共同研究解决有关劳动关系重大问题的重要作用。"

我国集体劳动关系三方协商机制的基本特点可概括为:强政府,弱工会;对话易,维权难;立法少,规则多;诉求多,难统一。与此同时,劳工主体意识不明确、工会维权不积极、企业不愿认真响应也是现实情况。另外,政府二元结构偏差,即中央政府与地方政府目标不一致,在我国集体劳动关系三方协商机制中也有一定程度的显现。① 针对上述问题,本书认为我国集体劳动关系三方协商机制可以从以下几个方面加以完善。

其一是要明确三方在集体协调机制中的职能定位。在集体劳动关系三方机制中,劳动者组织和雇主组织双方应坚持平等原则,互惠互利、互谅互让,通过直接协商谈判、缔结契约等方式,建立和调整相互间的关系,解决出现的问题;政府在集体劳动关系协调机制中起调节和干预作用,以保障劳动者和雇主双方的合法权益,实现共赢。②

其二是建立劳动者利益表达机制。由于资本的稀缺性和劳动力资源的过剩性造成的"强资本、弱劳动"格局已在较长时间内存在,劳资力量对比严重失衡,劳动者处于被资本摆布的地位,劳动者在社会上的声音极其微弱,社会文化受财富和资本影响表现出轻视劳动者的势利心理,虽然社会传媒、政府引导强化对劳动、劳动者的尊重,但建立完善的劳动者利益表达机制仍是政府促进劳动关系和谐的重要内容。③

其三是要着力加强雇主利益代表的建设。当前雇主组织、劳动者组织和政府的三方劳动关系协商机制已经初步形成,其中工会组织代表劳动者,劳动行政部门代表政府,都有明确的代表性和规范性,但代表雇主的企业组织建设尚不完整和规范。为此,应在各行各业中加强企业家联合会的建设,并将其与工商联作为雇主的共同代表,充分发挥其协调劳动关系的积极

---

① 李小彤.三方协商机制作用有多大——访南开大学商学院人力资源管理系博士杨凤岐[N].中国劳动保障报,2011 11 26(3).

② 王春玲.构建和谐劳动关系问题研究[J].临沂大学学报,2014(3):82-86.

③ 谭泓.构建和谐劳动关系的政府角色定位与职能履行问题研究[J].东岳论丛,2013(3):45-49.

作用。

其四是要完善集体三方协商机制的工作流程和制度规范。加快推动各地建立多形式、多层次的三方协商机制,进一步规范和完善三方协商机制的工作规则、职能和任务,坚持完善劳动关系协调联席会议制度并促其工作常态化,积极探索新的工作方式和方法,切实提高该机制在协调劳动关系中的作用。①

第三节　和谐集体劳动关系的实现
——以浙江行业工资集体协商为例

从市场化进程加速推进以来,中国劳动关系的构成和运行方式发生了深刻的变化,新的劳动关系调整机制不断出现和完善。我国劳动关系协调方式是独一无二的:西方靠长期的劳资斗争形成劳资力量平衡及平等对话机制;亚洲新型国家靠民主化改革形成劳资平等对话;我国靠政府来扭转劳资失衡。我们既要跨越西方国家劳资冲突斗争的原始阶段,又要在国家可控的情况下进行劳资对话,用协商而不是冲突的方式来解决劳动争端,因此,工资集体协商是中国协调劳动关系的独特道路。这种既不同于西方也不同于亚洲新型国家的协调劳动关系的方式称为"第三条道路"。"第三条道路"的特征是,我们借鉴了西方血腥劳资斗争之后创建的文明成果——集体谈判,但我们的集体谈判不是由市场生成的,而是由政府主导推行的,而且我们强调合作性质的"协商"而不是对抗性质的"谈判"。② 在市场经济条件下,工资集体协商是建立企业工资分配共决机制、正常工资增长机制和工资支付保障机制的重要内容和措施,是改善劳动条件、构建和谐劳资关系、保障经济增长和政治环境稳定的有效手段。

中国社会科学院的一项研究显示:单位 GDP 的劳动争议受理数,全国为 1.9,浙江为 1.35;单位 GDP 的劳动争议涉及劳动者人数,全国为 5.59,

---

① 王春玲.构建和谐劳动关系问题研究[J].临沂大学学报,2014(3):82-86.

② 谢玉华,郭永星.中国式工资集体协商模式探索[J].中国劳动关系学院学报,2011(6):54-58.

浙江为 2.40。① 这表明,浙江省的劳资和谐度明显走在全国前列。在这当中,中小企业行业工资集体协商发挥了重要作用。浙江是行业工资集体协商在中国大陆实践的发源地,温家宝总理曾批示过温岭新河镇羊毛衫行业集体协商制度"可以总结推广",②《人民日报》《工人日报》等媒体对浙江行业工资集体协商也进行过专门的宣传。与新闻界热切关注形成鲜明反差的是,学术理论界对此问题的研究明显偏少。③ 从研究范围来看,现有的研究对局部问题的分析较多,系统的研究较少;从研究内容上看,对现象的描述和浅层分析较多,对本质的揭示较少。因此,中小企业行业工资集体协商的"浙江样本"与经验问题尚需系统深入的研究和理论创新。

一、何谓工资集体协商

作为中国社会主义市场经济条件下维护劳动者合法权益、促进劳动关系和谐发展的工资集体协商制度,经历了从建国初期到 2000 年的探索确立阶段,从 2000 年到 2010 年的由试点到推广的发展阶段,进入了 2010 年后全面推进的完善阶段。工资集体协商制度不断发展完善,已成为建立工资共决机制、正常增长机制和支付保障机制的重要举措,作为建立"市场机制调节、企业自主分配、职工民主参与、国家监控指导"的现代企业工资收入分配新机制的关键环节,日益发挥了促进企业与职工、经济与社会双向发展的积极作用。④

在今天构建和谐社会、全面建设小康社会的背景下,加大收入分配调节力度,重视解决部分社会成员收入差距过分扩大问题是完善社会主义市场

---

① 王慧敏.努力把准工作定位 构建和谐劳动关系:浙江工会成为推动社会和谐主力军[N].人民日报,2011-05-04(2).

② 2007 年 11 月 26 日,国务院总理温家宝在国务院办公厅秘书局《专报信息》转载的《浙江温岭市新河镇羊毛衫行业工资集体协商机制的主要做法》上批示:"温岭的做法可以总结推广。"参见翁璟.温总理:温岭做法可总结推广[EB/OL].[2011-04-09].http://www.zj.xinhuanet.com/df/2007-12/03/content_11832378.htm,2011-05-08.

③ 2011 年 6 月,本书作者在中国期刊网中以"工资集体协商"及"浙江"作为关键词检索,只查询到一篇文献,朱圣明.浙江温岭行业工资集体协商调查[J].广东行政学院学报,2008,20(6):82-90.以"工资集体协商"及"浙江"作为题名检索,查询到 3 篇文献,除了以上这篇外,还有蔡峰.协商民主与地方创新:行业工资集体协商制度探析——基于浙江温岭的个案研究[J].学理论,2009(19):141-142;陈鼎,黄军勇.浙江温岭市推行行业工资集体协商制度的经验与启示[J].天津市工会管理干部学院学报,2008(3):30-32.

④ 杨静.完善我国工资集体协商制度 推动劳动关系和谐发展[J].河北经贸大学学报,2014(6):73-79.

经济体制的重要内容,是建立新型劳资关系、实现劳资双赢的需要,也是广大工薪阶层劳动者共享改革发展成果的现实体现。

工资集体协商是指职工代表与企业代表依法就企业内部工资分配制度、工资分配形式、工资收入水平等事项进行平等协商,在协商一致的基础上,签订工资协议的行为。工资集体协商内容包括:工资协议的期限,工资分配制度,工资标准和工资分配形式,职工年度平均工资水平及其调整幅度、奖金、津贴、补贴等分配办法,工资支付办法,变更、解除工资协议的程序,工资协议的终止条件,工资协议的违约责任,以及双方认为应当协商约定的其他事项。

建立工资集体协商制度是维护劳动者自身利益的一种有效途径,一方面能够维护一线职工的权益,使工资增长与企业效益提高相适应,确保每个职工分享企业发展的成果;另一方面,有利于建立和谐稳定的企业劳资关系,增强企业凝聚力,调动所有职工的积极性。伴随市场经济的发展,我国政府已很少直接参与企业职工的工资分配和管理,主要由企业自主确定。不少老板资本意识强、协商意识弱,员工不善于或怯于协商,所以要逐步培养用人者和劳动者的法治素养,给出法制规范——建立工资集体协商制度,使劳动者真正获得与劳动力等值的工资报酬,真正体现出职工工资确定过程的平等性、民主性、合法性。

二、为何要进行行业工资集体协商

1. 契机:"用工荒"倒逼出工资集体协商

长期以来,我国的劳动力市场是买方市场,劳资双方地位不平衡导致资方单方决定工资成为主导模式,在非公有制企业和职工流动性强的劳动密集型中小型企业,这种现象尤为普遍。很大程度上,包括浙江在内的一些地区,经济的快速发展靠的正是低劳动力成本,劳动者并没有得到足够的劳动报酬。为了扭转这一局面,早在2000年11月,劳动和社会保障部就发布了《工资集体协商试行办法》,但其实施效果一直不明显。从实际的利益格局来看,工资集体协商能否从文本变为切实的社会实践,很重要的影响因素之一是劳动力的供求态势。如果合格的熟练劳动力仍然供不应求,工资定价权还是主要掌握在企业手中,工资集体协商制度就很难真正被实施。

由于缺乏正常有序的工资增长机制,导致出现结构性招工短缺,这就是近年来浙江等东部沿海地区频繁出现的"用工荒"。其实,就当前出现的"用工荒"来说,"权益荒"是其产生的根源之一,这种"权益荒"具体表现为工资低、保障缺、维权难等问题。特别是随着新一代劳动者自主意识和维权意识的不断增强,如何以人为本,吸引和留住劳动者已经成为中小企业亟待解决的难题。推行行业工资集体协商制度,为化解以"用工荒"为表象的"权益荒"找到了一条有效途径。"用工荒"为中小企业行业工资集体协商在浙江大地上成为现实提供了一个契机。

2. 目的之一:疏导劳资矛盾

对于社会上绝大多数依靠劳动收入生存的劳动者来说,工资是其最基本、最重要、最核心的经济利益,"出卖劳力换得的报酬乃是全部劳动关系核心中之核心"①。多年的用工惯性使不少中小企业主感觉既然可以正常运转企业,就没有必要给工人涨工资。这导致一些中小企业的劳资矛盾逐渐积累深化,熟练工频繁跳槽,企业的生产速度和产品质量都大打折扣。浙江部分中小企业甚至出现了工人以怠工等方式来表达不满的现象,上访、破坏机器等过激行为也时有发生。

行业工资集体协商畅通了劳动者利益诉求的表达渠道,使处于相对弱势的劳动者的话语权得到应有的尊重。劳资双方通过集体谈判确定劳动者福利待遇,有效地促使双方互相让步,达成均可接受的条件,有利于缓解劳资双方的对立程度、防止极端状况的出现,是缓和、疏导劳资矛盾的有效方式。比如,温岭市新河镇羊毛衫行业工资集体协商制度的直接起因就是劳资矛盾的激化。2002 年 8 月,8 家企业的 168 名外省籍劳工集体到温岭市人事劳动社会保障局上访,反映企业工价不定、工资拖欠问题。从 2003 年推行工资集体协商制度后,新河羊毛衫行业工人因工资问题上访 11 次,共 120 人,劳资纠纷上访比 2002 年同期减少了 70%;2004—2005 年,这一数据降低到 3 次,共 11 人;2005—2006 年只有 1 次 3 人;2006 年至今,无工人上访记录。②

3. 目的之二:更好地维护各方利益

在市场经济条件下,不论何种类型的企业,在工资形成机制中几乎都面临着一个共同的问题,即如何协调好企业经营者追求利润最大化和职工追求工资收入最大化之间的矛盾。在劳资博弈中,劳动者期望能得到尽可能多的工资收入,而企业主则要求尽可能降低劳动力成本,劳资双方仅从个体

---

① 黄越钦. 劳动法新论[M]. 北京:中国政法大学出版社,2003:209.

② 黄柯杰. 浙江温岭工资集体协商制度:缓和劳资矛盾[EB/OL]. 2008-04-24[2011-07-09]. http://szb. northnews. cn/bfzm/html/2008-04/24/content_70085. htm.

理性出发的博弈往往都不能如愿。对劳动者一方来说,当别的企业发出更高的工资信号时,最好的选择是"用脚投票",由此造成了企业熟练技工的流失,这对企业主不利。工资集体协商有助于留住人才,有利于企业长远发展。由此可见,通过行业工资集体协商,劳动者的权益和尊严得到保障,但受益的绝不仅仅是劳动者一方。

研究显示,集体谈判往往能够降低离职率并增加工人的满意度,间接起到提高效益的作用。[①] 通过行业工资集体协商,可以使劳资双方更强烈地意识到双方是相互依存的伙伴,而不是相互对立的敌人。只有结成"利益共同体",共同努力为企业增加收益,才能在企业正常经营和盈利的基础上,在内部各自争取自己的利益;只有坚持共同利益最大化的原则,才能让劳方和资方获得最大的共同发展。其结果就是,职工待遇好了,积极性就高,企业赚得多了,也乐意提高职工待遇,同时留住了人心,形成了良性循环。[②]

三、行业工资集体协商的浙江样本

目前,我国民营企业实行的是自主决定工资机制,但是在民营企业特别是其中的中小企业的职工基本没有与雇主开展工资谈判的能力和条件。浙江省的实际情况是民营经济比重大,中小企业数量多,外来务工人员较为集中,协调工资关系的任务非常繁重。浙江因产业集聚而形成的"小企业,大群体""小商品,大市场"的独特产业集群区域特色为开展行业工资集体协商提供了广阔的空间与基础。[③] 在同行业中小企业较多的地区,浙江着重抓行业性工资集体协商,由行业工会与行业协会协商签约,并且在工资集体协商过程中,逐步形成了一些规范化的操作程序。

1. 样本之一:温岭市新河镇羊毛衫行业工资集体协商

同全国各地情况相类似,温岭市新河镇从事羊毛衫加工的大量中小企业长期以来一直维持着低薪制。企业主单方定价的低薪制普遍造成了"工人不满,老板头疼,政府担忧"的局面。为了破解这一难题,2003 年起温岭市

---

① 赵炜.基于西方文献对集体协商制度几个基本问题的思考[J].经济社会体制比较,2010(5):38-44.

② 正如有企业家所认可的那样:"(工资集体协商)对留人、招人都很给力。"参见董碧水,高海伟.用工荒倒逼出工资集体协商"杭州样本"[N].中国青年报,2011-04-07(5).

③ 浙江省"块状经济"特色明显,常常是镇乡联片生产同类产品。如宁波的服装业,温州的制鞋业,海宁的皮革业,绍兴的轻纺业、制伞业等等。参见吴红列,凌林.集体协商集体合同法制建设的成效与问题对策——以浙江省为例[J].法治研究,2011(5):62-67.

新河镇开始试行羊毛衫行业性工资集体协商,并且形成了"温岭经验"。温岭市新河镇羊毛衫行业工资集体协商的具体程序和做法如下:

第一步是组建行业工会和行业协会,形成协商主体。在行业工资集体协商机制中,最主要的两方主体是行业工会和行业协会,缺少这两类主体协商将无从展开。在上级工会的指导下,新河镇调整了工会组建思路,打开企业之间、行政单位之间的界限,着手在区域产业集群内组建行业工会。从企业一线劳动者中选出 9 名代表,成立了新河羊毛衫行业工会。由 113 家企业主推选出人数对等的代表组成行业协会。① 以行业工会作为整个行业参加工资集体协商的劳方组织,行业协会则代表资方参加行业工资集体协商。

第二步是划分工种工序,确定协商的基准。协商的基准一般来说有两种,一是企业的利润,二是工人的劳动量。由于信息的不对称,作为职工方代表的行业工会很难确定企业所报利润的真实性。所以相比较而言,以工人劳动量作为协商的基准更具有可行性。具体的做法是将羊毛衫行业的工种和工序进行细致区分,划分为 5 大工种和 59 道工序,由劳动部门选择有代表性的职工组织测试,确定各道工序的劳动定额,②同时考虑本地的最低工资标准、物价水平和社会平均工资情况,计算出所有工种、工序的计件工资单价,作为协商的基准。

第三步是召开恳谈会,初步协商。由劳动部门或上级工会组织召集行业工会与行业协会的成员参加全行业工资协商民主恳谈会。在民主恳谈会上,将羊毛衫编织加工所涉及的横机、套扣、缝纫、熨烫、裁剪 5 大工种和 59 道工序工价标准的制定情况、调整理由以及初步拟定的工价标准予以公布,由全体代表进行深入讨论,提出意见。在广泛吸纳代表意见的基础上,以无记名投票方式对工价表进行民主测评。

第四步是尊重意愿、反馈协商。将工价表测评结果及相关意见反馈给企业经营者和劳动者再分别征求意见。这期间可能要经过循环往复多个过程。比如,2007 年新河羊毛衫行业进行了第五轮集体协商,共发放工价征求意见表 1500 余份,3 次调整基准工价,经过三上三下反复协商。③ 充分协商

① 朱圣明.行业工资集体协商的博弈论分析——基于温岭新河羊毛衫行业的实证研究[J].甘肃行政学院学报,2008(4):41-47.

② 雷明贵."协商民主"在社会领域的拓展——以工资集体协商制度为例的考察[J].湖南社会主义学院学报,2010(6):47-49.

③ 朱圣明.温岭行业工资集体协商调查[J].广东行政学院学报,2008,20(6):82-90.

后，由行业工会和行业协会按照少数服从多数的原则，确定了本行业普遍认可的工资标准。

第五步是签订协议、明确协商内容。由行业工会代表职工与行业协会签订行业工资协议书，对工资协议的期限、工资标准、工资支付办法等作出明确规定，并报劳动保障部门备案。① 同时，协商双方将生效的协议向各企业和全体职工公布，成为企业与职工签订劳动合同、确定职工工资标准的依据。

第六步是建立监督机制，巩固协商成果。协商的内容能否履行兑现，建立高效的监督机制至关重要。新河镇的主要措施是建立羊毛衫行业工资集体协商监督组，并授权行业工会承担协议执行的情况汇总、综合协调、纠纷调解处理等日常工作。②

开展行业性工资集体协商，赋予了职工对工资的话语权，改变了工资由企业主说了算的状况，从而有效地保障了职工权益。温岭市新河镇羊毛衫行业自 2003 年开展工资集体协商以来，职工工资每年都有 5％～10％的增幅。在温岭市总工会的倡导下，新河镇羊毛衫行业的工资协商机制向全市铺开。

2. 样本之二：临安市高虹镇节能灯行业工资集体协商

临安市高虹镇有"节能灯之乡"之称，生产量占到全国的十分之一。以前，由于行业内没有相对统一的工资标准，节能灯企业随意调整甚至降低工价的现象时有发生。开展行业工资集体协商后，职工工资按时足额发放，劳资纠纷案件大幅下降，"临安经验"进一步印证了推进行业（区域）性工资集体协商的必要性。临安市高虹镇节能灯行业工资集体协商的具体措施有：

第一，集体协商，规则先行。早在 2001 年，临安市就开展了企业工资集体协商工作。但由于企业规模大小不同、工会干部能力水平有差异，协商水平参差不齐。许多中小企业职工普遍存在着"不敢谈""不会谈"等突出问题，其原因之一在于缺乏相关规则依据。2008 年 11 月，临安市委、市政府出台《关于推进职工工资集体协商工作的实施意见》，部署推进企业工资集体协商工作。2008 年年底召开的市政府和市总工会联席会议确定在高虹镇节

---

① 中国共产党温岭市委员会. 温岭行业工资集体协商机制［EB/OL］. 2009-07-17［2011-06-09］. http://zjnews. zjol. com. cn/05zjnews/system/2009/07/17/015678663. shtml.

② 陈鼎，黄军勇. 浙江温岭市推行行业工资集体协商制度的经验与启示［J］. 天津市工会管理干部学院学报，2008(3)：30-32.

能灯行业开展行业性工资集体协商工作。根据要求,高虹镇成立了由镇党委书记任组长、党政工参加的工作领导小组。工作组走进企业,以召开座谈会、发放调查问卷等形式,征求企业主、生产管理者、职工方的意见和建议。在此基础上,起草了《临安市高虹镇节能灯行业工资集体协商制度》《临安市高虹镇节能灯行业职工工资集体协商协议书》。

第二,把握关键,充分协商。如何确保协商工价的科学合理是开展行业工资集体协商工作的关键点。协商各方选择主要工序和主要规格,按照"在法定工作时间内、正常劳动条件下、90％以上职工能够完成"的标准,深入企业生产车间进行全面系统的工价测算,然后确定提交双方协商的工价。在此基础上,通过5次上下反复逐条讨论,企业和职工最终达成共识,确定协商的工序、规格的工价,拟定行业工资集体协商协议草案。① 随后,临安市照明电器协会高虹分会、高虹镇节能灯行业工会联合会分别代表企业和职工在镇协商工作领导小组的组织领导下,开展协商工作。最后,召开临安市节能灯行业首届职工代表大会,通过了《临安市高虹镇节能灯行业工资集体协商制度》《临安市高虹镇节能灯行业职工工资集体协商协议书》。

第三,多方监督,落实协议。为确保工资集体协议得到切实履行,发挥其应有的作用,临安市形成了三个层级的监督体系。其一,临安市明确将行业工资集体协议履行情况作为评选劳动关系和谐企业、优秀企业家的重要考核考察内容,监督企业自觉履行。其二,建立高虹镇劳动保障、政法综治、节能灯行业工会等相关方面人员参加的工资协议履行监督小组,负责督促行业工资协议的履行,调查处理行业工资协议履行过程中出现的问题。其三,通过各种形式,将正式生效的协议及时告知所有企业、全体职工,加强群众监督。

临安市高虹镇节能灯行业工资集体协商的开展带来了明显效果,不仅在一定程度上约束了企业随意调整工价的行为,同时也改变了以往有些企业多年不涨职工工资的现象,真正使一线职工得到了实惠。另外,协议的实行也促进了行业劳动关系的和谐稳定。实施一年来,全镇123家节能灯企业没有再因工价问题、职工跳槽问题而引发劳资纠纷。②

---

① 李刚殷,凌向武. 工资集体协商:以体面报酬实现体面劳动[EB/OL]. 2010-06-08[2011-06-08]. http://news.xinhuanet.com/politics/2010-06/08/c_12194883_3.htm.

② 佚名.临安高虹镇节能灯行业签订新一轮工资集体协商协议[EB/OL]. 2010-07-02[2011-06-08]. http://www.zjftu.org/news/2010/0629/3858.html.

四、浙江行业工资集体协商的机制

目前,浙江已有近 850 万名职工根据集体协商定工资,涉及企业达 13.22 万家。[①] 在这当中,很大一部分是通过行业工资集体协商的形式实现的。行业工资集体协商是一项涉及面广、政策性强、业务量大的工作。总结起来,浙江的中小企业行业工资集体协商的机制主要有以下几方面要点。

1. 政府主导机制是前提

不同的国家由于其谈判环境、谈判主体、谈判层次、谈判进程以及谈判结果各有不同,或有所侧重,形成不同的工资集体谈判模式。从典型国家如美国、德国、澳大利亚、日本等多国经验出发,工资集体谈判模式主要分为三类:"一是自主多元的分散化谈判模式,二是平等共决的集中化谈判模式,三是政府主导的多层级谈判模式。"[②]

政府主导的多层级谈判模式是指在政府主导推动下,劳动者与用人单位双方就工资等核心问题展开的多层级谈判模式。在这种模式中,劳资关系往往发生失衡,政府作为推动集体谈判的主导力量,参与或干预劳资双方进行的谈判活动,以维护弱势的劳方获得公平的工资福利待遇。不仅如此,政府的主导作用渗透到从宏观到微观的多层级谈判中并对谈判进程、劳动争议的解决产生影响,集体协议覆盖面较大。实行政府主导的多层级谈判模式的国家主要有西班牙、澳大利亚以及东亚的一些国家,代表国家是澳大利亚。[③]

工资集体协商是市场化进程中一种协调劳动关系的有效机制,是市场经济充分发展的产物。只有在较为健全的市场条件下,在劳资双方力量基本均衡的情况下,企业才可能对工资协商制度产生强烈需求,协商的结果也才可能真正体现出双方的利益要求。但目前我国还处在市场经济转轨时期,劳动关系协调机制还很不完备,劳动力市场供过于求的局面一时难以扭转。同时,在整个社会领域内,政府对劳动关系的发展有着重要的影响,甚

---

① 浙江省总工会副主席陈世权介绍说,浙江目前已有近 850 万名职工按照集体协商定工资。杭州等地已建工会企业中 80% 以上都实行了工资集体协商。参见王慧敏,江南.浙江的"劳资和谐"之道[N].人民日报,2011-02-28(1).

② 杨静.完善我国工资集体协商制度 推动劳动关系和谐发展[J].河北经贸大学学报,2014(6):73-79.

③ 杨静.完善我国工资集体协商制度 推动劳动关系和谐发展[J].河北经贸大学学报,2014(6):73-79.

至起着主导作用。所以,在实践中,行业工资集体协商的推进更多地取决于各级政府对这一工作的有力支持。与一些西方国家的做法不同,我国法律既未赋予工会罢工权,也未赋予企业闭厂权,政府提倡并积极引导一种以合作利益为基础的劳资关系的形成。正如有研究者所指出的那样:"我国的集体协商制度与(西方)集体谈判制度大相径庭,它本质上是政府主导下劳动条件的劳资参与决定制度。"①西方学者 Clarke 等人的研究表明,中国推行集体协商制度是党和政府为稳定社会秩序、建立和谐劳动关系的需要。② 在劳、资、政三方协商机制中,政府积极推行工资集体协商而实现企业和劳动者之间的合作,并以政府对集体协商结果的最后审查和监督执行权的保留,限制企业对劳动者权益的侵害,一定程度上缓和劳资矛盾和冲突。

劳动关系三方协商机制,既是一种社会对话的机制,也是一种社会民主参与和社会民主决定的机制。这一机制对于完善我国的经济体制、社会体制和政治体制,都有着积极的意义和作用。正是在这个意义上,社会劳动关系的规范化和法治化,既是个别劳动关系和集体劳动关系法治化的保障,也成为和谐劳动关系建设的重要目标。目前在我国的三方协商机制中,政府主体处于决定的主导的地位。这种特点,更易于发挥我国的政治优势,也比较适应我国社会主义市场经济体制是由自上而下有计划有目标的改革所推动的特点。目前,我国已经初步形成了劳动关系协调三方机制的格局,在这种格局之下,更容易发挥各级党组织的领导作用和各级政府的负责作用。但政府主导不是政府替代和包办,发挥劳资主体的市场作用、培育劳资自治的能力是三方协商的内在要求。目前我国的三方机制主要还是一种工作机制,尚未形成法律机制和制度机制,完善和健全这一机制,是构建和谐劳动关系的紧迫任务。

首先,政府的主导作用体现在积极营造有利于行业工资集体协商的制度环境。主要措施是通过建立最低工资保障制度,完善劳动力市场的工资指导价位和行业人工成本的信息指导制度,建立劳动定额标准管理制度等,加强对企业开展工资集体协商的有效管理。其次,政府在协商启动时发挥主导作用。大多数时候需要由政府出面要求企业协会与行业工会代表进行工资集体协商。如临安市高虹镇,许多行业工资集体协商的开展往往始于

---

① 曹燕.和谐劳动关系法律保障机制研究[M].北京:中国法制出版社,2008:156.

② Clarke S,Lee C H,Qi Li. Collective consultation and industrial relations in China [J]. British Journal of Industrial Relations,2004,42(2):235-254.

被政府决定纳入"试点行业"范围。再次,政府在集体协商过程中发挥主导作用。相关政府部门会对工资集体协商双方代表资格、工资协议的条款内容和签订程序进行审查,尤其是对涉及工资总额、人均工资、增长幅度、最低工资等的多项条款进行重点审查,要求协议中必须包括当年工资增长幅度、加班加点计发基数、企业执行的最低工资标准、按时缴纳各项社会保险等关键条款。① 浙江省要求只有在劳动保障行政部门对工资集体协商双方代表资格、工资协议的条款内容和签订程序认可之后,工资协议才能生效。最后,政府在保障集体协商协议执行时发挥主导作用。"在杭州,工资集体协商还纳入和谐企业评选体系,获得和谐称号的企业无论贷款,还是项目审批,都享受优先权,以期从制度上保证协商落到实处。"②

需要注意的是,行业工资集体协商中政府的主导作用绝不是也不应该是越俎代庖地替代劳资双方签订协议,而是起到推动、指导、协调与监督作用,保证行业工资集体协商公平、公正、有序地开展。正如有研究者指出:"在法律性质上,虽然为政府推动,但并没有视为政府的管理行为而是相对独立的合意行为,体现的是职工集体的独立意志与雇主的合意。"③

2. 充分协商机制是根本

行业工资集体协商制度的根本落脚点在于"协商",没有充分协商的结果是靠不住的。浙江行业工资集体协商的另一个重要的经验就是充分发挥"民主恳谈"文化基因的作用,通过各种措施保障协商的充分展开。浙江省是我国改革开放以来市场化发育最早、民营经济最为发达的地区之一。改革开放的伟大实践激活了浙江人潜在的文化基因,它包括"以人为本、注重民生的观念,求真务实、主体自觉的理性,兼容并蓄、创业创新的胸襟,人我共生、天人合一的情怀,讲义守信、义利并举的品行,刚健正直、坚贞不屈的气节和卧薪尝胆、发愤图强的志向"④。在社会经济发展过程中,浙江省创造了一系列发展地方民主的新形式,如省市人大立法过程中的协商程序、村民的民主恳谈会等等,诸如此类的地方民主的新形式,都涵摄着丰富的协商民

① 秦美从.有效进行工资集体协商有待解决的两个问题[J].工会理论研究,2010(3):25-27.

② 董碧水,高海伟.用工荒倒逼出工资集体协商"杭州样本"[N].中国青年报,2011-04-07.

③ 李炳安.温岭市行业工资集体协商的性质与制度机制研究[J].温州大学学报,2011(6):41-50.

④ 习近平.与时俱进的浙江精神[N].浙江日报,2006-02-05(1).

主的价值意蕴。① 浙江是民主恳谈会制度发源地,基层民主政治氛围较好。而行业工资集体协商制度在工价表征求意见和合同履行时的监督等各个阶段都开展了民主恳谈,较好地实现了"协商民主"的精神,具体体现在协商的参与性、协商的对等性、协商的共识性、协商的持续性四个方面。

第一是协商的参与性。"参与性有两层含义:一是指不仅资方有权确定工资,劳方在工资事项上也有对等的决定权;二是指不是由少数人代表劳动者确定工资,而是充分尊重所有劳动者的权利,每位职工都有权就工资问题发表自己的意见。"②比如,2003 年温岭市新河镇羊毛衫行业工资集体协商过程中,劳资双方先后经过 6 次协商,共召开了 10 次工资恳谈会,发放征求意见表 500 余份,3 次调整了基准工价。第二是协商的对等性。从浙江各地较为成功的实践例子来看,协商各方权利义务对等性主要通过以下措施来保障:其一,行业工会和行业协会均可以提出工资协商邀约,启动工资集体协商;其二,在正式协商之前,各方需共同通过精心的调查和测算,划分不同的工种和工序,制定初步的工价;其三,协商形成的工资协议草案需要提经职工代表大会、企业经营者代表讨论审议。第三是协商的共识性。通过工资集体协商所形成的工价是劳资双方平等协商的结果,这样工资制定的合法性就得到了保障,从而使异议、不满和其他负面情绪最终都被消化。在反复协商的过程中,"合法性信念就退缩为一种正当性信念,满足于诉诸做出一种决定的正当程序"③。第四是协商的持续性。协商的结果一经确定对各参与主体都有约束力,但并不是完全固定不变的。对于易受市场、价格、成本等方面影响的行业,行业工会和行业协会一般会在协议中约定,每年就行业工资(工价)调整进行一次集体协商,从而保证工资与社会物价指数和企业效益的增长相适应。④

3. 法制支持机制是关键

一国的政策法规的立场、价值倾向以及系统性是这个国家工资集体协商制度有效运行的制度保证。"从国外成功经验可以看出,以德国、瑞典为

---

① 陈剩勇.协商民主理论与中国[J].浙江社会科学,2005(1):25-32.

② 雷明贵."协商民主"在社会领域的拓展——以工资集体协商制度为例的考察[J].湖南社会主义学院学报,2010(6):47-49.

③ 尤尔根·哈贝马斯.合法化危机[M].刘北城,曹卫东,译.上海:上海人民出版社,2000:127-128.

④ 何显明.顺势而为:浙江地方政府创新实践的演进逻辑[M].杭州:浙江大学出版社,2008:222-225.

代表的国家非常重视完善工资集体谈判的立法体系,并且在立法监督、执行环节非常严格。这表明,工资集体协商制度要有效地落实,离不开系统严格的立法体系的有力保障。"①世界银行经济考察团曾指出:工资在极少数国家是完全由市场力量自由决定的,即使在资本主义国家,一般也是由市场力量、工会代表工人进行谈判以及有关最低工资的立法这三方面进行某种程度的结合而决定的。② 从《劳动法》《工会法》《劳动合同法》到原劳动和社会保障部的《集体合同规定》《工资集体协商试行办法》,再到全国总工会《关于积极开展行业性工资集体协商工作的指导意见》,我国的工资集体协商的法律机制一直处在不断完善之中。但在实际运行中上述规定仍然面临诸多困难与障碍,主要体现在:没有明确规定工资集体协商制度的具体功能与做法,难以对企业形成有力的约束;对政府保障职责的义务未作具体规定,且缺乏对资方不配合工资集体协商的法律约束;没有具体规定对协商代表的法律保护,不利于谈判的正常开展。③ 针对国家层面上立法的不足,浙江在完善协商机制和配套措施上狠下功夫,先后出台了一系列法规,主要有:2002 年制定的《浙江省企业工资支付管理办法》,2005 年制定的《浙江省劳动保障监察条例》,2010 年制定的《浙江省企业民主管理条例》,等等。特别是 2010 年 11 月 25 日经省第十一届人民代表大会常务委员会第二十一次会议修订通过,于 2011 年开始实施的《浙江省集体合同条例》(以下简称《条例》)对工资集体协商中的重要问题都进行了规定。本文以该条例为对象,分析浙江是如何通过立法来支持行业工资集体协商制度实施的。

其一,明确行业性劳动关系双方组织的法律地位。我国《劳动合同法》对于区域性和行业性的集体合同作出了一个范围非常有限的规定,并没有明确各集体协商主体的法律地位。《条例》第九条规定,县级以下行业集聚或者小企业相对集中的区域,行业工会或者区域工会代表劳动者一方,行业协会、商会或者企业家协会、工商联等企业代表组织代表用人单位一方,任何一方均可以向另一方提出进行行业性或者区域性集体协商的要求。

其二,注重对协商代表的保护。由于劳动者协商代表受雇于企业,他们

---

①　杨静.完善我国工资集体协商制度 推动劳动关系和谐发展[J].河北经贸大学学报,2014(6):73-79.

②　世界银行经济考察团.中国:长期发展的问题和方案[M].北京:中国财政经济出版社,1985:42.

③　李娅,赵俊燕.我国工资集体协商制度建构[J].人才开发,2010(3):20-25.

可能会担心在协商中跟老板"对着干"会给自身带来不利影响。所以,是否对劳动者一方协商代表实施保护,直接决定着能否开展实质性协商。《条例》第十四条规定,用人单位应当保证协商代表履行职责必要的工作时间。协商代表履行职责占用工作时间的,其工资和其他待遇不受影响。劳动者在担任协商代表期间劳动合同期满的,劳动合同期限自动延长至完成履行协商代表职责之时。除出现条例规定的四种情形外,用人单位不得与其解除劳动合同。并且劳动者一方协商代表在履行协商代表职责期间,未经本人同意,用人单位不得调整其工作岗位。

其三,规定行业性集体协商的范围、内容、程序、效力。《条例》第二十五条将开展行业性集体协商工作的范围限定为"县级以下行业集聚或者小企业比较集中的区域"。第二十七条规定,本行业的最低工资标准、本行业工资调整幅度、本行业同类工种的定额标准等涉及本行业职工切身利益的下列事项可以进行行业性集体协商。关于集体协议成立的程序问题,《条例》第二十九条规定,行业性、区域性集体合同草案可以组织召开行业、区域职工代表大会,经全体代表半数以上同意通过;也可以经受该合同约束的用人单位职工代表大会全体代表半数以上或者职工大会全体职工半数以上同意通过。另外,根据《条例》第二十六条的要求,依法订立的行业性、区域性集体合同对当地本行业、本区域的用人单位和劳动者具有约束力。

其四,细化各主体的法律责任。对于用人单位不按规定进行集体协商、签订集体合同,拒绝或者拖延另一方集体协商要求等六种情形之一的,《条例》第四十二条规定由人力资源和社会保障主管部门给予警告,责令其改正。另外,《条例》第四十四条规定人力资源和社会保障主管部门或者其他有关部门工作人员违反本条例规定,不履行职责或者违法行使职权的,由所在单位或者行政监察机关给予行政处分。

近年来,浙江省在社会、经济、法治等领域的实践明显走在了全国的前列,并被确定为多项综合配套改革试点地区,这既表明了国家对浙江改革决心和举措的充分肯定,也体现了对浙江的继续创新寄予期望。实践证明,针对中小企业职工流动性较大、工会力量薄弱的特点,在同行业企业比较集中的地区开展行业性工资集体协商,对维护职工和企业双方的合法权益,构建和谐稳定的劳动关系,促进行业和区域经济的协调发展,维护社会稳定,有重要的作用。所以,本章提出中小企业行业工资集体协商的浙江样本,绝不是自说自话;研究中小企业行业工资集体协商的机制,既有现实需要也有理论意义。

第六章　事业单位劳动关系：和谐劳动关系法律机制的新领域

第一节　事业单位劳动关系

　　事业单位是指国家出于社会公益目的，由国家机关举办或者其他组织利用国有资产举办的，从事教育、科技、文化、卫生活动的社会服务组织。"据统计，目前我国有各类事业单位 111 万个，事业编制 3153 万人。"①事业单位劳动关系是我国劳动关系的重要组成部分，而且事业单位职工素质比较高，多数职工掌握一定的专业技术，是高级人才相对集中的地方。因此，认真研究、积极协调事业单位劳动关系，对维护事业单位职工合法权益，促进事业单位的发展，贯彻科教兴国、人才强国战略，构建和谐社会有着非常重要的意义。

　　事业单位劳动关系兼具企业化和行政化、计划和市场的特征，是一种极具中国特色的劳动关系类型。按照国家财政拨款多少可以将事业单位分为全额拨款事业单位、差额拨款事业单位、自收自支事业单位；按照事业管理方式的不同，事业单位可以分为实行公务员制度的事业单位、企业化管理的事业单位和其他单位。不同类型的事业单位劳动关系的主要法律依据有所不同，行政执法类事业单位主要依据《公务员法》，经营类事业单位主要依据

---

　　①　张维.国务院法制办、中央组织部、人力资源社会保障部负责人就《事业单位人事管理条例》答记者问[N].法制日报，2014-05-16(6).

《劳动合同法》《劳动法》,而公益类事业单位劳动关系的法律依据则不明确,需要特别加以研究。本章所分析的事业单位劳动关系,如无特别说明,指的就是公益类事业单位的劳动关系。

教师、医生等公益事业单位的劳动者,既不属于比照实行公务员制度的事业单位的人员,也不属于企业职工,他们与事业单位之间的聘用关系适用何种法律,有待明确。事业单位劳动关系的一方——用人单位的主要职能是提供教育、医疗、科研、文娱体育等公共服务,不以营利为目的,其活动经费主要来自财政拨款,虽然有些事业单位属于自收自支,也有自己的收入来源,但主要目的不是为了营利,所以基本上不存在为了追求利润最大化而人为压低劳动成本、侵犯劳动者合法权益的现象。而且,过去事业单位较为强调劳动关系双方利益的一致性,工资标准和福利待遇由国家统一规定,收入分配差距较小,所以,职工与事业单位的矛盾很少发生,即使产生一些矛盾,也往往被掩盖,事业单位的劳动关系表面上看起来比较平稳。

当前,我国事业单位人事制度改革已进入推进阶段。事业单位人事制度改革后,这种平稳将被打破。事业单位的深层次问题也随之凸现出来,特别是事业单位与职工的劳动关系处理采取了许多不尽如人意的做法,导致职工与事业单位不能自行解决争议,矛盾激化。"在事业单位劳动关系双方利益明晰化的情况下,双方为了追求各自的利益,难免会发生碰撞,产生矛盾,最主要的表现就是劳动争议将会不断增长。特别是在事业单位人事制度改革中,如果操作不规范,将会引发大量矛盾,劳动关系在一段时间内将会处于不稳定状态。"①

目前,我国事业单位的劳动关系非常复杂,从事业单位人员的结构角度来看,可以分为三种:一类是编内聘用人员,包括签订聘用合同的编内聘用人员和无须签订聘用合同的编内聘用人员;一类是编外人员,包括档案内部管理编外人员和档案外部管理编外人员;一类是劳务派遣人员。按照原劳动部《关于贯彻执行〈中华人民共和国劳动法〉若干问题的意见》规定,事业组织实行劳动合同制度的以及按规定应实行劳动合同制度的工勤人员,实行企业化管理的事业组织的人员,其他通过劳动合同与事业组织建立劳动关系的劳动者,适用《劳动法》。所以,事业单位中的编外人员、工勤人员、劳务派遣人员的劳动关系主要适用《劳动法》和《劳动合同法》。《劳动法》第二条规定:"国家机关、事业组织、社会团体和与之建立劳动合同关系的劳动

---

① 张安顺.浅析事业单位劳动关系[J].太原大学学报,2006(4):22-25.

者，依照本法执行。"《劳动合同法》（第二条第二款）规定了其适用范围："国家机关、事业单位、社会团体和与其建立劳动关系的劳动者，订立、履行、变更、解除或者终止劳动合同，依照本法执行。"主流的观点认为编内聘用人员属于人事关系，主要由《关于在事业单位试行人员聘用制度的意见》《关于人事争议仲裁适用有关法律问题的答复意见的函》《对江西省人事厅情况反映的答复意见函》《劳动人事争议仲裁办案规则》等人事政策来规范。①

具体来说，调整事业单位的编内聘用人员劳动关系的规则及相关规定主要有：其一，2002年，人事部《关于在事业单位试行人员聘用制度的意见》就聘用合同的争议处理作出规定："受聘人员与聘用单位在公开招聘、聘用程序、聘用合同期限、定期或者聘期考核、解聘辞聘、未聘安置等问题上发生争议的，当事人可以申请当地人事争议仲裁委员会仲裁。仲裁结果对争议双方具有约束力。"

其二，2003年，《最高人民法院关于人民法院审理事业单位人事争议案件若干问题的规定》对事业单位的劳动争议处理作出相关规定："事业单位与其工作人员之间因辞职、辞退及履行聘用合同所发生的争议，适用《中华人民共和国劳动法》的规定处理。""当事人对依照国家有关规定设立的人事争议仲裁机构所作的人事争议仲裁裁决不服，自收到仲裁裁决之日起十五日内向人民法院提起诉讼的，人民法院应当依法受理。"这一规定主要是对事业单位聘用合同的争议处理作出的，主要涉及争议处理的法律依据和处理程序。② 2014年7月1日起施行的国务院《事业单位人事管理条例》（国务院令第652号）第三十七条规定，事业单位工作人员与所在单位发生劳动争议的，依照《劳动争议调解仲裁法》等有关规定处理。

从发展趋势上看，改革后的事业单位的劳动关系性质实际上已从原来的行政法律关系趋同于劳动法律关系。③ 事业单位劳动关系的建立，是在平等自愿、协商一致的基础上，通过签订聘用合同，明确聘用单位和受聘人员与工作有关的权利义务，由过去的政府指令转变为基于私法原则建立，并实行公开招聘和单位与劳动者的双向选择。《劳动合同法》第九十六条对事业单位聘用合同的法律属性作出了模糊规定："事业单位与实行聘用制的工作人员订立、履行、变更、解除或者终止劳动合同，法律、行政法规以及国务院

① 张安顺.浅析事业单位劳动关系[J].太原大学学报,2006(4):22-25.
② 龙玉其.事业单位聘用合同的法律性质探究[J].行政与法,2014(2):70-75.
③ 姜颖.劳动合同法论[M].北京:法律出版社,2006:177.

另有规定的,依照其规定;未作规定的,依照本法有关规定执行。"《劳动争议调解仲裁法》第五十二条规定:"事业单位实行聘用制的工作人员与本单位发生劳动争议的,依照本法执行;法律、行政法规或者国务院另有规定的,依照其规定。"国务院《事业单位人事管理条例》第八条规定:"事业单位新聘用工作人员,应当面向社会公开招聘。但是,国家政策性安置、按照人事管理权限由上级任命、涉密岗位等人员除外。"这标志着人事关系的市场化,与劳动关系具有同质特征。

事业单位的编内聘用人员解聘手续和限制条件较为严格,流动性差。为了调动事业单位各类人员的积极性和创造性,促进我国经济建设和各项社会事业的发展,国家加大了对事业单位人员管理的力度,其主要手段是采用聘用合同来明确各方的权利义务和法律地位。事业单位的聘用合同内容包括:聘用合同期限、岗位及职责要求、岗位纪律、岗位工作条件、工资待遇、聘用合同变更和终止的条件、违反聘用合同的责任。这些内容与劳动合同的内容完全一致。[①] 事业单位拥有工资分配自主权,对其工作人员具有解聘等管理权,单位与工作人员之间存在从属关系。其内容同一般的劳动关系已经区别不大。比如,国务院《事业单位人事管理条例》第十五条规定:"事业单位工作人员连续旷工超过 15 个工作日,或者 1 年内累计旷工超过 30 个工作日的,事业单位可以解除聘用合同。"第十六条规定:"事业单位工作人员年度考核不合格且不同意调整工作岗位,或者连续两年年度考核不合格的,事业单位提前 30 日书面通知,可以解除聘用合同。"第十九条规定:"自聘用合同依法解除、终止之日起,事业单位与被解除、终止聘用合同人员的人事关系终止。"

----

① 从具体内容上看,聘用合同对劳动者的保护尚不如劳动合同。比如,第一,事业单位与聘用人员签订过聘用合同,而没有及时续签的,不需要支付双倍工资;而劳动合同到期,没有及时续签的,需要支付双倍工资。第二,与事业单位建立聘用关系的聘用人员的经济补偿金与劳动关系条件下支付的经济补偿金不同。依据《关于在事业单位试行人员聘用制度的意见》的规定,事业单位聘用人员解除聘用关系支付经济补偿金只有三种情形,一是聘用单位提出双方协商解除,二是医疗期满后解除,三是考核不合格解除。除此以外,无须支付经济补偿金。而劳动关系中,除了上述解除情形之外,还包括:劳动合同期满终止的需要支付经济补偿金,由于用人单位违法或违约导致劳动者辞职的,需要支付经济补偿金,由于用人单位注销、裁员、客观情况发生变化等事由解除的也需要支付经济补偿金。第三,对于人事聘用关系,不存在工作 10 年以上或连续签订两次聘用合同就签订无固定期合同的问题。第四,关于经济补偿金延期支付,或工资拖欠、克扣的情形,在劳动关系上存在单位要支付赔偿金的问题,而在聘用关系上没有法律依据。

为了保障人员聘用制度的实施,聘用合同订立后,聘用单位与受聘人员双方都应当严格遵守、全面履行合同的约定。受聘人员应当遵守职业道德和聘用单位的规章制度,认真负责地完成岗位工作任务;聘用单位应当保障受聘人员的工作条件,保障受聘人员享受按照国家有关规定和合同约定应当享受的待遇。聘用单位对受聘人员的工作情况实行年度考核;必要时,还可以增加聘期考核。

在市场经济条件下,公民都是以自己的劳动能力作为自己谋生与发展的手段,为社会提供服务而获得劳动报酬,他们的劳动在本质上没有任何区别,事业单位的职工一样可以定位为劳动者,这在逻辑上是成立的,在实际操作上也是可行的,这对于推进社会用人制度的转变,建立与市场经济相适应的统一的人力资源市场、优化资源结构大有裨益。因此事业单位人员聘用制度被纳入《劳动法》的适用范围毋庸置疑。

第二节 事业单位聘用合同法律机制的完善
——以高校教师为例

随着我国教育体制改革的推进,高校教师任用制度已由传统的任命制转为现代的聘用制。聘任制度的实施实现了高校与教师的关系由行政任用关系向平等协商聘用关系的转变。作为我国高校人事制度改革的基石,教师聘用制是以合同管理为核心的管理制度,聘用合同是聘任制的核心内容。《劳动合同法》第二条规定:"国家机关、事业单位、社会团体和与其建立劳动关系的劳动者,订立、履行、变更、解除或者终止劳动合同,依照本法执行。"这一条款在一定程度上解决了长期以来给理论研究和实务操作带来很大困扰的关于高校教师聘用合同的法律性质、纠纷解决法律适用等难题。《劳动合同法》的实施对高校教师聘用合同无论是在基本思想还是在具体的制度上都将产生重大的影响。在上述背景下,从《劳动合同法》的视角重新审视高校教师聘用合同,找出其中存在的不足之处,探讨完善之道,已经成为我国高等教育法制建设中的一个迫切需要解决且不能回避的问题。对该问题的探讨可以为相应聘用合同制度的完善提供理论借鉴,成果的应用可以有力地推动高校教师聘用合同法律机制的系统化,有助于更好地保护教师的合法权益,推进高校和谐劳动关系的形成。

从《劳动合同法》的视角分析,高校教师聘用合同的法律性质应该是劳动合同。高校教师聘用合同法律机制存在着缔结中双方地位的失衡、内容中权利义务的失衡以及争议解决中公平与效率的失衡等问题。可以从聘用合同签订时力量均衡的法律机制、聘用合同条款内容公平合理的法律机制、合同争议公正处理的法律机制等方面加以完善。

一、高校教师聘用合同的法律性质

高校教师聘用合同是指以高校和受聘教师为当事人在平等自愿基础上签订的关于岗位职责、任职条件、权利义务、聘任期限和违约责任等内容的协议。关于高校教师聘任合同的性质,学界的主流观点有两种。第一种观点认为聘用合同是行政合同。行政合同说认为,高等教育的公益性、高等学校的行政主体地位、教师职业的特殊性决定了高校教师聘用合同是行政合同,而不是一般民事合同或劳动合同。[①] 第二种观点认为教师聘用合同属于劳动合同。[②] 其依据是《教师法》第十七条、《高等教育法》第四十八条的规定和中共中央组织部、原人事部、教育部联合颁发的《关于深化高等学校人事制度改革的实施意见》。聘用合同的法律性质直接决定了学校与教师在签订、履行、终止合同过程中的法律地位、权利、义务以及合同纠纷解决的途径等。[③] 本书认为,从法律性质上看,高校教师聘用合同应该属于劳动合同。除了上述第二种观点所列举的法条和政策依据外,高校教师聘用合同的劳动合同关系性质还可以从以下几个方面加以论证。

其一,高校教师聘用合同无论从其形式,还是从其内容看,跟劳动合同存在很多共性。比如,两类合同的主体都是由用人单位和劳动者双方构成的;两类合同都具有双方地位平等化、双方关系契约化、任期和义务权利明确化、聘用过程公开化等特征;两类合同订立的原则和程序基本相同;两类合同条款构成的内容基本相同,都规定了用人单位与劳动者双方的权利与义务;两类合同都具有法律依据,且都是格式化的合同。[④]

其二,行政合同论的观点,误解了高校的主体地位。在我国,作为法律、

---

① 赵杰宏,严妍.教师聘任合同之法律性质[J].国家教育行政学院学报,2006(4):77-79.

② 胡林龙.高校教师聘用合同纠纷法律适用的制度与理念——以教师流失纠纷法律救济为视角[J].河南师范大学学报(哲学社会科学版),2007(3):84-88.

③ 叶晓云.论高校教师聘任合同的法律性质[J].民办教育研究,2010(3):45-48.

④ 陈鹏.我国公立高等学校与教师法律关系之研究[G]//劳凯声.中国教育法制评论(第4辑).北京:教育科学出版社,2006:160-174.

法规授权的组织,虽然高校在行使招生权、学位授予权、职称评审权、奖励或处分权等方面具有一定的行政职能,但高校是事业单位法人而不是行政主体。在与教师签订聘用合同时,高校是以事业单位法人的主体身份与另一主体缔结一种劳动合同性质的契约,并不是依法律、法规授权行使行政职能。所以,认为高校教师聘用合同是行政合同的观点,实际上混淆了高校在行政事务管理和教师聘用两种不同情况下的主体资格问题。①

其三,高校教师聘用合同的劳动合同性质符合高校聘任制改革的趋势和要求。高校教师聘任制改革在过去一直没有取得成功,很重要的原因之一就在于在相关制度设计中没有将教师当作劳动法中的劳动者。高校在管理中也没有充分认识到高校教师劳动的本质特征,没有将教师作为社会的一种人力资源,没有充分发挥高校教师在学校管理过程当中的协作劳动作用。正如有研究者所指出的:"只要存在有等级的身份关系,有着'官本位'的思想在高校驻足,高校的聘任改革就只能是一句空话。"②因此,只有按照《劳动合同法》的规定,在平等自愿、协商一致的基础上,高校与教师通过签订聘用合同,明确高校和教师的权利和义务,才可以促进高校自主用人,保障教师自主择岗,维护高校和教师双方的合法权益。

二、高校教师聘用合同法律机制存在的问题分析

我国《教师法》第十七条规定:"学校和其他教育机构应当逐步实行教师聘任制。教师的聘任应当遵循双方地位平等的原则,由学校和教师签订聘任合同,明确规定双方的权利、义务和责任。实行教师聘任制的步骤、办法由国务院教育行政部门制定。"但教师聘用合同的专门规范至今尚未出台,实践中教师聘用合同的法律适用存在较大的盲目性,也产生了诸多的问题。

1. 聘用合同缔结中双方地位的失衡

实施教师聘任制,其终极目的应当是使教师与高校双向选择,按照《劳动合同法》的基本规则在平等自愿的前提下签订聘用合同。从劳动合同的要求来看,高校教师聘用合同双方当事人应当是私法意义上的公民与法人之间的横向关系。然而现实情况却是,时至今日,从形式上看教师与高校的关系仍然是一种事实上的纵向法律关系,即作为管理者的高等学校与教师

---

① 康建辉,王渊.高校教师聘用合同中存在的问题及完善对策[J].高等教育研究,2008(3):6-9.

② 李青.论《劳动合同法》在高校教师聘任改革中的实施[J].邵阳学院学报(社会科学版),2010(3):127-130.

是一种管理与被管理的关系,学校处于领导、命令、主导的地位,教师则处于被领导、服从、被动的地位。

高校同时拥有管理者和聘任者的双重身份,实践中,高校很难把自己摆在与教师平等的地位。两者间地位的差异会影响到意思表达和权利的救济。在聘任过程中,高校拥有巨大优势。① 实际情况往往是教师签与不签聘用合同、签订含有什么样条款的聘用合同皆依学校的意志而定。由此可见,聘用合同缔结时,当事人之间是不平等的,教师事实上对合同文本及格式、条文没有选择权。②

另外,教师基于就业竞争压力和再就业的困难,往往不可能与高校处于一种平等协商的地位。"由于我国的养老、失业、医疗等社会保障体系还不太完备,教师在与学校签订合同的时候,存在后顾之忧,即使对聘用合同的条款有意见,一般也只好委屈接受。要真正落实教师与学校及教育行政部门的平等地位还有一定的难度。"③加之大多数高校的工会未能发挥其维护教师权益的积极作用,教师在签订聘用合同过程中很难有与学校平等对话的机会,教师的集体意志和个人意志基本上无从体现。

2. 聘用合同内容中权利义务的失衡

由于劳动关系本身固有的属性,用人单位与劳动者之间存在着领导与被领导、管理与被管理的隶属关系,双方实际上处于不平等的地位。而且,随着高校人事制度改革的深入,学校的自主权逐步扩大,学校的管理者拥有较大的权力,占有较多的社会资源,因而地位不断提高。反之,教师则处于相对弱势的地位,计划经济条件下劳动关系双方力量对比相对均衡的状态被打破。

公正合理的聘用制度才能激励教师发挥潜力不断创新,不合理的制度只会导致工作效率的降低。桑德尔指出:"当两个人达成一种契约时,我们可以从两种观点评估它的公正性。其一,我们可以探讨一下他们达成契约的条件,即双方是自由地还是强迫地达成此契约的。其二,我们可以考察该契约的具体条款,即双方是否公平地获得各自的份额。"④由于聘用合同通常

---

① 郭卉.浅析高校教师聘任制中教师利益的保护[J].高教探索,2008(3):13-15.

② 祁占勇.高校教师聘任合同法律性质的论争及其现实路径[J].高教探索,2009(3):14-17.

③ 石芬芳,任婷.中美高校教师聘任合同比较研究[J].中国高教研究,2011(3):67-69.

④ 简·莱恩.新公共管理[M].赵成根,译.北京:中国青年出版社,2004:225.

采用格式合同的形式,因此双方的权利义务也早已由学校提前规定,教师在合同签订的内容与形式上没有决定权。聘任合同的内容无法真正体现双方的合意,有时还会成为校方对教师进行要挟的手段。因此,聘用合同的内容很可能出现权利义务的失衡,有时并不真正具备《劳动合同法》所倡导的公平、公正的法律精神。①

　　比如,一些高校利用其优势地位,预先在聘用合同中设定高额违约金条款,使其成为限制人才流动的手段。《劳动合同法》第二十二条第二款规定:"劳动者违反服务期约定的,应当按照约定向用人单位支付违约金。违约金的数额不得超过用人单位提供的培训费用。用人单位要求劳动者支付的违约金不得超过服务期尚未履行部分所应分摊的培训费用。"这一规定,可以适用于教师接受专项培训而擅自离校的情况,通过约定服务期、支付违约金的方式保护学校的合法权益(但违约金的支付不得超过服务期尚未履行部分所应分摊的培训费用)。但实际情况是,许多高校对教师违反服务期约定所需承担的违约金数额都直接规定一个惩罚性违约金数额。另外,不少聘任合同只约定教师一方违约需付违约金,甚至有一点做不到都要赔付违约金,而校方无论如何违约都不需支付违约金。

　　3. 聘用合同争议解决中公平与效率的失衡

　　在教师聘用合同的履行过程中,发生纠纷应如何解决一直是个疑难问题。目前解决途径有三个:其一是按照《教育法》的规定内部解决,即由学校或教师向教育行政部门申诉,由教育主管行政部门协调解决。原国家教委制定的《关于〈中华人民共和国教师法〉若干问题的实施意见》中规定了教师申诉程序。教师聘用合同产生争议后可以向本单位聘任合同争议调解委员会申请调解,调解达不成协议的可以向教师聘任合同争议仲裁委员会申请仲裁。但在实践中,很多教育行政部门和高校没有建立教师申诉或仲裁委员会。另外,由学校自己组建、管理的本单位聘用合同争议调解委员会来调解,或者由高校的主管机构——教育行政部门来解决申诉问题,仅从程序上看其公正性就有足以引起合理怀疑的地方。可见这一途径不利于公开、公平地解决争议。

　　其二是通过人事争议仲裁途径解决。人事争议仲裁委员会设在人事行政机构内,所依据的仲裁规则是人事部门的政策性文件,并没有法律层面依

---

　　①　刘斌,金劲彪.《劳动合同法》背景下完善高校教师聘任制的若干思考[J].河北师范大学学报(教育科学版),2009(4):110-113.

据,完全是政策指导下的行政行为。同时,由于人事行政机关与事业单位、申诉人存在着直接的利害关系。因此,人事行政机关要在解决人事争议问题中保持中立地位是比较困难的。[①]

其三是通过诉讼解决。2003 年 8 月 27 日,《最高人民法院关于人民法院审理事业单位人事争议案件若干问题的规定》(法释〔2003〕13 号)通过,该解释规定:"事业单位与其工作人员之间因辞职、辞退及履行聘用合同所发生的争议,适用《中华人民共和国劳动法》的规定处理。"2004 年 4 月 30 日,《最高人民法院关于事业单位人事争议案件适用法律等问题的答复》(法函〔2004〕30 号)对法释〔2003〕13 号文的上述规定作了进一步解释:"人民法院对事业单位人事争议案件的实体处理应当适用人事方面的法律规定,但涉及事业单位工作人员劳动权利的内容在人事法律中没有规定的,适用《中华人民共和国劳动法》有关规定。"这一规定对适用的范围作了限制,主要适用于程序,实体方面仅限于无人事法律规定的劳动权利,从而大大降低了《劳动法》对高校教师聘用合同纠纷的适用效力,使此类纠纷的解决再次陷入迷茫之中。

《事业单位人事管理条例》第三十八条规定:"事业单位工作人员对涉及本人的考核结果、处分决定等不服的,可以按照国家有关规定申请复核、提出申诉。"第三十七条规定:"事业单位工作人员与所在单位发生人事争议的,依照《中华人民共和国劳动争议调解仲裁法》等有关规定处理。"按照现行的"一申一裁二审制"的聘用合同争议解决机制,一起争议案件要经过申诉调解,人事争议仲裁机关的仲裁,人民法院的一审、二审才能最终结案。这样一起聘任合同争议案件的解决,在正常情况下也需要一年以上,如果遇到特殊情况可能耗时更长,即使得到终审判决,法院的执行程序还需要时间。如果再考虑到后来可能复杂的申诉程序和审判监督程序,案件的最终解决可能还要更长的时间。由此可见,现行聘用合同争议解决机制效率非常低下。这种情形对作为单位的高校而言影响并不大,但对于大多数依靠劳动来生存及养家糊口的教师来说,效率实在不高。

三、高校教师聘用合同法律机制的完善

现行的《教育法》《教师法》《高等教育法》《事业单位人事管理条例》中关于聘用合同的内容只是几条原则性的规定,其余的几个"若干意见""决定"

---

① 李文江.高校教师聘任制之法律研究[J].高等教育研究,2006(4):49-54.

等都只属于"规范性文件"的性质,无论从立法层次、规范内容,还是完备程度等方面都远远不能真正确立起一套完整的教师聘用合同制度。高校教师聘用合同法律机制应在维护高校合法权益的同时,侧重于维护教师的合法权益,以实现双方力量与利益的平衡,有效寻求双方利益的最佳契合点。

1.聘用合同签订时力量均衡的法律机制

高校教师的辛勤付出和劳动是高等教育事业得以发展的基础,在聘任关系中,高校与教师有共同的利益,也有管理和被管理的特征,是一对既统一又对立的矛盾共同体。因此,"在聘任合同的形成时应侧重于维护处于弱势一方的教师的合法权益,淡化强制性色彩,以实现教师和高校之间力量与利益的平衡"①。

在我国,仅有教师个人与学校或教育行政部门签订的聘用合同,而无集体合同。集体合同在西方十分普遍,通称为"团体协约"。即由雇主或地方政府代表(往往是教师工会组织)进行谈判,旨在达成对工资待遇、福利和工作条件等雇佣双方都能接受的并对双方都有约束力的协议。如美国在推行教师雇佣制时,就采取了"团体协约"的形式,由教师工会和学校董事会就教师雇用的主要条件,如薪水、假期、罢工等问题签订集体合同。② 这样,教师工会和学校之间就形成了合同法律关系。当教师与学校发生争议时,工会就可以作为教师主体与学校交涉,并通过法律途径维护教师的合法权益。高校聘用制度实质上确立的是教职工与学校之间的劳动法律关系。"教师只有通过自身利益的维护者和代表者——教育工会和教师代表大会,才能争取在市场化劳动关系中的实际权利和地位,维护自身合法权益。"③因此为避免一些不利于教师(个体)的情况的出现,应当广泛采用集体合同的形式,由教育工会代表教师一方与高校单位订立集体劳动合同。

2.聘用合同条款内容公平合理的法律机制

高校教师聘用合同的内容是高校教师聘用合同的关键所在,通过合同条款具体反映双方当事人权利义务关系、充分反映聘用法律关系的真实含义。但现实情况是,聘用合同往往由学校单方面制定,且多为格式合同,虽

---

① 康建辉,王渊.高校教师聘用合同中存在的问题及完善对策[J].高等教育研究,2008(3):6-9.

② 李文江.高校教师聘任制之法律研究[J].高等教育研究,2006(4):49-54.

③ 杨颖秀.《劳动合同法》视域下教师聘任制的劳动关系审视[J].高等教育研究,2008(4):46-50.

然也可能经过公示或征求意见,但教师很少能够与校方自由平等协商。如何落实聘任制往往以学校发展为依归,学校在追求利益最大化的过程中,很容易使这种聘用合同变成"责任状",以聘用合同作为一种间接强制管理手段,教师难以主张权益。因此,有关教育行政部门必须对合同条款进行规制。

实现聘用合同条款内容公平合理的法律机制就是在高校教师聘用合同签订后,应当依法履行备案和鉴证程序,即高校教师聘用合同都应报聘任行政部门备案,而且应到当地聘任行政部门办理鉴证手续。由教育行政部门对聘用合同的内容进行规范,对聘用格式条款的使用进行监督检查,从而防止不公平内容的出现。另外,高校教师聘用合同的鉴证应采取强制鉴证原则,对法律规定范围内的高校教师聘用合同都必须进行鉴证。比如,《湖北省事业单位人事聘任(用)合同鉴证实施办法》对合同鉴证就有较为完善和科学的规定。该办法的第二条明确规定:"聘任(用)合同鉴证是人事行政部门依法审查、证明聘任(用)合同真实性和合法性的一项行政服务措施。聘任(用)合同经过鉴证是人事争议仲裁部门依法进行人事争议仲裁的依据。"该办法的第五条也明确了聘任(用)合同鉴证应审查的具体内容:合同内容是否符合国家法律、法规和政策;双方当事人是否在平等自愿和协商一致的基础上签订聘任(用)合同;合同条款是否完备,双方的权利、义务是否明确;中外文合同文本是否一致。①

3. 合同争议公正处理法律机制

目前,对高校教师在聘用合同中权利的有效救济方面存在着很多不足,比如救济通道不畅、救济成本较高等。法谚云"无救济则无权利",如果没有有效的救济方式,则高校教师的权利只会在更大范围内受到侵害,高校教师聘任改革的目的也就无法达到。高校教师聘用合同法律机制的落脚点即在于如何完善相关争议处理的法律机制。具体措施有二:

其一,将人事争议仲裁并入劳动争议仲裁。从近十余年来人事制度改革发展趋势来看,人事争议仲裁这个具有中国特色的权益救济制度具有阶段性,必将被处理方式更加成熟的劳动争议仲裁所替代。鉴于劳动仲裁机关与事业单位不存在利害关系,本书建议,将人事仲裁机构并入劳动仲裁机构,这样做既有利于仲裁机构保持中立地位,又利于统一适用《劳动合同法》。将教师聘任争议交由劳动争议仲裁委员会仲裁,必须尽快建立健全解

---

① 陈军芬.高校教师聘任合同研究[D].长沙:湖南大学,2006:29-30.

决教师聘任争议的仲裁机构或者通过修改《劳动争议仲裁条例》，将教师聘任争议列入劳动争议仲裁委员会的受理范围，通过劳动争议仲裁委员会解决教师聘任纠纷。人力资源和社会保障部于 2009 年制定的《劳动人事争议仲裁办案规则》将劳动争议仲裁和人事争议仲裁的办案规则统一了起来，就是这方面最好的证明。①

其二，畅通诉讼救济渠道。现行的聘用合同争议处理模式，从制度设计的初衷来讲，可能是为了维护教师的利益，给予教师和高校更多的机会自主处理争议。但是这种以实现实质正义为价值取向的设计，在实际运行中却走向了反面。烦冗的模式导致聘用合同争议处理效率低下；忽视了效率的重要性，没有考虑到当事人特别是处于弱势一方的教师所要支付的成本。所以，为保障教师聘任制的顺利进行，保障相对处于弱势地位的教师的合法权益，应当通过修改《教师法》或《民事诉讼法》的方式，明确将教师聘任争议列入民事诉讼的范围，从而将以司法途径最终解决教师聘任纠纷的规定确定下来。另外，从提高争议解决效率的角度看，应该在条件成熟时果断取消"一裁两审制"，实行"或裁或诉制"，使得教师最终可以选择向劳动部门申请仲裁或向法院提起诉讼的方式，为自身权益提供终极的救济。

从《劳动合同法》的视角来看，我国高校教师聘用合同法律机制的完善最终还要通过强化相关立法来完成。具体的步骤是：第一步，立法机关通过修订《教师法》与《高等教育法》统一规定高校与教师的法律地位，明确高校教师聘用合同的法律性质、法律效力以及相应的法律救济途径；第二步，考虑到作为教育机构的高校以及教师职业的特殊性，可以通过专门立法的形式对高校教师聘用合同的内容作出特别规定，制定《高校教师聘用合同条例》为《劳动合同法》的下位法，从而建构起完善的法律制度，为深化高校聘任制度改革提供有力的法律支持。

---

① 哈斯巴根，周炜.高校教师聘任合同法律属性探析[J].北方民族大学学报（哲学社会科学版），2011(6)：117-120.

第七章　迈向和谐劳动关系：劳动关系法律机制的完善

第一节　和谐劳动关系的内涵与要求

劳动关系是生产关系的重要组成部分，是最基本、最重要的社会关系之一，和谐劳动关系是指劳动关系双方一种和谐融洽的良好状态。劳动关系和谐，既事关广大劳动者和用人单位的切身利益，又事关经济发展与社会和谐，因此劳动关系和谐是社会和谐的重要基础和具体体现。

一、和谐劳动关系的提出

党的十六届六中全会作出的《中共中央关于构建社会主义和谐社会若干问题的决定》中，把提高构建社会主义和谐社会能力作为党执政能力的重要组成部分，并把和谐社会建设放到同经济建设、政治建设、文化建设并列的突出位置，提出了"发展和谐劳动关系"的全新论断，同时将"规范有序、公正合理、互利共赢、和谐稳定"作为社会主义新型劳动关系的基本内涵。《中华人民共和国国民经济和社会发展第十二个五年规划纲要》(2011—2015年)中明确提出，构建和谐劳动关系，要改善劳动条件，保障劳动者权益，发挥政府、工会和企业作用，努力形成企业和职工利益共享机制，建立和谐劳动关系。党的十八大报告明确提出，"要健全劳动标准体系和劳动关系协调机制，加强劳动保障监察和争议调解仲裁"，对构建和谐劳动关系提出了新的要求。

2011 年 8 月 17 日,在全国构建和谐劳动关系先进表彰暨经验交流会上,习近平同志指出:"构建和谐劳动关系,是建设社会主义和谐社会的重要基础,是增强党的执政基础、巩固党的执政地位的必然要求,是坚持中国特色社会主义道路、贯彻中国特色社会主义理论体系、完善中国特色社会主义制度的重要组成部分,其经济、政治、社会意义十分重大而深远。各级党委和政府要进一步提高认识、强化责任,把构建和谐劳动关系作为一项重要而紧迫的政治任务抓实抓好。"①他要求当前和今后一个时期,要着重抓好进一步完善劳动法律法规并保障其实施、合理调节企业工资收入分配、加强企业民主管理建设、努力化解劳动关系矛盾、加强企业党组织建设、支持和促进企业健康发展等工作,以构建和谐劳动关系的新进步更好地推进科学发展、促进社会和谐。

2015 年 3 月 21 日,《中共中央　国务院关于构建和谐劳动关系的意见》指出,在新的历史条件下,努力构建中国特色和谐劳动关系,是加强和创新社会管理、保障和改善民生的重要内容,是建设社会主义和谐社会的重要基础,是经济持续健康发展的重要保证,是增强党的执政基础、巩固党的执政地位的必然要求。

上述论断和措施的提出,充分说明执政党在发展理念上,对于劳动关系与和谐问题的高度重视与理论自觉。

二、和谐劳动关系的内涵与要求

目前,研究和谐劳动关系的现有成果已经不少,但是对"和谐劳动关系"的正面说明和定义却十分少见,且现有研究成果对"和谐劳动关系"的解释各有侧重。总体来看,关于和谐劳动关系的界定主要有以下几种:

第一,侧重于从对和谐的理解来界定。比如有学者认为:"构建企业和谐劳动关系就是要找到一条使劳资双方在对立基础上不断实现和谐统一的道路。"②还有研究者认为,和谐劳动关系是指劳动关系双方一种和谐融洽的良性状态,"构成劳动关系双方以良性互动、真诚合作、共谋发展为目标,各自的利益诉求能在你中有我、我中有你的共同发展中得到有效实现;在出现利益冲突时能通过民主协商的途径,依法协调彼此的利益矛盾,最终达到互

---

① 习近平.把构建和谐劳动关系作为一项政治任务抓实抓好[EB/OL].2011-08-16[2015-03-09].http://china.cnr.cn/gdgg/201108/t20110816_508376400.shtml.

② 周春梅.构建和谐劳动关系的困境与对策[J].南京社会科学,2011(6):85-91.

惠互利、共荣共赢"①。

第二,以法律为基调来界定。比如有研究者提出,"和谐劳动关系的内涵是:在市场调控劳动关系双方主体经济利益的基础上,在完善的劳动法律法规的框架下,利用工会组织、雇主协会、政府等多种组织力量的协调均衡,以个别劳动关系合同和集体劳动关系合同为基本手段,实现各层级劳动关系的持续稳定、合作共赢"②。还有研究者认为,劳资双方通过正当途径提出自己的利益主张,以健全的法律法规作依据,并通过谈判和协商来实现自己的利益需求。同时,和谐社会不是一个没有利益冲突的社会,但是必须是一个有能力化解各种利益冲突的社会。③

第三,从社会角度来界定。比如有学者认为:"所谓和谐劳动关系是指处于一定组织状态之下相互沟通、依法协调、有序参与、积极有为、公平正义、和睦相处的劳动关系。"④有的学者认为:"构建和谐劳动关系,不是回避矛盾,否定利益差别,而是在承认和尊重各自利益的前提下,寻找利益的均衡点,化解矛盾,实现发展中的共享和双赢。"⑤还有学者认为我国新型劳动关系本质上是和谐劳动关系。它包括规范有序、公正合理、互利共赢、和谐稳定等基本内涵。和谐稳定就是劳动关系矛盾能够得到及时化解,使其处于良性状态。和谐劳动关系就是职工得实惠、企业得效益、经济得发展、社会得稳定。⑥

虽然人们对和谐劳动关系的界定并不完全一致,但是对和谐劳动关系应该包括哪些要求,即和谐劳动关系的内容是什么却存在着较多的共识。和谐劳动关系应该是劳动者与用人单位从共同利益出发,建立起的一种平等、融洽的合作关系,并能通过有效的机制化解双方的矛盾和冲突,从而达

---

① 杨国峰.浅谈和谐劳动关系的构建[J].求实,2010(1):137-138.

② 罗燕,朱杏平.在职培训对企业和谐劳动关系的影响[J].华南师范大学学报(社会科学版),2010(6):122-129.

③ 刘笛,杨振权.对构建和谐劳动关系的思考[J].沈阳建筑大学学报(社会科学版),2009(1):63-66.

④ 郭庆松.发展国有企业和谐劳动关系的理论反思与实践启示[J].中国人力资源,2006(3):79-83.

⑤ 戴春.构建和谐劳动关系中值得思考的几个问题[J].中国劳动关系学院学报,2006(2):9-13.

⑥ 杨文霞.构建和谐劳动关系:工会参与社会管理创新的路径和维度[J].中国劳动关系学院学报,2012(4):16-20.

到互惠互利、和谐统一。

从法治视角来分析,和谐劳动关系的要求主要体现在以下几个方面。

其一,和谐劳动关系首先要求做到有法可依。市场经济是法治经济,法律是调整劳动关系的基本手段,是规范人们行为的准则。在市场经济条件下,劳动关系在构成、运行、处理等方面应当实现法治化,法律原则、法律方式应当成为调整劳动关系的主要模式。法治型的劳动关系要求用人单位增强依法用工意识,提高职工依法维权能力,加强劳动保障执法监督和劳动纠纷调处,依法处理劳动关系矛盾,把劳动关系的建立、运行、监督、调处的全过程纳入法治化轨道。

目前,我国已经颁布了一系列劳动法律法规,劳动法律体系基本形成,以《劳动法》为龙头建立了调整劳动关系各个方面的法律规范,在劳动关系运行的各个环节,基本上做到了有法可依,这是建立和谐劳动关系的基本依据和保障。[①] 但与劳动关系法治化的要求相比较还存在着一些不足,需要进一步完善《劳动法》《劳动合同法》《劳动争议调解仲裁法》《社会保险法》《职业病防治法》等法律的配套法规、规章和政策,加快完善基本劳动标准、集体协商和集体合同、企业工资、劳动保障监察、企业民主管理、协调劳动关系三方机制等方面的法律法规建设,使得劳动关系的各个领域和环节都能真正做到有法可依。

其二,和谐劳动关系要求依法保障劳动者的基本权益。劳动标准是维护劳动者权益、稳定劳动关系的一项基本制度保障。依法保障劳动者的基本权益要求真正落实各项劳动标准,具体内容包括:切实保障职工取得劳动报酬的权利、切实保障职工休息休假的权利、切实保障职工获得劳动安全卫生保护的权利、切实保障职工享受社会保险和接受职业技能培训的权利。其重点是要加强劳动定额标准管理,督促用人单位严格落实国家规定的工时制度和特殊工时管理规定,依法安排劳动者休息休假,促进用人单位改善劳动条件,加强人文关怀,加强企业民主管理建设,保障职工的知情权、参与权、表达权和监督权。今后一个时期,要根据我国劳动关系工作新形势,以实现劳动合同制度全覆盖为重点,加快完善职工权益保障机制,进一步完善《劳动合同法》配套法规和政策,依法健全完善劳务派遣制度、劳动用工备案制度和企业裁员机制。

其三,和谐劳动关系要求依法健全劳动关系协调机制。深化劳动关系

---

① 周春梅.构建和谐劳动关系的困境与对策[J].南京社会科学,2011(6):85-91.

改革,创新劳动关系体制机制,形成反应灵敏、运转有序的协调劳动关系机制,是有效预防、化解、处置劳动关系矛盾的关键。其重点任务之一是以推进企业工资集体协商、建立工资正常增长机制为重点,加快完善利益共享机制,不断扩大集体协商覆盖范围,积极稳妥推进行业性、区域性协商,促进企业在劳动生产率提高的同时增加职工工资;重点任务之二是建立健全由人力资源社会保障部门会同工会和企业联合会、工商业联合会等企业代表组织组成的三方机制,根据实际需要推动工业园区、乡镇(街道)和产业系统建立三方机制,充分发挥三方机制共同研究解决劳动关系领域重大问题的独特作用,深入开展和谐劳动关系创建活动。

其四,和谐劳动关系要求依法提高劳动关系矛盾解决的有效性。劳动关系双方由于价值取向的差异和看问题角度的不同,产生一些矛盾难以避免,关键是看有没有一套解决矛盾和化解冲突的有效机制。劳动争议就是劳动关系矛盾的表现,劳动争议的一个重要特点,就是其影响范围比较大,看似简单的劳动争议,如果处理不好,就可能引发群体性事件,影响社会稳定。

完善劳动争议调解制度,大力加强专业性劳动争议调解工作,健全人民调解、行政调解、仲裁调解、司法调解联动工作体系,充分发挥协商、调解在处理劳动争议中的基础性作用。完善劳动人事争议仲裁办案制度,规范办案程序,加大仲裁办案督查力度,进一步提高仲裁效能和办案质量,促进案件仲裁终结。加强裁审衔接与工作协调,探索建立诉讼与仲裁程序有效衔接、裁审标准统一的新规则、新制度。畅通法律援助渠道,依法及时为符合条件的职工提供法律援助,切实维护当事人合法权益。畅通投诉渠道,搞好裁审衔接,合理配置力量,加强相互协作,形成各级仲裁机构与司法机关的联动机制,及时公正处理劳动争议案件。

第二节　和谐劳动关系法律机制与劳动立法的发展

一、劳动权立法的发展

劳动权的实现有赖于立法机关对制宪者规定的劳动权进行具体化,积极构建并予以维护,促进劳动者自我开展。从构建和谐劳动关系要求的角度来看,目前,我国劳动权立法的发展应着重做好以下几方面的工作。

1. 尽快填补劳动标准的立法空白

目前,劳动基准立法存在法律位阶低、出台时间不一、部分基准缺失、基准规定不明确、基准水平地区差异等问题。立法不完备的突出表现是存在立法空白。例如,现行职业安全卫生立法中只有身体层面的职业安全卫生基准,而对心理层面的职业安全卫生则未作规定。又如,工资基准、工时基准和劳动定员定额基准本应三位一体,而现行立法中没有劳动定员定额基准,于是,工资基准和工时基准就难以发挥应有的作用。由于没有劳动定额基准,企业通过提高劳动定额,不仅可以规避限制加班的规定,而且可以在最低工资标准提高的情形下不增加劳动者的实得工资;由于在流水线作业中没有劳动定员基准,企业就可以尽可能减少用人数量而多安排超时加班,这或许是农民工超时加班现象普遍且屡禁不止的一个重要原因。①

以劳动基准为核心的劳动权制度是社会中间层协调机制和单个劳动关系协调机制的前提和基础,需要填补立法空白,建立完备的劳动基准体系。劳动基准可分为以劳动者生命健康为中心的基准和以劳动者劳动收入为中心的基准,前者主要有劳动安全卫生基准,后者主要有工资、劳动福利和社会保险基准。而工时和劳动定员定额基准兼有保护劳动者生命健康和保障劳动者劳动收入的功能,可同时作为上述两大类基准的组成部分。现行劳动基准立法比较粗糙,需要加以完善。填补立法空白的重点在于②:

第一,填补劳动定员定额基准空白。我国部分行业虽然有关于劳动定员定额标准的规定,但其是旨在提高劳动效率,倡导企业减少劳动定员、增加劳动定额的企业劳动管理标准,而不是旨在保护劳动者在劳动负荷和劳动报酬上的底线利益,限制企业减少劳动定员和增加劳动定额的劳动基准。因此,劳动定员定额立法应当由企业劳动管理标准立法转向劳动基准立法,或者在原劳动定员定额标准之外另设一套劳动定员定额基准。由于不同行业(或职业)的劳动定员定额各有其特殊性,且有很强的专业性和技术性,因此劳动定员定额基准应当分行业(或职业)制订,并且在劳动行政部门的主持下由行业(或职业)性的企业团体和工会共同参与。

第二,填补劳动福利基准空白。为了防范企业将福利项目转作工资项目支付,应当对劳动福利作底线规定,即规定劳动福利的必要项目及其最低标准。另外,对国有单位体制内劳动者的劳动福利还应当作封顶规定,但这

---

① 林嘉.我国的劳动法律制度[J].中国人大,2006(1):36-39.
② 林嘉.我国的劳动法律制度[J].中国人大,2006(1):36-39.

不属于劳动基准立法。

第三,填补心理层面职业安全卫生基准的空白。为了实现对劳动者心理层面和身体层面的职业安全卫生的同等重视,我们应当把劳动者心理安全卫生纳入职业安全卫生立法,规定用人单位保护劳动者心理安全卫生的基本要求,尤其是规定用人单位对纾解劳动者心理疲劳、减轻劳动者心理压力、化解劳动者心理郁结、消除劳动者心理障碍所应当承担的义务,并且在劳逸结合、工作环境、心理辅导和咨询等方面规定具体标准。

2. 完善我国劳动权法律体系

从劳动权的实现角度看,目前,我国劳动关系一些重要领域和重要事项的立法亟待加强。一是有关工资、工时、劳动安全卫生、职业培训等劳动标准的法律法规比较薄弱,需要制定相应的法律法规。当前大量争议尤其是群体性事件大多与工资、工时等事项有关,加强立法十分迫切。二是集体劳动立法比较薄弱,急需制定集体协商和集体合同、企业民主管理特别是有关职工代表大会的法律法规。三是保障公平和平等就业的法律法规需要加强,应制定反就业歧视法、职场性骚扰防治方面的法律法规。四是有关特殊劳动者群体的规定过于原则化,应进一步细化和完善,制定劳务派遣工、非全日制工等特定劳动者群体的专门的法律法规。五是有关外国人在华就业以及劳务输出方面的涉外立法非常薄弱,亟待制定外国人在华就业以及劳务输出的法律法规。六是完善有关职工社会保险的法律法规,制定养老保险法,进一步完善工伤、失业、医疗、生育保险方面的法律法规。[①]

3. 关注国际劳工标准与我国劳动法的衔接

国际劳工标准对各国劳动立法具有很重要的影响。我国已经走上世界经济贸易的舞台,国际劳工标准会对我国的立法、社会政策的制定、经济和贸易产生越来越大的影响。在这种情况下,许多跨国公司通过制定行业守则来推行国际劳工标准,最为典型的是 SA8000 企业社会责任标准。

SA8000 标准几乎涵盖了所有核心的国际劳工标准,包括国际劳工组织(ILO)关于禁止强迫劳动、结社自由的有关公约及其他相关准则,此外,该标准还关注了人类权益的全球声明和联合国关于儿童权益的公约的内容。标准首先给出了对组织和公司进行独立审核的定义和核心要素,确认审核评判的基本原则。

---

① 谢增毅.建设中国特色社会主义劳动法治体系[N].中国社会科学报,2014-11-26(A06).

世界上一些主要国家通过 SA8000 将国际劳工标准与国际贸易挂钩,一些跨国公司将 SA8000 与订单联系起来,不符合标准的即取消订单,这对我国的出口加工企业有很大的影响。作为外贸出口大国,我国对此问题应当予以足够的重视,并主动应对。

同时,在将劳动立法与国际劳工标准相衔接的过程中,对于与我国已批准的国际劳工标准存在差距的方面,应当结合我国的实际情况通过修改法律逐步予以完善。[①]

二、劳动合同立法的发展

中国改革开放以来的基本实践经验反映到劳动法领域,集中体现在如何认识和处理劳动者与用人单位的关系上,"中国特色社会主义的实践和改革开放以来的一系列政策,都是致力于兼顾、协调单位与劳动者双方的合法权益,建构和谐劳动关系"[②]。合同内容是劳动合同的本质所在,合同条款能够具体反映双方当事人权利义务关系,充分反映劳动法律关系的真实含义。劳动合同立法的发展,要顺应劳动关系的发展现状,既要考虑保护劳动者的合法权益,又要考虑劳动者、用人单位、国家利益的平衡,适时地提高劳动标准,加大用人单位的社会责任,保持经济发展水平与劳动者享受发展成果的适度平衡,使劳动者能充分享受经济发展的成果,使国家政治稳定、社会安定、经济平稳发展,最终实现社会和谐。《劳动合同法》是调整劳动关系的基础性法律,目前《劳动合同法》的发展与完善应当注意解决以下两个问题:

1. 规范非全日制用工劳动合同

非全日制劳动是灵活就业的一种重要形式。从世界范围看,非全日制用工主要有两项功能:一是作为灵活就业的重要形式,非全日制用工有利于缓解国家就业压力,促进劳动者就业;二是在一些发达国家,对一些劳动者,特别是女性劳动者而言,非全日制用工是提高生活质量的有效途径。近年来,我国非全日制劳动用工形式呈现迅速发展的趋势,《劳动合同法》对其作出了一定的规范,主要体现在第六十八、六十九条。但在实践中,非全日制用工劳动合同出现了曲意规避、界定困难、监管弱化等问题,应通过完善立法加以规制。具体措施包括:

第一,非全日制用工合同应尽量采取书面形式。由于《劳动合同法》并

---

① 林嘉.我国的劳动法律制度[J].中国人大,2006(1):36-39.
② 徐小洪.浙江模式劳动关系——自行协调、走向两利[J].浙江社会科学,2008(11):
9-15.

没有对合同订立形式的选择作出特别说明,因此选用何种形式只能由双方当事人协商决定,但基于保护劳动者的合法权益,只要条件允许,应尽可能采取书面形式订立合同。[①]

第二,对非全日制用工合同的终止条件应当予以限制。为适应非全日制劳动的特点,可以在合同终止、解除的程序上作适当简化,但劳动者应享有的解雇、保护权利应当有所体现,对非全日制劳动合同的解除条件、解除合同的通知期、解除的经济补偿金以及终止劳动合同的补偿还应当作出相应规定。[②]

第三,对社会保险制度应予以完善。社会保险是劳动者合法权益的切实保障。在对非全日制用工的社会保险的法律规定中,目前也仅是按照原劳动和社会保障部《关于非全日制用工若干问题的意见》第十条到十二条的规定执行,劳动者"应当参加基本养老保险","可以以个人身份参加基本医疗保险",用人单位"应当按照国家有关规定为建立劳动关系的非全日制劳动者缴纳工伤保险费"。而《劳动合同法》对非全日制用工合同的社会保险并未作出任何规定。[③]《欧盟非全日制用工指南》规定:"非全日制雇员如从事与全日制雇员同样的工作,应得到同等的小时工资或生育工资、职业年金等方面获得相同的待遇。"对于非全日制人员在社会保险方面的问题,可以通过技术性手段予以解决,例如,可以按照劳动者在用人单位工作时间占总工作时间的比重来安排劳动者和用人单位的社会保险缴费比例;可以采取为劳动者建立社会保险资金个人账户的办法,与劳动者建立劳动关系的用人单位根据劳动报酬的支付比例为劳动者缴纳相应的社会保险费用,存入劳动者的个人账户。通过这些具体的技术性规定,强化用人单位的责任,保障劳动者的合法权益得以实现。

2. 完善劳务派遣合同

劳务派遣是《劳动合同法》规范的一项重要内容,也是《劳动合同法》实施中遇到的一个重大问题。《劳动合同法》颁布实施后,出现了劳务派遣单位数量大幅增加、劳务派遣用工规模迅速扩大的情况。劳务派遣行业无序

[①] 黄张存.浅谈非全日制用工的几点不足及完善[EB/OL].2008-01-01[2014-05-07]. http://www.zclawycr.com/plus/view.php? aid=4199.

[②] 姜颖.劳动合同法论[M].北京:法律出版社,2006:362-363.

[③] 黄张存.浅谈非全日制用工的几点不足及完善[EB/OL].2008-01-01[2014-05-07]. http://www.zclawyer.com/plus/view.php? aid=4199.

竞争、劳务派遣工合法权益受侵害等问题越来越突出，引起了各方关注。劳务派遣用工制度的滥用不仅损害了劳动者的合法权益，也对常规的用工方式和劳动合同制度造成较大冲击。这些问题如不尽快解决，必然给和谐劳动关系和社会稳定带来负面影响。劳务派遣用工存在的突出问题主要有：

其一是用工不规范，超"三性"大量长期使用劳务派遣工问题突出。许多用工单位长期大量使用被派遣劳动者，有的用工单位甚至把劳务派遣作为用工主渠道。有些企业超出"临时性、辅助性、替代性"大量或全部使用劳务派遣工，并呈长期化趋势。

其二是被派遣劳动者的合法权益得不到有效保障，同工不同酬、不同待遇保障的问题比较突出。《劳动合同法》实施以来，多数企业对本单位的劳动合同制职工逐步做到了同工同酬，但对被派遣劳动者与本单位劳动合同制职工实行不同的工资福利标准和分配办法，有的被派遣劳动者的劳动报酬、社会保险、企业福利等与劳动合同制职工相比差距较大。

被派遣劳动者参与企业民主管理和参加工会组织等权利得不到很好落实，一些被派遣劳动者长期没有归属感，心理落差较大。《劳动合同法》执法检查数据显示，派遣工养老、医疗、工伤、失业保险的缴纳率分别为 72.7%、73.4%、70.5% 和 60.2%，除失业保险外，均低于正式工 16 个百分点以上。派遣工民主政治权利实现情况较差，工会入会率仅为 55.8%，低于正式工 17.9 个百分点，职代会中职工代表比例不到正式工的一半。[①]

其三是劳务派遣行业经营混乱，监管不到位。近年来，新注册的劳务派遣机构大幅增加，有些逾越登记和核准的范围从事派遣业务。其成立无须审批、许可、备案等程序，致使监督管理难以到位，异地监管难度更大。[②]

其四是被派遣劳动者的职业发展空间小、机会少，普遍缺乏归属感。多数劳务派遣工难以获得相应的奖励、培训和晋升等机会。

全国人大常委会在 2008 年和 2011 年对《劳动合同法》进行的执法检查中明确要求，要严格规范劳务派遣用工，保障被派遣劳动者的合法权益。针对劳务派遣用工中存在的问题，《劳动合同法》修正案草案于 2012 年 6 月第一次提请全国人大常委审议；12 月 24 日再次提请审议；12 月 28 日，全国

---

① 张鸣起.依法规范劳务派遣用工[EB/OL].2012-03-11[2015-03-08].http://news.xinhuanet.com/legal/2012-03/11/c_122818862.htm.

② 张鸣起.依法规范劳务派遣用工[EB/OL].2012-03-11[2015-03-08].http://news.xinhuanet.com/legal/2012-03/11/c_122818862.htm.

人大常委会表决通过了《关于修改〈劳动合同法〉的决定》。这是实施近五年的《劳动合同法》首次作出修改。修改后的《劳动合同法》自 2013 年 7 月 1 日起施行。本次修改的《劳动合同法》仅对第五十七、六十三、六十六、九十二四个条款进行修改，重在严格规范劳务派遣用工，保障被派遣劳动者的合法权益。此次修改，就是要使劳务派遣回归其作为劳动用工补充形式的定位，把派遣用工数量控制在合理范围内。一方面，进一步界定使用范围、派遣期限，明确适用行业、工种及用工比例，细化同工同酬标准。出台规范劳务派遣问题的配套政策法规。另一方面，要严格规范劳务派遣单位管理。建立劳务派遣行业行政许可制度、准入审核制度和风险保证金制度。加大行政监察和执法检查力度，监督引导用工企业规范使用劳务派遣。

本次修改基本上涵盖了针对劳务派遣中用工不规范、劳务派遣行业经营混乱、监管不到位等问题的内容。比如，修改前的《劳动合同法》第六十六条规定："劳务派遣一般在临时性、辅助性或者替代性的工作岗位上实施。"修改后的《劳动合同法》第六十六条规定："劳动合同用工是我国的企业基本用工形式。劳务派遣用工是补充形式，只能在临时性、辅助性或者替代性的工作岗位上实施。前款规定的临时性工作岗位是指存续时间不超过六个月的岗位；辅助性工作岗位是指为主营业务岗位提供服务的非主营业务岗位；替代性工作岗位是指用工单位的劳动者因脱产学习、休假等原因无法工作的一定期间内，可以由其他劳动者替代工作的岗位。用工单位应当严格控制劳务派遣用工数量，不得超过其用工总量的一定比例，具体比例由国务院劳动行政部门规定。"本次修改中，明确表明劳务派遣仅为补充形式，只能在"三性"岗位上实施。本次修改对"三性"岗位进行了明确诠释，从认识和操作层面严格限定了劳务派遣用工的岗位范围。同时，本次修改通过总量控制的办法限定了劳务派遣岗位的用工数量。

虽然取得了不少进步，但是上文中分析的劳务派遣工的发展问题仍然没有得到很好的解决。正如有官员指出，需要"视经济社会及企业发展情况，根据劳务派遣工技能水平、知识层次、对企业贡献等，有计划、有步骤、有措施地转为劳动合同工，逐步提高其工资及福利待遇水平"[①]。这一设想同样需要相关劳动合同的立法加以保障。

---

① 张鸣起.依法规范劳务派遣用工[EB/OL]. 2012-03-11[2015-03-08]. http://news. xinhuanet. com/legal/2012-03/11/c_122818862. htm.

3. 完善集体合同中的三方机制，充分发挥工会的作用

我国工会的力量有限，尤其是基层工会组织，一般难以取得与用人单位平等的地位；集体合同、集体协商制度尚未完善，因此利用团体力量解决劳动条件和劳动标准的合理、公平问题尚有一定难度。我国目前有形式上的劳、资、政三方机制，但实际上三方机制并没有充分发挥作用，作为集体谈判一方当事人的工会在集体协商中的作用不明显。因此，应当依法保障和充分发挥工会在与用人单位签订集体合同中的作用。① 当个人与单位发生争议时，工会就可以作为主体与单位交涉，并通过法律途径维护个人的合法权益。劳动者只有通过自身利益的维护者和代表者——工会和代表大会，才能争取在市场化劳动关系中的实际权利和地位，维护自身合法权益。

三、劳动争议解决立法的发展

劳动是人的基本生存方式和"天赋权利"，是不可或缺的，也是不可剥夺的。劳动争议作为劳动的伴生物，是跨越时间和空间永远存在的。可以说，有劳动就有劳动争议，它是由人性决定的，不受意识形态的支配。一个和谐的社会不是没有争议或冲突的社会，而应该是一个有着完备的争议处理机制的社会。改革开放以来，伴随着法治进程的加快，我国的劳动争议处理机制面临的问题也在不断变化。如果说20世纪劳工权利的取得和维护主要是靠斗争、靠讼争的话，那么现在这已成为过去；如果说早期处理劳动争议不看对象、不分属性，主要是靠司法、靠法院、靠国家强制一条路径的话，那么，如今这些同样已成为过去。"谈判、磋商、和解、调解、仲裁等建立在社会自我解决基础上的多范式、多路径处理机制并存并行正日益成为今天国际劳动争议处理的主流形态。"②

法谚云"无救济则无权利"，如果没有有效的救济方式，则权利只会在更大范围内受到侵害。本书认为，劳动关系法律机制的落脚点在于完善相关劳动争议处理的法律机制，其中最为关键的是通过劳动争议解决立法的发展来畅通各种救济渠道。

1. 立法强化调解的作用

调解有利于保护当事人的权利，又可以节约诉讼资源。实行这种体制能缩短劳动争议处理的周期，提高劳动争议处理的效率，降低劳动争议处理

---

① 林嘉.我国的劳动法律制度[J].中国人大,2006(1):36-39.
② 郑祝君.劳动争议的二元结构与我国劳动争议处理制度的重构[J].法学,2012(1):94-103.

成本,使劳动争议双方当事人尤其是劳动者的合法权益得到及时有效的保障。从目前条件来看,如果完全取消调解可能会带来很大的负面作用,在认可调解的同时需要对调解机构本身作出重大的调整。改变用人单位设立劳动争议调解委员会的设置,设立由人力社保部门为主导,该行业的专业人员、工会代表、用人单位代表参加的行业劳动争议调解组织。该组织由政府主导,能更好地取得劳资双方的信任,各方代表的参加便于加强沟通,以利于调解组织发挥调解作用,将矛盾化解在起步阶段,最大限度地保护当事人权益,节约诉讼资源。

即便是进入诉讼程序,劳动争议在审前和审中都要着重调解。在劳动诉讼程序中突出调解的重要地位,符合劳动争议有别于普通民事争议的特殊性。通过对国外司法实践的考察,我们发现,很多国家都非常重视调解在劳动诉讼中的作用。如在德国,调解是初审法院审理劳资纠纷案件的必经程序。在初审中,每一个案件都必须经过庭内调解,否则,不能收取诉讼费用。① 基于劳动关系的特殊性,调解应当在劳动诉讼中发挥重要的作用。因此,有必要借鉴其他国家的做法,除非争议的双方当事人明确反对,否则调解应作为劳动诉讼的必经程序。②

2. 完善仲裁自愿、裁审分离、各自终局的程序立法

仲裁是指争议双方自愿将争议交给权威、公正的第三方裁决,并自愿接受该裁决。仲裁自愿是指劳动争议调解机构调解不成或当事人不愿意调解时,当事人可以共同协商将劳动争议交与劳动仲裁机构仲裁,双方协商不一致的直接进入审判程序。《劳动法》第七十九条规定,发生了劳动争议,必须先申请行政性质的劳动仲裁,对仲裁结果不服的可以去法院提起劳动争议诉讼。这种强制"仲裁前置"的劳动争议处理体制的主要依据是国务院 1993 年颁布的《企业劳动争议处理条例》,强制性"仲裁前置"模式导致三个弊端:一是行政规范性文件泛滥;二是维权成本提高;三是法律空洞化,民众对法律的信仰丧失。《劳动合同法》第七十七条规定:"劳动者合法权益受到侵害的,有权要求有关部门依法处理,或者依法申请仲裁、提起诉讼。"该条款未

---

① 周贤奇.德国劳动、社会保障制度及有关争议案件的处理[J].中外法学,1998(4):108-117.

② 冯彦君,董文军.中国应确立相对独立的劳动诉讼制度——以实现劳动司法的公正和效率为目标[J].吉林大学社会科学学报,2007(5):104-111.

表达清是先仲裁后诉讼还是仲裁诉讼可以选择适用，令人摸不着头脑。①

裁审分离是指当事人已经选择仲裁的不得再提起诉讼，同样，已进入诉讼程序的不得再申请仲裁，切实保障仲裁裁决为一裁终局。进入仲裁，完全是当事人信任仲裁机构并自愿选择的结果。一裁终局能避免为履行程序而走过场的尴尬，能更好地发挥劳动仲裁机构的主动性，强化仲裁员的责任心，改善劳动争议案件的处理效果和质量，充分发挥劳动仲裁制度的高效优势。《劳动争议调解仲裁法》规定了部分劳动争议案件实行有条件的一裁终局，是对现行劳动争议处理制度的又一创新和突破。根据该法第四十七条规定，明确，争议额小的简单劳动争议案件，如追索劳动报酬、工伤医疗费、经济补偿或者赔偿金，不超过当地最低工资标准十二个月金额的小额争议，以及因执行国家的劳动标准，在工作时间、休息休假、社会保险等方面发生的争议，在仲裁裁决作出后，如果劳动者没有提起诉讼或用人单位没有申请撤销，仲裁裁决即发生法律效力。这样，就可以有效解决当前一些用人单位恶意诉讼，拖延履行义务而导致的劳动争议处理周期长的问题，将大多数劳动争议案件及时化解，有效维护劳动者的合法权益。

遗憾的是，《劳动争议调解仲裁法》第五条仍保留了"仲裁前置"，即"对仲裁裁决不服的，除本法另有规定的外，可以向人民法院提起诉讼。"尽管《劳动争议调解仲裁法》第四十七条对部分劳动争议案件实行一裁终局，却未必会降低时间费用成本。因为没有取消"仲裁前置"，部分案件实行一裁终局反而强化了劳动仲裁的行政垄断地位。立法者亦担心这种状况下仲裁机构作出裁决的准确性，又设置了提起诉讼程序和严格的司法复审程序。该法第四十八条规定，劳动者对一裁终局裁决不服的，可以向人民法院提起诉讼；第四十九条规定，用人单位有证据证明一裁终局裁决有六种情形之一的，中级人民法院可以裁定撤销裁决。这六种情形即为司法复审的范围，其审查内容除涉及程序外，还涉及审查认定事实的证据是否有瑕疵，适用法律是否有错误，即对实体的审查。这种既审查程序又审查实体的司法复审，实质上是法院对劳动仲裁机构已裁决的案件重新审理，仲裁裁决就不再是终局性的了。仲裁裁决被人民法院裁定撤销的，当事人可以就该劳动争议事项向人民法院提起诉讼，结果是一裁二审的困局非但没有改变，还多了一道撤销程序，一裁终局的高效率便失去了意义。

---

①　王荣.质疑全国人大法工委"劳动仲裁不再是诉讼必经程序"[EB/OL]. 2010-01-16 [2014-12-05]. http://wr666. blog. tianya. cn.

在劳动争议处理程序中,向人民法院提起诉讼对于当事人而言,是最后一道保护屏障,它直接关系到当事人的劳动权益最终能否得到保护。在解除了仲裁前置的束缚之后,当事人的诉讼权利能得到有效的保障。

3. 引入特殊劳动争议强制调解立法

对涉及公共利益、社会秩序的特殊劳动公法争议用强制劳动仲裁加以处理。西方国家的劳动争议强制调解,要求在符合一定条件的情况下,由法律明文规定启动仲裁程序,并不关注当事人是否愿意。强制仲裁是国家对劳动争议实施的带有干预性质的公共政策和法律的结果,目的是防止罢工或闭厂等激烈的产业行为的发生,避免因劳动争议对社会利益的损害以及社会不稳定局面的出现。实行强制性调解的积极意义在于,当争议发生时,在劳资关系的任何一方企图诉诸产业行动之前,实行强制性调解可能是促成和睦解决争议的一次难得机会。为不失时机,一些国家通常要求争议当事人事先应将采取产业行动的意向通知有关争议调解机构,而后由其进行争议调解。还有一种强制性调解程序的作用更为明显,即一些国家的法律规定,在争议当事人没有求助于法定调解程序之前,或者所求助的调解程序尚未结束时,争议当事人采取罢工或闭厂行动属非法行为。①

很多国家的立法通常对重要部门或公共设施等加以界定,一般包括公共交通、通信、供水、能源供应和分配以及医疗服务机构,有些国家还授权主管当局对此名单进行增补。在发生重大劳动争议时,很多国家的政府会出面进行紧急调解。比如日本《劳动关系调整法》第三十五条规定,内阁总理大臣在有可能出现下述事件时,只要是现实存在的,即可决定紧急调整:该事件与公共事业有关,或规模大或与性质特殊的事业有关,如采取对抗行为使该业务陷于停顿,国民经济将遭遇严重困难,国民日常生活将受到严重危害。内阁总理大臣做出紧急调整的决定时,须立即公布其意旨,注明理由,并通知中央劳动委员会及有关当事人。中央劳动委员会接到通知后,须尽最大努力解决该事件。中央劳动委员会对与紧急调整决定有关的事件的处理,须优先于其他一切事件。紧急调整决定公布后,有关当事人在公布之日起 50 天之内不能采取对抗行为,即便是对抗行为,也不得停止或妨碍工作场所保安设施的正常维修或运行。在丹麦,调解员一般会要求双方将拟议的停工最长推迟两个星期。此外,如果停工会影响重要公共机构或服务部门的正常运转,或者将产生很大的社会影响时,多位调解员可以联合行动要

---

① 陈玉萍.国外的劳动争议调解制度[J].中国劳动,2005(2):29-31.

求进一步推迟停工行动。①

再比如，美国联邦劳动部的主要职能之一就是调解劳动争议，各大工业城市也都设立了相应的调解局。当一些与国计民生密切相关的产业部门及重要职位发生劳动争议，如果政府不进行干涉可能影响产业的发展，甚至破坏社会秩序的稳定时，政府会采取直接干预政策，由政府设置的仲裁机关主持，实行强制仲裁。当然作为一种特殊的劳动争议解决机制，强制劳动仲裁的适用受到了一定的限制，一般要求针对涉及公共利益、社会秩序的特殊劳动公法争议。如果离开了这一限制，允许强制劳动仲裁程序随意启动的话，可能会对社会生活的常态产生不利的影响，同时也可能为公权不当干预私权开启合法之门。

尽管对其适用有着严格的限制，但是强制劳动仲裁本身的存在却是十分重要的。因为这一制度为劳动争议安装了一个安全阀，使其被控制在一个安全的范围之内，不致对社会产生过大的影响。

第三节　和谐劳动关系法律机制与劳动司法的完善

在法治社会中，司法对于维护法律正义、实现社会公正有着举足轻重的作用。正如美国著名法官卡多佐所言："法律作为社会控制的一种工具，最重要的是司法作用。"②当代美国法学家德沃金甚至宣称："法院是法律帝国的首都，法官就是帝国的王侯。"③我国民法学者王利明教授也曾指出："司法不仅具有解决各种冲突和纠纷的权威地位，而且司法裁判乃是解决纠纷的最终手段，法律的公平正义价值在很大程度上需要靠司法的公正而具体体现。"④现代社会的发展，使司法维护正义的功能面临着许多前所未有的新课题、新挑战。

近年来，劳动争议案件已经成为我国法院民事审判工作中数量增长幅度快、社会敏感程度高、涉及范围广、案结事了压力大的纠纷类型。当今世界，劳

---

① 陈玉萍.国外的劳动争议调解制度[J].中国劳动,2005(2):29-31.

② Cairns H. The Theory of Legal Science[M]// Cowan T A. The American Jurisprudence:Reader. New York:Oceans Publications,1967:148.

③ 德沃金.法律帝国[M].李常青,译.北京:中国大百科全书出版社,1996:361.

④ 王利明.司法改革研究[M].北京:法律出版社,2001:3.

动关系越来越多地受到各国政府的关注,劳动者的合法权益得到越来越好的保障。许多国家不仅拥有完善的劳动立法体系,而且拥有完善的劳动司法体系,拥有素质很高的专业法官和兼职法官队伍,拥有特殊的劳动诉讼程序。上述内容已经成为促进劳动关系和谐的有力措施,值得学习和借鉴。

一、劳动司法机构制度的完善

劳动司法制度是劳动者特殊保护思想的产物,如果一个社会中,劳资关系仍然被视为物权关系或商业买卖关系的话,劳动纠纷是不必用专有独立体系来处理的。即便是进入自由劳动契约时代,也同样无此可能,因为在自由契约思想的前提下,司法权仍在一般统治者手中,而对劳动关系所产生的纠纷的裁判,仍然在一般法院依一般程序进行。直到劳动关系摆脱了一般债法上的原则,同时国家认为劳工是经济上的弱者,有予以特别保护之必要时,劳动司法的独立体系才开始露出曙光。由于对劳动诉讼特殊性的承认,当然连带使得劳动诉讼及有关执行范围与程序也特殊化,在这种前提下,一般法院不但不能胜任也不宜担任裁判工作。[①] 因而,需要特殊的劳动司法机制来实现劳动者特殊保护之目的。纵观国外劳动司法机构,可以概括为四种类型:

一是普通法院类型。即由国家设立统一的司法审判机构,审理劳动争议案件是其中的一项职能。代表性国家如美国、日本等。在美国,允许通过司法程序处理的劳动争议仅限于权利争议。由于当事人和解及其他处理劳动争议的方式——调解、仲裁十分发达,在大多数情况下,权利争议通过当事人和解、调解、仲裁等方式都能被解决。当然,权利争议当事人也可以向普通法院起诉,由普通法院按照民事诉讼程序来处理。在日本,由于没有设立单独的劳工法院,因而所有的劳动权利争议由普通法院处理。除了两三个比较大的地方法院设有劳工法庭,其他法院对劳动争议案件并没有特设的劳工法庭。而且,除了主要处理劳动争议案件的上述劳工法庭的法官以外,也没有专门处理劳动争议案件的法官,甚至劳工法庭的法官也经常轮调至其他法庭或者其他的地方法院。不过,值得注意的是,日本于 2004 年 5 月 12 日颁布的《劳动审判法》规定,对于个别劳动争议案件,由法院组成的劳动审判委员会进行审理。[②] 其具体内容是:在地方法院设立一个劳动审判

---

① 黄越钦.劳动法新论[M].北京:中国政法大学出版社,2003:342.
② 范跃如.劳动争议诉讼审判机构研究[J].法学家,2007(2):114-122.

委员会,专门处理个别劳动争议。审判委员会由一名专业的法官(劳动审判官),劳动团体以及用工单位各自推荐的一名劳动关系的专家(劳动审判员)共计三名成员组成。原则上规定,根据事实,通过非诉讼的手段,经过三次以内的商讨,对争议作出迅速、适当的处理。劳动审判一般首先进行调解,调解不成的,根据劳动审判委员会的三名审判员过半数的意见下达劳动判决。当事人对判决的结果没有提出异议,两周的时间过后就等于裁定和解(判决确定)生效。如一方当事人对此裁决提出书面异议,此裁决即为无效,书面意见提交之时,即被认定为向该法院提出诉讼,移交普通诉讼。①

二是专门法院类型。即有自成体系的劳动法院(庭),如德国、英国等。建立专门的劳动司法机构,当属德国最为历史悠久。1848 年 1 月 2 日,德国普鲁士各邦陆续成立了独立的工厂法庭。1869 年,德意志帝国国会通过立法将工厂法庭改为工商法庭。1901 年,德国在 2 万人以上的城市设立工商法庭。法庭由劳资双方各选一名代表与另外一位超然中立人士组成。1926 年,成立了专门的劳动法院。1953 年 9 月 3 日,德国颁布《劳动法院法》,经过实践,于 1979 年修订后重新公布。《劳动法院法》既是一部劳动法院组织法,又是一部审理劳动争议案件的程序法。德国的劳动法院分为基层法院、州法院和联邦法院三个级别,基层法院负责劳动案件的初审,当事人不服判决的,上诉于相应的州法院。联邦法院负责全国劳动案件的终审工作,部分特殊的劳动案件可以不经过州法院而直接上诉到联邦法院。在劳动法院自成体系的德国,共设有基层劳动法庭 123 个,州劳动法庭 19 个,联邦劳动法庭 1 个。其中,基层劳动法庭为初审法庭,州劳动法庭为上诉法庭,联邦劳动法庭为终审法庭。②

三是普通法院内设法庭类型。即在普通法院内设专门的劳动法庭。采取在普通法院之中设立劳动法庭模式的典型国家是比利时。比利时在 1967 年有一项关于劳动法庭与社会法庭的重大变革,将劳动法庭由特别法庭整合纳入普通法院组织之内,适用一般的民事诉讼程序。不过,比利时劳动法庭创设出一种陪审官制,陪审官的功能在于审判过程中,以超然地位对判决重要事项与争点陈述其意见,并参与判决。此外,陪审官还可以对违反强行法律之制裁参与判决。③

---

①　荒木尚志.日本劳动法[M].李坤刚,牛志奎,译.北京:北京大学出版社,2010:13.
②　李贤华.各国劳动争议诉讼的司法模式选择[N].人民法院报,2013-04-26(8).
③　黄越钦.劳动法新论[M].北京:中国政法大学出版社,2003:345.

四是专业行政机构类型。即由国家设立统一的司法行政管理机构,负责处理劳动争议案件。如澳大利亚、丹麦等国采用的就是这一类型。澳大利亚在联邦和州一级的产业关系委员会中内设专门的劳动法庭。产业关系委员会由政府成立,独立运作,与联邦法院和州法院无隶属关系。联邦和各州的劳资关系委员会内设有劳动法庭,实行两审制。目前,澳大利亚联邦劳动法庭共 18 个,各州劳动法庭 89 个。一般情况下,劳动争议发生后,当事人应当将争议申诉到劳资关系委员会进行调解、仲裁或判决。如果当事人对判决结果不满意,可以上诉至法院,但这种情况在澳大利亚极为罕见。丹麦则是通过建立国家调解员办公室来处理劳动争议,国家调解员办公室具有一些行政色彩,又独立于行政机构之外。国家调解员办公室这一行政裁判实体由德高望重的中间人士组成,在普通法院的指导下开展工作。①

从世界范围来看,各国劳动争议诉讼审判机构的组织形式存在明显的差异。但从实践效果上分析,建立专门的劳动法院或劳动法庭,可以使法官不必将精力分散在处理婚姻纠纷、房地产纠纷以及合同纠纷等普通民事案件中,从而能够集中精力解决劳动争议,提高工作效率。在我国,根据现行的劳动争议诉讼制度,劳动争议案件由各级法院的民事审判庭审理。由于劳动争议诉讼案件具有不同于普通民事案件的显著特殊性,导致了现行的"民劳合一"的劳动争议诉讼体制日益滞后于形势发展的要求。目前,这种劳动司法体制引发了很多争议,但我国现行的劳动争议审判机构模式究竟需要如何完善呢?

自 1986 年我国劳动争议处理制度恢复以后,我国劳动争议案件的诉讼程序立法开始启动。1986 年 11 月 8 日最高人民法院法(研)复〔1986〕32 号批复第一条规定,关于劳动合同纠纷案件,暂由人民法院经济审判庭受理;1993 年《企业劳动争议处理条例》出台后,《最高人民法院关于劳动争议案件受理问题的通知》中规定,1986 年以来由经济庭审理的劳动合同纠纷案件改由民事审判庭受理。在法院系统内部,人民法院根据案件性质以及相关业务分工,曾将适用民事诉讼程序的纠纷案件的审理分别由民事庭、经济庭、知识产权庭等进行,之后改革为民事一庭、民事二庭、民事三庭、民事四庭等以适应统一的民事诉讼程序,但始终没有劳动争议审判庭的设置。司法实践中,随着近年来劳动争议案件数量的飞速增长,不少法院设立了劳动争议

---

① 李贤华.各国劳动争议诉讼的司法模式选择[N].人民法院报,2013-04-26(8):114-122.

合议庭来专门处理劳动争议案件。但是，该劳动争议合议庭仍属于民事审判庭的内部机构，而且，与其他民事审判合议庭相比，劳动争议合议庭也只不过是由几名比较固定的审判人员专门处理劳动争议案件而已，并没有太大的区别。①

我国现行的由民事审判庭来审理劳动争议案件的审判组织模式已经不适应劳动争议案件审理的现实需要，其根本原因是劳动争议案件的特殊性质。诉讼案件繁多复杂，决定了审判机构应依据案件的不同性质而呈专业化发展。劳动争议与一般的民事争议区别很大，由民事审判庭来审理劳动争议案件很不合理。劳动争议与民事争议的区别是由劳动关系与民事关系的区别决定的。在民事关系中，当事人双方是平等的民事主体，因而在确定当事人双方之间的民事权利义务时，应当遵循自愿、公平、等价有偿。而在劳动关系中，一旦劳动关系确立，用人单位与劳动者之间就存在着管理与被管理、支配与被支配的关系，劳动者作为用人单位的成员隶属于用人单位，因此，在确定当事人双方的劳动权利义务时，应注重保护处于弱势地位的劳动者一方，而不能完全遵循所谓的自愿原则。此外，也不能依据表面上的等价有偿原则来确立劳动权利义务，劳动权利义务的确立，主要依据的是国家的劳动法律、法规和当事人之间合法有效的劳动合同。总而言之，劳动关系与民事关系是两种性质截然不同的法律关系，决定了劳动争议与一般民事争议之间存在显著区别，倘若均由同一审判庭审理，显然不妥。

关于我国应当设立怎样的劳动争议诉讼审判机构，理论界和实务界存在不同的观点主张。第一种观点是维持现状型，亦称兼审非独立型，即在人民法院内不设立专门的劳动争议审判机构，而由民事审判机构兼职行使劳动争议审判权；第二种观点是独立型，即建立一种独立于现有人民法院系统之外的劳动司法机构——劳动法院，由其专门行使劳动争议审判权；第三种观点是专审非独立型，即在现有人民法院内部设立劳动法庭作为审理劳动争议案件的专门机构。②

第一种观点显然是不值得赞同的，因为无论是从现实还是从理论看，现状存在着很多问题，不能适应劳动关系发展的要求。第二种观点，从理论上看是没有问题的，从可以预见的效果上看，对劳动关系的发展也十分有利，但独立型劳动法院的构建和实施要求大量的立法活动，如修改现有的《人民

---

①　范跃如.劳动争议诉讼审判机构研究[J].法学家，2007(2)：114-122.

②　范跃如.劳动争议诉讼审判机构研究[J].法学家，2007(2)：114-122.

法院组织法》,制订《劳动法院法》,修改《劳动法》等。这是一个极为复杂的系统工程,需要许多细致的工作和充分的准备,这些工作在短时间内是无法完成的。所以相比较而言,在现实条件下,第三种观点提出的建立专门审理劳动争议案件的劳动法庭具有更大的现实可能性。设立专门的劳动法庭具有以下重大的现实意义:①

第一,它有利于法院集中精力审理劳动争议案件,提高办案效率,以适应近年来劳动争议案件数量急剧上升的现实状况。《最高人民法院工作报告》显示,2009 年各级法院审结劳动争议案件 31.7 万件,同比上升 10.8%;以基层法院为例,2011 年海淀区人民法院受理劳动争议案件 3216 件,2012年达到 3319 件,2013 年 1 月至 11 月 20 日即达到 3635 件,较上一年度同期增加 13.06%。涉及劳务派遣、合同解除、社保补偿、劳动报酬等方面的常规案件仍为劳动争议案件主流。② 劳动争议案件标的虽然不大,但案件数量多,增长速度快,如果不能做出专门的处理、提高案件审理效率,可能会带来严重的问题。

第二,它有利于使劳动争议审判专门化、专业化,提高劳动争议审判的质量,切实维护劳动争议当事人双方的合法权益。近年来,随着社会的不断发展,劳动关系的主体与内容日益复杂,出现了许多新型的劳动关系,应如

---

① 1 月 29 日,北京市丰台区人民法院隆重举行大会,正式成立了劳动争议审判庭,这也是北京市法院首家劳动争议案件专业审判庭。

近年来,随着《劳动合同法》《劳动争议调解仲裁法》等法律法规的颁布和实施,特别是受国际金融危机的影响和冲击,企业与劳动者之间因裁员、降薪、拖欠工资等问题而引发的纠纷不断涌现,法院受理的劳动争议案件逐年增多。而丰台区地处城乡接合部,具有流动人口多、劳动关系不稳定的特点。随着区域经济的发展和城乡一体化进程的加快,就业、保险、社会保障等方方面面必将产生一系列连锁反应,诸多问题有可能以诉讼的形式不断涌向法院,这些都对审判工作提出了更高的要求。如何提高服务区域经济发展大局的能力,为落实城南行动计划等提供良好的法律服务和有力的司法保障已经成为摆在丰台区人民法院面前的一项重大课题。为此,实现劳动争议案件审理的集中化、专业化已是大势所趋。

据悉,丰台区人民法院劳动争议审判庭成立后,将对劳动争议、人事纠纷等劳动争议审判工作进行集中管理,除对案件进行专业化、集中化审理之外,还将全面负责劳动争议法律法规及理论与实践的调查研究,对劳动争议类案件和普遍性问题进行调研指导,围绕劳动争议审判工作特点开展法制宣传,参与区域劳动争议调解工作等,将对促进区域劳动关系的和谐稳定发挥更大的作用。参见李力,兰国红,孙闻欣.促进区域劳动关系和谐稳定:北京丰台法院成立劳动争议审判庭[N].人民法院报,2010-02-02(4).

② 北京海淀区人民法院.2013 年劳动争议案件增长 13.06%[EB/OL].2013-12-24[2014-12-06].http://news.163.com/13/1224/13/9GS75QA20001124J.html.

何处理这些新型的劳动关系中产生的争议就成为审判实践中的疑难问题。这必然要求劳动争议审判专业化，才能保障劳动争议诉讼的办案质量。

二、劳动司法审判人员制度的完善

在国际上，对劳动关系的调整和劳动争议的处理，有一个通行的原则，即"三方原则"。"三方原则"是国际劳工组织确立的处理劳动关系的基本原则之一，是国际劳工组织尊重各方意愿，提倡雇主与雇员之间合作的重要体现。国际劳工大会1944年通过的《费城宣言》对"三方原则"作了一个概括性的界定，即："反对贫困的斗争需要各国在国内坚持不懈地进行，还需要国际作持续一致的努力，在这种努力中，工人代表和雇主代表享有与政府代表同等的地位，与政府代表一起自由讨论和民主决定，以增进共同的福利。以期有效地承认集体谈判的权利，加强雇主和劳动者双方不断提高生产效能中的合作，以及在制定与实施社会和经济措施中的合作。""三方原则"作为一项基础性原则，已经被世界各国广泛适用于劳动政策的制定、劳动关系的调整和劳动争议的处理等劳动领域的方方面面。如德国的劳动法院，除职业法官外，还从雇主和雇员中选任兼职法官，兼职法官由工会和雇主协会分别推荐，由劳工部任命。

所谓"三方原则"，强调的是劳动诉讼中的审判人员应由劳方代表、资方代表和政府代表组成。劳方、资方和政府的代表共同参与，运用各自具有的有关劳动关系方面的专业知识处理劳动争议，体现了劳动诉讼中审判人员构成的专业性。在劳动诉讼中强调审判人员的组成具有"三方协调性"和"智识专业性"，充分体现出劳动纠纷处理对公正性的要求。由于解决争议的审判人员具备了劳动关系方面的专业知识，使得纠纷的解决在体现公正性的同时也满足了效率性的要求。在处理劳动争议的过程中，劳方代表、资方代表的参与，能够针对争议问题共同进行商讨，而国家力量的介入，在一定程度上能够救济处于弱势方的劳动者，对二者利益进行平衡。"三方原则"在劳动诉讼中的应用，可以使审判人员及其所作出的审理结果获得争议双方当事人的信任，有利于缓解矛盾，便于沟通，符合构建和谐劳动关系的基本要求。

在我国，"三方原则"主要体现在如下两个方面：一是在劳动关系的调整领域，国家和地方均成立了由政府劳动部门、工会组织和雇主组织组成的"劳动关系三方协调委员会"，负责劳动政策的制定等宏观决策；二是在劳动争议的处理领域，企业的劳动争议调解委员会和政府设立的劳动争议仲裁委员会均由三方代表组成,使调解和仲裁更好地体现和平衡劳动争议双方的利益,促进劳资双方的合作和社会经济的发展。实践证明,这种原则已经取得了很好的效果。然而,在我国劳动争议诉讼的实践中,并没有体现"三方原则"。目前,我国人民法院审理劳动争议案件采用合议制或独任制的审判组织形式。一般情况下,无论是合议制还是独任制,基本上均由职业法官组成。诉讼中基本上没有劳动者代表和用人单位代表的参与,从而不能很好地实现劳动诉讼中协调劳动关系的功能。

我国目前劳动争议诉讼适用普通的民事诉讼程序,由普通法院组织体系下的民事审判庭来完成,其裁判人员的组成与普通民事案件并无区别。我国《民事诉讼法》规定人民法院审理民事案件,由审判员、陪审员共同组成合议庭或者由审判员组成合议庭。即便是有人民陪审员参与的案件,在裁判人员的构成中,并没有体现出"三方性",同时,也没有要求裁判人员应具备解决劳动纠纷的专业知识和经历。我国的劳动诉讼由于缺乏独立性,导致"三方性"和"专业性"在劳动诉讼的审判人员构成中均无体现,从而无法充分满足劳动纠纷处理对公正性的要求。①

为此,有研究者提出,对于劳动争议案件,为了贯彻"三方原则",应当实行有别于其他诉讼的特殊的陪审制度,即吸收工会组织代表和雇主组织代表作为陪审员参与劳动争议案件的审理。② 从现实条件和基础来看,通过完善劳动争议诉讼中的人民陪审制度,在其中体现"三方原则",不失为一个可行的做法。在劳动争议诉讼中,实行工会组织代表和雇主组织代表作为陪审员的特殊陪审制,至少具有以下积极意义:

其一,由于陪审员来自于工会组织和雇主组织,他们对劳动法律、法规和政策比较了解,对企业的生产经营、劳动者的实际处境和劳动关系的现实状况比较熟悉,由他们参与劳动争议案件的审理,有助于法院对劳动争议案件作出符合实际情况的裁判,提高法院劳动案件审判的质量。

其二,由于陪审员各自代表了劳动者和用人单位双方的利益,从而使审判组织容易获得争议双方的信任,有利于劳动争议案件的及时妥善解决,特别是有利于当事人双方达成和解,消除隔阂,促进劳动关系的和谐发展。

其三,赋予作为工会组织代表和雇主组织代表的人民陪审员在劳动争

---

① 冯彦君,董文军.中国应确立相对独立的劳动诉讼制度——以实现劳动司法的公正和效率为目标[J].吉林大学社会科学学报,2007(5):104-111.

② 王全兴.劳动法[M].北京:法律出版社,2004:380.

议案件中与职业法官同等的职权,这在一定程度上可以避免和防止职业法官的独断和知识经历的不足,提高法院劳动争议案件裁判的公正性。

三、劳动司法诉讼程序制度的完善

基于劳动争议案件与普通民事案件相比具有的特殊性,民事诉讼程序不能完全满足劳动诉讼的客观需要,因此有必要确立劳动诉讼特别程序,在其中要适当简化诉讼程序、确立相对诉讼时效、强调调解的作用、重视案件的社会因素。

其一,要适当简化诉讼程序。由于劳动争议案件涉及对劳动者基本生存利益的保障,其对诉讼效率性的要求高于普通的民事案件,可以不严格适用《民事诉讼法》中第一次开庭的口头审理和书面预审、文书交换等程序规定。另外,《民事诉讼法》中规定的审理期限过长,远不能适应劳动诉讼对时效性的要求。因此,需要适当缩短劳动诉讼案件的审理期限。

其二,确立相对诉讼时效。依据我国《民法通则》第一百三十七条的规定,诉讼时效期间从权利人知道或者应当知道权利被侵害时起计算。这是一种绝对的诉讼时效。由于我国劳动诉讼适用民事诉讼程序,所以应当适用这一诉讼时效起算点的规定。但是,即使劳动者知道其权利受到侵害,由于劳动者自身的弱势地位,基于各种原因的考量,劳动者可能也不会立即主张自己的权利。此时,《民法通则》中关于诉讼时效的规定就不利于保护劳动者。本书认为,劳动争议案件诉讼时效的起算点应该为劳动争议发生之日,此为相对诉讼时效。劳动关系中的当事人一方向对方提出权利主张或异议,或者向调解组织、仲裁机构、人民法院提出解决纠纷的请求的时间即为劳动争议发生之日。基于此,我国《劳动法》所规定的"从劳动争议发生之日起60日"的仲裁时效应为相对仲裁时效。但遗憾的是,在后来的劳动和社会保障部《关于贯彻执行〈中华人民共和国劳动法〉若干问题的意见》中又将"劳动争议发生之日"解释为"当事人知道或者应当知道其权利被侵害之日"。①

其三,强调调解在劳动诉讼中的作用,凸显劳动纠纷调解程序的地位。劳动关系是一种财产关系与身份关系兼而有之的社会关系,其存在着对立的一面,但更多的则体现为利益上的统一。劳动纠纷在诉讼之前要经过调解程序,把调解强制作为初审的前置程序,如经过调解,当事人双方能够达

---

① 王全兴.劳动法[M].北京:法律出版社,2004:496-498.

成调解协议、原告撤回起诉或被告自认原告诉讼请求的,调解程序即告结束,否则即进入诉讼程序。即便是进入诉讼程序,劳动争议在审前和审中都要着重调解。在劳动诉讼程序中突出调解的重要地位,符合劳动争议有别于普通民事争议的特殊性。

通过对国外司法实践的考察,我们发现,很多国家都非常重视调解在劳动诉讼中的作用。比如,在德国,调解是初审法院审理劳资纠纷案件的必经程序。在初审中,每一个案件都必须经过庭内调解,否则,不能收取诉讼费用。① 基于劳动关系的特殊性,调解应当在劳动诉讼中发挥重要的作用。因此,我们有必要借鉴其他国家的做法,除非争议的双方当事人明确反对,否则,调解应作为劳动诉讼中的必经程序。

其四,重视案件的社会因素。解雇纠纷占劳动纠纷案件总数的五成,法院在审理这类案件时,需要结合个案审查解雇行为是否"从社会因素看是公正的",即必须审查案件判决对当事人的实际影响。社会因素包括当事人的工龄、年龄、家庭情况、性别等。学者的研究表明,较之其他法院,德国劳动法院在审理案件时更注重案件的社会效果。②

四、和谐劳动关系中法院的作用

(一)现代社会中司法的角色

由于社会的变动不居、立法者的有限理性以及成文法的天然局限性,在司法实践中经常会遭遇那些法律条文没有提供明确答案的疑难案件。③ 当面对这种困境时法院应该怎么办?对于这个问题的不同回答体现了两种不同的司法观,即司法能动主义和司法克制主义。

司法能动主义是一种司法哲学观,主要是指法院可以借助案件,以实现正义为目标,以宪法原则和精神为依归,为政治、经济以及社会问题定规立制,对社会的重大政治经济问题做出司法决策。"司法能动主义更多地倾向于通过司法过程来回应社会变迁,通过法官在司法实践中运用目的性扩张

---

① 周贤奇.德国劳动、社会保障制度及有关争议案件的处理[J].中外法学,1998(4):108 117.

② 高越强.德国的劳动纠纷解决机制[N].人民法院报,2011-09-23(8).

③ 罗伯特·阿列克西.法律论证理论——作为法律证立理论的理性论辩理论[M].舒国滢,译.北京:中国法制出版社,2002:2.

解释或者辩证推理等一系列司法技术来解决疑难案件，进行积极司法。"①这种司法观允许法院在没有先例可循或遇到疑难案件时，进行创造性司法，法官可以造法，为了推动新的社会政策可以偏离严格遵循先例的原则，甚至不惜侵犯立法和行政权力，持这种司法观的法官更多的是把自己看作社会工程师而不是单纯适用规则的司法者。司法能动的基本宗旨是法院应该为各种社会不公提供司法救济，并运用手中的权力，尤其是运用将抽象概括的法律保障具体化的权力去实现社会正义。

　　司法能动主义的理论与实践正式开创于美国，这一理论认为，联邦最高法院应该成为宪法的保护者和解释者，司法部门对政治运作中超出宪法内容的事物的价值加以评价，以确认其是否合宪。美国前首席大法官马歇尔认为："一部试图在未来各个时代保持下去的宪法最终要适应于人类事务中的各种危机。"②由于其他两个部门尤其是立法部门拒绝对宪法问题做出决定，法院便成为宪法问题的最终裁决者，所以最高法院应该成为一个"持续的制宪会议"，③通过解释对原始的宪法文件加以修正和更新。从美国的实践看，如今司法部门已不仅仅是实施监督和弥补不足的制动阀，其价值已不仅仅体现在对各种具体诉讼案件的审理上。相反，它已成为政府行为者，越来越多地跻身于政治、社会和经济等广阔领域的前沿。20世纪以来，随着美国社会的发展、科技的进步和国会权利保护法律的增多，司法诉讼的范围日渐扩大，作用日益上升。正如有研究者所言，司法部门已经成为"社会改革的机构"，而法官们则是"穿着长袍的立法者"④。这一切均为司法能动主义理论的产生和迅速发展提供了依据。在司法能动主义者看来，很难想象一个法院有权解释宪法而不能制定政策，法官不仅要对那些模糊不清的条款加以解释，还要发展和适用相应的政策。美国学者加里·沃塞曼对司法能动主义的观点进行了如下归纳：最高法院应是立法与行政部门在制定政府政策时的主动创造性的伙伴。司法主动论者谋求使用最高法院的权力来解

---

　　①　信春鹰.中国是否需要司法能动主义.转引自梁迎修.迈向司法能动主义：置评"黑哨"第一案[J].法律适用，2003(11)：32-25.

　　②　McCulloch M A. The Judiciary：The Supreme Court in the Governmental Process[M]. Boston：Allyn and Bacon Inc. ，1987：86.

　　③　谭融.权力的分配与权力的角逐——美国分权体制研究[M].天津：天津大学出版社，1994：144.

　　④　谭融.试析美国的司法能动主义[J].天津师范大学学报(社会科学版)，2003(6)：13-18.

决政府其他部门忽视的经济和政治问题。这种观点认为最高法院不仅是美国政治竞赛中的裁判员,它应该也是竞赛的积极参与者。①

　　司法能动主义的理论基础是司法应更加关注实质正义而非过分迁就形式正义。实质正义是以符合价值取向为其规定性,即"法律必须体现人民主权原则""承认和保护公民的普遍权利和自由""对一切正当利益施以无差别的保护"等。② 通常持司法能动主义观点的法官会发现,有更多的争议需要司法作出回复,"既然国会、白宫和州议会无力应付许多迫在眉睫的问题,而一些人又得不到司法公正和他们的宪法权利,那么就该由法院来这么做。他们主张最高法院应当成为引导美国人民表达价值观的全国重大讨论会中的领袖"③。事实上,尽管对司法能动主义的民主非难和对其之滥用的担心时常伴其左右,但司法能动主义在多数时候确实发展了法律,推动了社会进步,它为人们留下了许多司法超越法律而直接与正义相联系且不断吸取正义的光辉篇章。德国当代著名法学家拉德布鲁赫在其早年与晚年的学术生涯中,就法律的确定性与法律正义发生了观点的转变,很好地体现了形式正义与实质正义的关系问题。早年他高估了法律安定性的价值,认为法的确定性是法的基本的乃至首要的功能,法律秩序的存在要比法律的正义和功利更为重要。在经历了纳粹统治后,晚年的他则认为:"凡正义不被追求的地方,法律不仅仅就是'非正确',它甚至根本上就是缺乏法的性质。因为,法律注定要为正义服务的。"④

　　如果说,一般的基层法院、中级法院乃至高级法院主要是通过受理私人之间的纠纷与争执,以维持基本的社会秩序,那么作为国家最高司法机关的最高法院,其功能肯定不会也不应该仅仅局限于纠纷的解决。在整个国家审判体系中,"最高人民法院是中枢环节或大脑,它不仅通过诉讼程序来监督各级人民法院的具体审判工作,不仅通过司法解释和规则制定为各级人民法院的审判提供法律依据,而且要形成指导整个审判活动的司法政策,并

---

① 加里·沃塞曼.美国政治基础[M].陆震纶,等译.北京:中国社会科学出版社,1994:122.

② 张文显.法哲学范畴研究[M].北京:中国政法大学出版社,2001:155-156.

③ 詹姆斯·M.伯恩斯,等.民治政府[M].陆震纶,等译.北京:中国社会科学出版社,1996:717.

④ 阿图尔·考夫曼.古斯塔夫·拉德布鲁赫传[M].舒国滢,译.北京:法律出版社,2004:156-157.

筹划整个司法制度的发展方向"①。这一点在体现社会性要求的劳动争议案件的解决中体现得较为明显。本书拟以最高人民法院为例对劳动关系中司法的作用加以探讨。

（二）最高人民法院作用于劳动关系的方式

虽然从理论上讲每个劳动者都有出卖或不出卖自己劳动力的自由，但对许多人而言，劳动即意味着生存，通常是不得不成为一名被雇佣者。由此雇主获得了对劳动力的支配权，同时也就获得了对劳动者的支配权，隶属关系也就形成了。在单位录用职员时，求职心切的人们可能从不会去计较单位的一些信息披露要求是否侵犯了他们的隐私，而单位的面试又是否顾及了他们的尊严。在劳动力市场中，人或许并未真正被当作"人"来看待："就业的语言是一种经济现象的语言，员工经常被指称为'人力资源'，很像自然资源或生产资源。"②不仅如此，就员工与单位相对固定的关系而言，其弱势地位也昭然若揭：单位的高层决策，甚至是涉及职工们命运的决策，对许多人而言并不能知晓；当人们加入某个单位时，原单位已经存在的规章制度——显然当事人并未参与该规章的制定，无论公平、公正与否，都会对当事人产生影响。③　最高人民法院作用于劳动关系主要采取以下几种方式：

其一，制定劳动关系的司法解释。我国最高人民法院制定发布解释的历史已有 20 余年，其中系统的、大篇幅、集中发布的司法解释更具特色。最高人民法院进行司法解释的依据是全国人民代表大会常务委员会于 1981年 6 月 10 日作出的《关于加强法律解释工作的决议》，该决议规定："凡关于法律、法令条文本身需要进一步明确界限或作补充规定的，由全国人民代表大会常务委员会进行解释或用法令加以规定。凡属于法院审判工作中具体应用法律、法令的问题，由最高人民法院进行解释。凡属于检察院检察工作中具体应用法律、法令的问题，由最高人民检察院进行解释。"在《关于地方各级人民法院不应制作司法解释性文件的批复》（1987 年 3 月 31 日）中，最高人民法院明文禁止地方各级法院制作解释性质的文件，明确表示只有最高人民法院才能行使司法解释权。最高人民法院的司法解释对全国各级地

---

① 张千帆.宪法学[M].北京：法律出版社，2004：407.

② 帕特利霞·H.威尔汉，等.就业和员工权利[M].杨恒达，译.北京：北京大学出版社，2005：26.

③ 胡玉鸿."弱者"之类型：一项法社会学的考察[J].江苏行政学院学报，2008（3）：92-98.

方法院和专门法院具有普遍的约束力,在必要的场合,这些解释可以作为判决或裁决的根据而引用到司法文书之中,因而对经济社会的发展和社会成员权利的得失影响深远。

最高人民法院就公共政策问题作出相关司法解释的行为,直接或间接地改变了社会的利益分配格局,影响了国家的决策、相关产业的发展、数量庞大的现实或潜在当事人的切身利益。法院的行为实现了从"矫正正义"向"分配正义"的飞跃,在一定意义上可以说是起到了实施公共政策的效果。从表7-1所显示的内容来看,最高人民法院在一些关于劳动者保护的司法解释中更强调的不是法理上的融通无碍以及借助原则和逻辑的和谐演绎,而是实践的绩效以及"目的—手段"的政策性思考。[①]

表 7-1　司法解释

解释	内容	保护对象	公报年期
《最高人民法院关于审理劳动争议案件适用法律若干问题的解释》(最高人民法院审判委员会第1165次会议通过,自2001年4月30日起施行) 法释〔2001〕14号	因用人单位作出的开除、除名、辞退、解除劳动合同、减少劳动报酬、计算劳动者工作年限等决定而发生的劳动争议,用人单位负举证责任。 根据《劳动法》第二十条之规定,用人单位应当与劳动者签订无固定期限劳动合同而未签订的,人民法院可以视为双方之间存在无固定期限劳动合同关系,并以原劳动合同确定双方的权利义务关系。	劳动者	2001年第3期
《最高人民法院关于企业离退休人员的养老保险统筹金应当列入破产财产分配方案问题的批复》(最高人民法院审判委员会第1221次会议通过,自2002年4月24日起施行) 法释〔2002〕12号	破产企业离退休人员的养老保险统筹金属于《中华人民共和国破产法(试行)》第三十七条第二款和《中华人民共和国民事诉讼法》第二百零四条规定的"劳动保险费用",应当列入破产财产的第一清偿顺序。	破产企业(下岗)离退休人员	2002年第3期

---

① 季卫东.最高人民法院的角色及其演化[C]∥许章润.清华法学.北京:清华大学出版社,2006:12.

续表

解释	内容	保护对象	公报年期
《最高人民法院关于建设工程价款优先受偿权问题的批复》(最高人民法院审判委员会第 1225 次会议通过,自 2002 年 6 月 27 日起施行) 法释〔2002〕16 号	人民法院在审理房地产纠纷案件和办理执行案件中,应当依照《中华人民共和国合同法》第二百八十六条的规定,认定建筑工程的承包人的优先受偿权优于抵押权和其他债权。 建筑工程价款包括承包人为建设工程应当支付的工作人员报酬、材料款等实际支出的费用,不包括承包人因发包人违约所造成的损失。	建筑工人(农民工)	2002 年第 4 期
《最高人民法院关于审理企业破产案件若干问题的规定》(最高人民法院审判委员会第 1232 次会议通过,自 2002 年 9 月 1 日起施行) 法释〔2002〕23 号	因企业破产解除劳动合同,劳动者依法或者依据劳动合同对企业享有的补偿金请求权,参照《企业破产法》第三十七条第二款第(一)项规定的顺序清偿。 债务人所欠非正式职工(含短期劳动工)的劳动报酬,参照《企业破产法》第三十七条第二款第(一)项规定的顺序清偿。 债务人所欠企业职工集资款,参照《企业破产法》第三十七条第二款第(一)项规定的顺序清偿。	劳动者	2002 年第 5 期
《最高人民法院关于人民法院审理事业单位人事争议案件若干问题的规定》(最高人民法院审判委员会第 1278 次会议通过,自 2003 年 9 月 5 日起施行) 法释〔2003〕13 号	事业单位与其工作人员之间因辞职、辞退及履行聘用合同所发生的争议,适用《中华人民共和国劳动法》的规定处理。	劳动者	2003 年第 5 期
《最高人民法院关于解除劳动合同的劳动争议仲裁申请期限应当如何起算问题的批复》(最高人民法院审判委员会第 1320 次会议通过,自 2004 年 7 月 29 日起施行) 法释〔2004〕8 号	用人单位依据《中华人民共和国劳动法》第二十五条第(四)项的规定解除劳动合同,与劳动者发生争议的,劳动者向劳动争议仲裁委员会申请仲裁的期限应当自收到解除劳动合同书面通知之日起计算。	劳动者	2004 年第 8 期

续表

解　释	内　容	保护对象	公报年期
《最高人民法院关于审理劳动争议案件适用法律若干问题的解释（二）》（最高人民法院审判委员会第 1393 次会议通过，自 2006 年 10 月 1 日起施行）法释〔2006〕6 号	人民法院审理劳动争议案件，对下列情形，视为劳动法第八十二条规定的"劳动争议发生之日"：（一）在劳动关系存续期间产生的支付工资争议，用人单位能够证明已经书面通知劳动者拒付工资的，书面通知送达之日为劳动争议发生之日。用人单位不能证明的，劳动者主张权利之日为劳动争议发生之日。（二）因解除或者终止劳动关系产生的争议，用人单位不能证明劳动者收到解除或者终止劳动关系书面通知时间的，劳动者主张权利之日为劳动争议发生之日。（三）劳动关系解除或者终止后产生的支付工资、经济补偿金、福利待遇等争议，劳动者能够证明用人单位承诺支付的时间为解除或者终止劳动关系后的具体日期的，用人单位承诺支付之日为劳动争议发生之日。劳动者不能证明的，解除或者终止劳动关系之日为劳动争议发生之日。	劳动者	2006 年第 10 期

　　其二，颁发劳动关系的司法文件。规范化文件是指由国家机关或者依照法律、法规的规定行使国家权力或公共权力的社会组织就履行法律、法规赋予的职责作出的正式的具有法律效力的文件。规范化文件通常具有约束力，即一旦规范化文件通过合法程序产生后，就必然具有一定的法律效力。作为规范化文件的一种，司法文件是指最高人民法院为正确统一实施法律、法规，依照一定程序制定的在一定范围内带有一定约束力和指导性的决定、命令和决议的规范化文件。① 司法文件与个案的审判不同，属于建章立制，是制度化、规范化的表征，能够巩固制度性创新。鉴于司法文件也是由最高人民法院审判委员会通过，并且要求各级法院"结合审判工作实际，遵照执行"，甚至有些司法文件可以成为全国法院在一段时期内审判工作的指导方针，或者是最高人民法院对下级法院工作进行检查、评价的标准，因此常常成为最高人民法院创制公共政策的载体之一。

　　比如，《最高人民法院关于当前人民法院审理企业破产案件应当注意的几个问题的通知》（法发〔1997〕2 号）的司法文件把劳动者优先保护的公共政

---

　　① 杨宏亮.地方非规范性司法文件纳入人大备案审查机制研究[J].法治论丛,2007,22(2):41-44.

策纳入司法领域。因为按照物权优于债权的民法一般原理，对破产企业的土地抵押权的实现要先于企业职工的劳动债权。但现实的情况往往是企业一旦走到破产的境地，除了土地使用权外，几乎不存在其他财产或其他财产已经非常少。如果破产企业的土地抵押权人优先实现其土地抵押权，那么破产企业职工的劳动债权就很可能落空。而相对于银行等破产企业的土地抵押权人，破产企业职工很明显是社会弱势群体。最高人民法院通过上述司法文件把土地抵押担保物权对劳动债权的优先顺序颠倒过来，承认了在妥善安排破产企业职工这一社会政策面前的担保法理的相对化。通过这一行为，最高人民法院（至少在司法领域或更确切地说在法院系统内）实施了优先保护劳动债权的公共政策。如果没有最高人民法院的这一行为，即使有些法官心存爱心，也不敢作出类似的裁判，因为这很可能被作为"错案"追究责任。但有了法发〔1997〕2号通知以后就不同了，至少法院或法官可以而且必须理直气壮地保护作为弱势一方的劳动者。表7-2中的内容反映了2002年至2007年最高人民法院通过司法文件实施劳动者保护的公共政策的概况。

表 7-2　司法文件

司法文件	内容	保护对象	公报年期
《最高人民法院关于充分发挥审判职能　切实维护企业和社会稳定的通知》法〔2002〕132号	特别是一些外商投资企业、私营企业及个体经济组织，违反劳动、安全和社会保险法规，侵害职工合法权益的现象大量存在，有的还相当严重，由劳资纠纷引发的群体性、突发性和恶性事件频繁发生。这些问题如果不能得到及时妥善的处理，不仅会使企业的内部改革和生产经营受到严重干扰，而且会给国家改革、发展、稳定的大局造成不利影响。	劳动者	2002年第4期
《最高人民法院关于印发〈关于落实23项司法为民具体措施的指导意见〉的通知》法发〔2003〕20号	加强对进城务工人员维护自身合法权益案件的审判，制裁职业中介机构欺诈行为和用工单位拖欠工资行为。	农民工	2003年第6期
《最高人民法院关于集中清理拖欠工程款和农民工工资案件的紧急通知》法〔2004〕259号	各级人民法院要抓住这一机遇，按照司法为民的要求，高度重视解决建设领域拖欠工程款和农民工工资问题，切实做好涉及工程款和农民工工资案件的执行工作。	农民工	2005年第2期

续表

司法文件	内容	保护对象	公报年期
《最高人民法院关于人民法院为建设社会主义新农村提供司法保障的意见》 法发〔2006〕17 号	发包人与承包人存在结算争议,但拖欠农民工工资或者劳务报酬的事实清楚,经承包人申请并依法提供担保,人民法院可以就工程款中涉及农民工工资或者劳务报酬部分裁定先予执行。	农民工	2006 年 第 10 期
《最高人民法院印发〈最高人民法院关于为构建社会主义和谐社会提供司法保障的若干意见〉的通知》 法发〔2007〕2 号	妥善审理劳动争议案件,维护劳动关系和谐。	劳动者	2007 年 第 3 期

其三,公布劳动关系的典型案例。大陆法系实行成文法制度,在理论上法官并无"造法"的权力,也不存在"遵循先例"之说。但大多数法官实际上还是尊重先例的,他们对判例的心态可以表述为:"我不说我在遵循它,但我实际上是这么做的。"①所以,西方有学者认为:"在事实上,大陆法系法院在审判实践中对判例的态度同美国的法院没有多大区别,法官之所以要参照判例办案,主要有以下几个原因:第一,法官深受先前法院判例的权威的影响;第二,法官懒于独立思考;第三,法官不愿冒自己所作判决被上诉审撤销的风险。可能还有其他许多原因。"②在大陆法系国家,法院的判决,尤其是终审法院的判决,所具有的事实的权威性有着很高的效力,而且这些先例的重要性也会随着重复和重新肯定这些先例中所阐述原则的次数的增多而增加。一系列对法律主张作出相同陈述的判例,其效力几乎等同于英美法系的判例。

2007 年 10 月在第十届全国人民代表大会常务委员会第三十次会议上,时任最高人民法院院长肖扬在《最高人民法院关于完善审判工作监督机制促进公正司法情况的报告》中再次强调,最高人民法院要"充分发挥典型案例的指导作用,从中总结归纳形成法律适用的具体规则,指导下级法院准确适用法律"。在 2008 年第十一届全国人大第一次会议期间,新华社对最高

---

① 董皞.司法解释论[M].北京:中国政法大学出版社,1999:335.
② 约翰·亨利·梅里曼.大陆法系[M].顾培东,禄正平,译.北京:法律出版社,2004:47.

人民法院案例指导制度作的解释如下："案例指导制度是最高人民法院针对我国幅员辽阔，各地经济社会发展不平衡，诉讼纠纷复杂多样，个别地方法院存在'同案不同判'等现象，为及时总结审判工作经验，指导各级法院审判工作，统一司法尺度和裁判标准，规范法官自由裁量权，充分发挥典型案例在审判工作中指导性作用的一项具有中国特色的司法制度。"在这里，最高人民法院发布案例制度第一次被认为是中国司法制度的组成部分。表7-3中的内容显示，在实践中，最高人民法院通过案例的形式实施劳动者保护的公共政策已经形成一定的规模。通过案例指导制度，法院一次又一次地给大量相似案件打上独特的司法印记，实质上形成一种积累型的司法决策体制，最高人民法院创制的公共政策得以在法院系统内部被遵循，有利于维护该公共政策的稳定性，为它在全社会被遵守打下了坚实的基础。

表7-3　典型案例

案例	内容	保护对象	公报年期
龙建康诉中洲建筑工程公司、姜建国、永胜县交通局损害赔偿纠纷案	中洲公司在与被告姜建国签订的内部承包合同中约定"如发生一切大小工伤事故，应由姜建国负全部责任"，把只有企业才能承担的风险转给实力有限的自然人承担。该约定损害劳动者合法权益，违反了宪法和《劳动法》的规定。是无效约定，不受法律保护。	劳动者	2001年第1期
何文良诉成都市武侯区劳动局工伤认定行为案	根据《劳动法》第三条的规定，认定劳动者工作时间在工作场所的卫生设施内发生伤亡与工作无关，属适用法律错误。	劳动者	2004年第9期
孙立兴诉天津园区劳动局工伤认定行政纠纷案	"工作场所"是指职工从事职业活动的场所，在有多个工作场所的情形下，还包括职工来往于多个工作场所之间的必经区域；"因工作原因"是指职工受伤与从事本职工作之间存在因果关系，即职工因从事本职工作而受伤。除了《工伤保险条例》第十六条规定的因犯罪或者违反治安管理伤亡、醉酒导致伤亡的、自残或者自杀等情形外，职工在从事工作中存在过失，不影响该因果关系的成立。	劳动者	2006年第5期

续表

案例	内容	保护对象	公报年期
杨文伟诉宝钢二十冶公司人身损害赔偿纠纷案	因用人单位以外的第三人侵权造成劳动者人身损害,构成工伤,该劳动者既是工伤事故中的受伤职工,又是侵权行为的受害人,有权同时获得工伤保险的赔偿和人身侵权赔偿;用人单位和侵权人均应当依法承担各自所负赔偿责任,即使该劳动者已从其中一方先行获得赔偿,亦不能免除或者减轻另一方的赔偿责任。	劳动者	2006年第8期
徐恺诉上海宝钢冶金建设公司侵犯名誉权纠纷案	用工单位对劳动者的劳动、工作情况作出的评价也是劳动者总体社会评价的重要组成部分。用工单位对劳动者作出不实、不良的评价,足以影响到劳动者今后的就业求职和工作生活,构成对劳动者名誉权的侵犯。	劳动者	2006年第12期
罗倩诉奥士达公司人身损害赔偿纠纷案	在生产者的工作场所内,经生产经营者默许临时从事劳动的自然人,即使没有与生产经营者形成正式的劳动法律关系,生产经营者对该自然人仍负有合理限度内的安全保障义务。	劳动者	2007年第7期

五、劳动公益诉讼的探索

(一)问题及意义

从各国的情况看,劳动争议处理体制中主体的变化主要是社会团体的加入,社会团体为争取社会利益而进行诉讼,可称为社会利益诉讼。这种诉讼在美国被称为公共诉讼,日本则使用民众诉讼、现代型诉讼和公共诉讼概念,我国学界多称之为公益诉讼。[①] 公益诉讼是指有关组织和个人依据法律的规定,对违反法律而给国家、社会利益造成了事实上的损害或潜在的损害的行为,向法院起诉,由法院追究违法者的法律责任的诉讼活动。2013年1月1日起施行的新《民事诉讼法》第五十五条规定:"对污染环境、侵害众多消费者合法权益等损害社会公共利益的行为,法律规定的机关和有关组织可以向人民法院提起诉讼。"该公益诉讼条款为我国打开了公益诉讼的大

---

① 董保华.劳动关系调整的社会化与国际化[M].上海:上海交通大学出版社,2006:310.

门,但是仅仅 51 字的规定远远无法应对司法实践中复杂多样的公益诉讼案件。作为公益诉讼中的一种新类型,劳动公益诉讼在我国的立法中仍是空白,这也就为与其有关的理论探索与深化、程序立法进一步精细化预留了探讨和创设的空间。通过对劳动公益诉讼的探讨,必然能对我国公益诉讼的确立、修订以及具体程序的设置提供理论借鉴,有益于公益诉讼实践的发展。

由于当前我国立法在保护劳动者权益方面的不足,加上本身就处于弱势地位的劳动者在维护公益上的无力,致使很多用人单位常常通过制定严苛的条件来侵蚀劳动者的合法权益,比较典型的如就业歧视、拖欠劳动者工资或者支付低于当地最低劳动工资标准的工资、经常要求劳动者加班加点却不支付报酬、违反劳动安全标准存在安全隐患等。因此,根据我国的实际情况,如何有效地通过建立劳动公益诉讼制度来规制用人单位的行为,从而达到维护劳动者的合法权益的目标,已经成为亟须解决的重要法律问题。

以"劳动公益诉讼"为题展开研究具有重要的意义。第一,有利于深化、细化和精益化地开展新《民事诉讼法》中有关公益诉讼制度的构建。分析劳动公益诉讼在我国存在的可能性和必要性,将现有的过于粗陋和笼统的劳动公益诉讼的实现机制,通过科学的、合理的制度创设加以保障、确认、规范和完善,以更有利于指导实际的司法实践。

第二,确立劳动公益诉讼,有助于保障司法公正,推进司法独立。将劳动公益诉讼纳入司法审判的范围,扩大了法院的受案范围,通过司法裁决限制其他权力对劳动者合法利益的侵犯,即实现了司法权对行政权和经营权的制约;另外,进入司法程序后的当事人都处于平等的地位,审判机关处于中立的独判者地位,从而不受其他权力意志的干涉,因此可以进一步彰显司法权威,保障司法的公正和独立。

第三,确立劳动公益诉讼,有利于劳动争议的解决。劳动公益诉讼作为一项非传统性的诉讼制度,其构建是为了使司法能够及时化解现实中出现的而又难以通过传统诉讼制度予以解决的争议。如果这些争议得不到及时解决,势必会影响到社会的和谐。因此,劳动公益诉讼在一定程度上能够弥补传统诉讼模式在解决争议方面的不足,更快捷有效地满足劳动者的需求。

（二）内涵及特征

劳动公益诉讼是劳动公益司法保障的重要制度,即为了使劳动者群体的公共利益得到司法保护,法律规定的劳动者团体组织有权以自己的名义起诉或应诉,裁判结果对组织的全体成员生效的诉讼制度。① 该观点和主流观点的主要差别在于劳动公益诉讼提起主体和诉讼范围的不同,后者在两者的界定上是相对片面的。所谓劳动公益诉讼是指法律授权的特定主体根据法律的规定,在用人单位违反法律法规规定,侵犯不特定多数劳动者及其家庭成员的利益时,向法院提起诉讼,由法院追究用人单位法律责任的诉讼活动。

和传统诉讼的"直接利害关系人"的规定不同,劳动公益诉讼扩大了原告主体的范围,具有广泛性和多元性。劳动公益诉讼的原告既可以是直接受到侵害的劳动者,也可以是没有受到侵害的社会组织和个人,也就是说,除了法律规定的以外,只要行为人的行为侵犯了公共利益,造成了损害或存在潜在的损害,任何组织和个人都可以提起诉讼。劳动纠纷的特殊性决定了用人单位所实施的违法行为不仅仅侵害到个别劳动者的合法权益,还侵犯了不特定多数人的公共利益,包括已实际受到侵害的受害者和潜在的受害者,具有不确定性和广泛性。由于造成的损害可以是现实的损害,也可以是尚未成为现实但具有发生危险的损害。这也就使得劳动公益诉讼具有预防性,可以授权于公会和检察机关原告资格,让他们运用司法手段将危害消灭在萌芽状态。另外,劳动者自身的弱势地位,使得劳动者在遇到侵害提起诉讼时顾虑重重,导致提起诉讼的艰巨性。将劳动公益诉讼的原告主体资格扩大到劳动者以外的其他社会组织,这样就切断了劳动者和用人单位之间的利益关联,更有利于对用人单位的违法行为进行监督和处罚,从而保护劳动者的合法权益。

从内容角度出发,公益诉讼着眼于国家利益和公共利益,是对事不对人的诉讼类型。② 作为公益诉讼的一种特殊类型,劳动公益诉讼在劳动法领域内以保护劳动者公共利益为目的,同时也保护了劳动者的私益。正如德国公法学者雷斯纳(W. Leisner)的观点,有三种私益可以升格为公益:第一,是"不确定多数人"之利益;第二,具有某些性质的私益就等于公益,这种特殊性质的私益就是指个人在自由、生命和健康方面的私人利益,即国家要保障私人的生命、财产和健康;第三,少数人的某些权利利益。他认为,社会上某些"特殊团体"(如乡、镇等层级上的小行政组织、公会等)成员的数量,不足

---

① 宋汉林.劳动公益诉讼:工会参与的困境与对策[J].理论导刊,2011(6):95-98.

② 郑中华.劳动公益诉讼制度建立的思考[J].广西政法管理干部学院学报,2007(2):97-99.

以形成所谓的"大多数"，但按照民主的方式，可以承认他们的某些利益为公共利益。① 而劳动公益诉讼针对的是诸如就业歧视、违反劳动基准最高工时规定、违反劳动基准安全生产标准等内容，权益受到侵犯的都是不特定的大多数劳动者，由此这些行为不仅侵害了劳动者个人私益，还侵犯了社会公共利益。因此，劳动公益诉讼通过保护劳动者的基本权益，最终维护国家公益和社会公共秩序，致力于打破用人单位强势侵权的现象，及时进行处罚和预防，从而达到保护劳动公益、树立法律尊严和权威的目的。

（三）有待探讨的问题

关于劳动公益诉讼的受案范围。为了不损害用人单位的自主用人权的正当行使，遵守司法有限审查原则，有必要对劳动公益诉讼的受案范围作出一定的限制。厘清受案范围是制度架构的第一步。为了保护处于弱势地位的劳动者的利益，各国都通过劳动法确定最低标准，我国也规定了劳动保护的最低标准，我国以强制性的规范在工资、工时、休息休假、劳动安全卫生、未成年工和女职工的特殊保护等方面划定了一条不可逾越的底线。这些标准是对用人单位的强行性要求，其行为必须在合理的范围之内。这些标准能否实现，直接关系到劳动者的人身安全健康、基本生活需要是否能得到保障。劳动法规定的这些最低标准，目的在于使劳动者的基本权益获得绝对性的保护。劳动基准具有普适性，对于违反劳动基准的任何一项规定，都必将波及社会上不特定多数的劳动者的利益。劳动基准公益诉讼的受案范围也以此为限，但凡用人单位违反上述劳动基准，劳动公益确实受到用人单位的劳动违法行为的侵害，法院就应当受理。

关于劳动公益诉讼的起诉主体资格。起诉主体资格是指当权力被滥用或权利被侵害时，到底谁有权提起诉讼。我国传统诉讼模式把和违法行为有直接利害关系作为评判谁有起诉主体资格的标准，即只有认为自己的合法权益遭到侵害的人才有权提起诉讼。这种观点直接排除了公共利益，只将重心放到私益保护上，在一定程度上限制了起诉主体的资格，这样就无法满足对劳动者合法权益进行保护的目的。因此，可以通过与国外劳动公益诉讼的起诉主体资格判定的比较，来确定我国到底谁有提起诉讼的资格。

我国传统三大诉讼制度深受"直接利害关系人"的影响，要求原告必须与损害后果具有直接利益关系，否则就无法对违法行为进行起诉。这在极

---

① 　叶必丰.行政法的人文精神[M].武汉：湖北人民出版社，1999：39.

大程度上缩小了起诉主体的范围,降低了公民通过起诉寻求司法保护的机会,不利于我国劳动公益诉讼的展开。到底谁拥有劳动公益诉讼的起诉权,这是劳动公益诉讼设立中的重点,也是学界争论的焦点。

关于劳动公益诉讼的制度保障。鉴于劳动法律关系双方当事人的从属性和劳动公益诉讼自身的特殊性,在涉及具体的劳动公益诉讼制度保障方面,应当在民事诉讼程序这个大框架下设置特别的规定,以此保障劳动公益诉讼正常、有序发展。在民事诉讼中,我国一般的举证责任规则是"谁主张,谁举证",即当事人需要提供证据证明自己提出的主张,否则要承担不利诉讼后果的责任,这样在无形当中加大了劳动者的压力。而劳动诉讼中举证责任则不完全按照"谁主张,谁举证"的原则,法律规定对由双方隶属关系引起的劳动争议,适用"举证责任倒置"的原则。劳动权的保障也是属于此种情况,应适用"举证责任倒置"的原则。

诉讼中的诉讼费用一般采用以件计算和以诉讼标的额计算的方式。有人认为,劳动公益诉讼的诉讼费用应以件计算,[1]原因在于:一则平常的诉讼中并没有罚款制度,而劳动公益诉讼本身涉及对损害公益的违法行为实行罚款,诉讼标的额的请求本身是带有惩罚性质的,如果还按诉讼标的额收取诉讼费用,会造成双重惩罚。二则按诉讼标的额收取诉讼费用一般比按件收取高,这不利于鼓励提起劳动公益诉讼,同时也可能损害劳动公益诉讼被告的合法权益。

在劳动公益诉讼的开展中,我们不能寄希望于特定的原告能够完全地承受诉讼中的各种负担。因为劳动公益诉讼是在维护社会公益。尤其是在工会作为原告时,如果其对诉讼结果缺少经济利益上的期待,势必会减弱维权的积极性。同时在举证方面,由于原告是特定的,并不代表原告主体以外的公民、组织不能参与其中,所以在诉讼中应设立相应的案外人奖励制度,当原告以外的主体提供了线索或帮助时,给予其相应的奖励。

---

① 宋靖.论我国劳动权保障公益诉讼制度的构建[D].上海:华东政法大学,2004:37.

参考文献

（一）专著

[1] 史尚宽.劳动法原论[M].上海:上海正大印书馆,1934.

[2] 关怀,林嘉.劳动法[M].北京:中国人民大学出版社,2006.

[3] 黄越钦.劳动法新论[M].北京:中国政法大学出版社,2003.

[4] 史尚宽.债法各论[M].北京:中国政法大学出版社,2001.

[5] 中共中央宣传部理论局.2007理论热点面对面[M].北京:学习出版社、人民出版社,2007.

[6] 庆祝中国共产党成立85周年胡锦涛同志重要讲话学习读本[M].北京:中共党史出版社,2006.

[7] 胡长清.中国民法总论[M].北京:法律出版社,1997.

[8] 张文显.马克思主义法理学[M].北京:高等教育出版社,2003.

[9] 张文显.二十世纪西方法哲学思潮研究[M].北京:法律出版社,2006.

[10] 邱本.自由竞争与秩序调控[M].北京:中国政法大学出版社,2001.

[11] 郭捷.劳动法学[M].北京:中国政法大学出版社,2011.

[12] 常凯.劳权论——当代中国劳动关系的法律调整研究[M].北京:中国劳动社会保障出版社,2004.

[13] 周长征.劳动法原理[M].北京:科学出版社,2004.

[14] 许建宇.劳动法新论[M].杭州:杭州大学出版社,1996.

[15] 韩德培,李龙.人权的理论与实践[M].武汉:武汉大学出版社,1995.

[16] 黎建飞.劳动法的理论与实践[M].北京:中国人民公安大学出版

社,2004.

[17] 董保华.社会保障的法学观[M].北京:北京大学出版社,2005.

[18] 陈信勇.劳动与社会保障法[M].杭州:浙江大学出版社,2010.

[19] 沈宗灵.现代西方法理学[M].北京:北京大学出版社,1992.

[20] 常凯.中国劳动关系报告:当代中国劳动关系的特点与趋向[M].北京:中国劳动社会保障出版社,2009.

[21] 何孝元.诚实信用原则与衡平法[M].台北:三民书局,1977.

[22] 梁慧星.民法总论[M].北京:法律出版社,2001.

[23] 王利明.合同法研究[M].北京:法律出版社,2002.

[24] 董保华,等.社会法原论[M].北京:中国政法大学出版社,2001.

[25] 郑玉波.民法债编论文选辑(上册)[M].台北:五南图书出版有限公司,1985.

[26] 王全兴.劳动法学[M].2版.北京:高等教育出版社,2008.

[27] 韩世远.合同法总论[M].北京:法律出版社,2004.

[28] 孙国华,朱景文.法理学[M].北京:中国人民大学出版社,1999.

[29] 郑尚元,李海明,扈春海.劳动和社会保障法学[M].北京:中国政法大学出版社,2008.

[30] 沈同仙.劳动法学[M].北京:北京大学出版社,2009.

[31] 姜颖.劳动争议处理教程[M].北京:法律出版社,2003.

[32] 信春鹰.中华人民共和国劳动争议调解仲裁法释义[M].北京:法律出版社,2008.

[33] 董保华.劳动争议处理法律制度研究[M].北京:中国劳动社会保障出版社,2008.

[34] 徐智华.劳动法与社会保障法[M].北京:北京大学出版社,2012.

[35] 关怀.劳动法学[M].北京:中国人民大学出版社,2001.

[36] 范占江.劳动争议处理概论[M].北京:中国劳动出版社,1995.

[37] 王全兴.劳动法学[M].北京:中国法制出版社,2001.

[38] 台湾劳动法学会.劳动基准法释义:施行二十年之回顾与展望[M].台北:新学林出版股份有限公司,2005.

[39] 强磊,李娥珍.当前中国的劳动合同:集体谈判与集体合同[M].北京:中国物价出版社,1994.

[40] 常凯.劳动关系学[M].北京:中国劳动社会保障出版社,2005.

[41] 程延园.劳动关系学[M].北京:中国劳动社会保障出版社,2005.

［42］曹燕.和谐劳动关系法律保障机制研究［M］.北京:中国法制出版社,2008.

［43］曹燕.劳动法基本概念的法哲学研究［M］.北京:中国法制出版社,2012.

［44］何显明.顺势而为:浙江地方政府创新实践的演进逻辑［M］.杭州:浙江大学出版社,2008.

［45］姜颖.劳动合同法论［M］.北京:法律出版社,2006.

［46］喻术红.劳动合同法专论［M］.武汉:武汉大学出版社,2009.

［47］徐道稳,吴伟东.劳动合同法社会效果与应对策略研究［M］.北京:法律出版社,2013.

［48］颜运秋.公益诉讼理念研究［M］.北京:中国检察出版社,2002.

［49］叶必丰.行政法的人文精神［M］.武汉:湖北人民出版社,1999.

［50］安增科.国际劳工标准问题与中国劳资关系调节机制创新研究［M］.北京:中国社会科学出版社,2010.

［51］罗小芳.转型时期的中国劳动契约［M］.北京:社会科学文献出版社,2011.

［52］富勒.法律的道德性［M］.郑戈,译.北京:商务印书馆,2005.

［53］博登海默.法理学——法哲学及其方法［M］.邓正来,姬敬武,译.华夏出版社,1989.

［54］罗·庞德.通过法律的社会控制·法律的任务［M］.沈宗灵,董世忠,译.北京:商务印书馆,1984.

［55］罗尔斯.正义论［M］.何怀宏,等译.北京:中国社会科学出版社,1988.

［56］罗尔斯.作为公平的正义——正义新论［M］.姚大志,译.上海:上海三联书店,2002.

［57］马克斯·韦伯.经济与社会（下卷）［M］.林荣远,译.北京:商务印书馆,1997.

［58］星野英一.私法中的人［M］.王闯,译.北京:中国法制出版社,2004.

［59］哈特.法律的概念［M］.张文显,等译.北京:中国大百科全书出版社,1996.

［60］罗伯特·霍恩,等.德国民商法导论［M］.楚建,译.北京:中国大百科全书出版社,1996.

［61］帕特利霞·H.威尔汉,等.就业和员工权利［M］.杨恒达,译.北京:北京大学出版社,2005.

[62] 朱迪丝·N.施克莱.守法主义——法、道德和政治审判[M].彭亚楠,译.北京:中国政法大学出版社,2005.

[63] 史蒂文·瓦戈.社会变迁[M].王晓黎,等译.北京:北京大学出版社,2007.

[64] 尤尔根·哈贝马斯.合法化危机[M].刘北城,曹卫东,译.上海:上海人民出版社,2000.

[65] 简·莱恩.新公共管理[M].赵成根,译.北京:中国青年出版社,2004.

[66] 德沃金.法律帝国[M].李常青,译.北京:中国大百科全书出版社,1996.

[67] 荒木尚志.日本劳动法[M].李坤刚,牛志奎,译.北京:北京大学出版社,2010.

[68] 约翰·亨利·梅里曼.大陆法系[M].顾培东,禄正平,译.北京:法律出版社,2004.

[69] W.杜茨.劳动法[M].张国文,译.北京:法律出版社,2005.

(二)期刊析出文献

[1] 常凯.构建和谐劳动关系与劳动关系法治化[J].思想政治工作研究,2011(9):6-9.

[2] 谢增毅.劳动关系的内涵及雇员和雇主身份之认定[J].比较法研究,2009(6):74-83.

[3] 刘建录.劳动关系内涵释论[J].经济论坛,2011(12):221-224.

[4] 冯彦君,张颖慧."劳动关系"判定标准的反思与重构[J].当代法学,2011(6):92-98.

[5] 秦国荣.劳动法上的劳动者:理论分析与法律界定[J].法治研究,2012(8):28-38.

[6] 周长征.劳动法中的人——兼论"劳动者"原型的选择对劳动立法实施的影响[J].现代法学,2012(1):103-111.

[7] 冯彦君.论职业安全权的法益拓展与保障之强化[J].学习与探索,2011(1):107-111.

[8] 许建宇.雇佣关系的定位及其法律调整模式[J].浙江大学学报,2002(3):40-46.

[9] 郑杭生.中国社会的巨大变化与中国社会学的坚实进展——以社会运行论、社会转型论、学科本土论和社会互构论为例[J].江苏社会科学,2004

（5）:46-52.

[10] 郑杭生,李路路.社会结构与社会和谐[J].中国人民大学学报,2005（2）:1-8.

[11] 李强.当前中国社会的四个利益群体[J].学术界,2000(3):2-8.

[12] 社会结构转型课题组.中国社会结构转型的中近期趋势与隐患[J].战略与管理,1998(5):1-17.

[13] 李强.当前我国社会分层结构变化的新趋势[J].江苏社会科学,2004（6）:93-99.

[14] 张文显.加强法治,促进和谐——论法治在构建社会主义和谐社会中的地位和作用[J].法制与社会发展,2007(1):3-19.

[15] 周永坤.社会优位理念与法治国家[J].法学研究,1997(1):101-110.

[16] 文正邦.公平与效率:人类社会的基本价值矛盾[J].政治与法律,2008（1）:55-61.

[17] 赵倩.关于国外协调劳动关系经验的启示与思考[J].工会理论研究,2014(1):35-38.

[18] 周贤奇.德国劳动、社会保障制度及有关争议案件的处理[J].中外法学,1998(4):108-117.

[19] 廖申白.西方正义概念:嬗变中的综合[J].哲学研究,2002(11):60-67.

[20] 毛勒堂.分配正义:历史、理论与实践思考[J].湖南师范大学社会科学学报,2011(6):111-114.

[21] 吴予.法与正义之关联:一个西方文化基因演进的考察[J].比较法研究,1999(2):205-226.

[22] 姚大志.分配正义:从弱势群体的观点看[J].哲学研究,2011(3):107-114.

[23] 许建宇.劳动合同的定性及其对立法的影响[J].中国劳动关系学院学报,2005(6):17-21.

[24] 秦国荣.法律衡平与劳权保障:现代劳动法的价值理念及其实现[J].南京师范大学学报(社会科学版),2007(2):21-27.

[25] 冯彦君.解释与适用——对我国劳动法第31条规定之检讨[J].吉林大学社会科学学报,1999(2):39-46.

[26] 冯彦君.劳动权的多重意蕴[J].当代法学,2004(2):40-44.

[27] 杨继昭,张晶.《劳动合同法》背景下和谐劳动关系的价值诉求[J].社会科学论坛,2014(5):224-228.

[28] 冯彦君.论劳动法的基本原则[J].法制与社会发展,1999(5):25-29.

[29] 应飞虎.权利倾斜性配置的度——关于《劳动合同法》的思考[J].深圳大学学报(人文社会科学版),2008(3):78-82.

[30] 林嘉.我国的劳动法律制度[J].中国人大,2006(1):36-39.

[31] 郭军.改革开放以来劳动关系的发展变化[J].中国工人,2012(8):10-12.

[32] 艾琳.实现和谐集体劳动关系的政府路径选择[J].深圳大学学报(人文社会科学版),2014(1):114-118.

[33] 秦国荣.劳动权的权利属性及其内涵[J].环球法律评论,2010(1):59-68.

[34] 陈步雷.类型化与开放性:劳动权利体系若干理论问题[J].中国劳动关系学院学报,2005(6):8-16.

[35] 许建宇.劳动权的界定[J].浙江社会科学,2005(2):59-65.

[36] 李雄.劳动权保障与制度重构——以"农民工"为视角[J].现代法学,2006(5):111-118.

[37] 韩长印,韩永强.债权受偿顺位省思——基于破产法的考量[J].中国社会科学,2010(4):101-115.

[38] 蓝寿荣.休息何以成为权利——劳动者休息权的属性与价值探析[J].法学评论,2014(4):84-96.

[39] 郭捷.论劳动者职业安全权及其法律保护[J].法学家,2007(2):9-14.

[40] 杨春平.职业安全权应当纳入宪法基本权利体系[J].重庆科技学院学报(社会科学版),2011(10):57-59.

[41] 汪火良.从劳动权的历史维度看人的发展[J].湖北社会科学,2005(12):107-108.

[42] 董保华.劳动权与三种本位观[J].中国劳动,2004(1):22-25.

[43] 李炳安.公民劳动权初论[J].湖北师范学院学报,2004(1):120-126.

[44] 孙国平.论劳动法的域外效力[J].清华法学,2014(4):18-46.

[45] 董保华.中国劳动基准法的目标选择[J].法学,2007(1):52-60.

[46] 范围.外国劳动标准立法及其执法[J].团结,2006(6):46-49.

[47] 冯彦君.劳动权论略[J].社会科学战线,2003(1):167-175.

[48] 刘焱白.劳动基准法权利救济程序的冲突及其协调[J].法商研究,2010(3):111-119.

[49] 赵红梅.第三法域社会法理论之再勃兴[J].中外法学,2009(3):

　　　427-437.

[50] 杨雪,郎治军,张旭.论平等就业权的法律保护[J].江苏工业学院学报
　　　(社会科学版),2006(3):17-19.

[51] 庞铁力.劳动权的平等保护及禁止就业歧视的法律思考[J].法学杂志,
　　　2012(3):118-123.

[52] 胡玉鸿."弱者"之类型:一项法社会学的考察[J].江苏行政学院学报,
　　　2008(3):92-98.

[53] 梁慧星.从近代民法到现代民法[J].中外法学,1997(2):19-30.

[54] 常凯.论劳动合同法的立法依据和法律定位[J].法学论坛,2008(3):
　　　5-14.

[55] 郑尚元.《劳动合同法》的功能与制度价值分析——评《劳动合同法》的
　　　是与非[J].深圳大学学报(人文社会科学版),2008(3):73-77.

[56] 许建宇.劳动合同法的权利观[J].中州学刊,2005(6):82-83.

[57] 林嘉,范围.劳动关系法律调整模式论——从《劳动合同法》的视角解读
　　　[J].中国人民大学学报,2008(6):107-115.

[58] 冯彦君.我国劳动合同立法应正确处理三大关系[J].当代法学,2006
　　　(6):24-27.

[59] 孙学致.劳动合同法中的私法属性[J].当代法学,2006(6):45-48.

[60] 常凯.论不当劳动行为立法[J].中国社会科学,2000(5):71-82.

[61] 曹多富,许文苑.劳动合同法:在自治、强制中走向和谐[J].中外企业
　　　家,2008(6):88-90.

[62] 郑爱青.《劳动合同法》:个人劳动关系规范的变革与不足[J].华东政法
　　　大学学报,2008(6):110-115.

[63] 彭学龙.竞业禁止与利益平衡[J].武汉大学学报(哲学社会科学版),
　　　2006(1):138-142.

[64] 许明月,袁文全.离职竞业禁止的理论基础与制度设计[J].法学,2007
　　　(4):72-81.

[65] 刘继峰.论竞业禁止协议的滥用及制度完善[J].学术论坛,2009(6):
　　　67-72.

[66] 张妮,王全兴.离职竞业限制协议的效力问题探讨——兼论商业秘密法
　　　律保护手段选择[J].法学杂志,2011(10):132-135.

[67] 郑尚元.员工竞业禁止研究[J].现代法学,2007(4):76-82.

[68] 董保华.由竞业限制经济补偿争鸣引发的思考[J].法学,2010(10):

17-25.

[69] 翟业虎.论我国竞业禁止立法的不足与完善[J].湖北社会科学,2011 (1):168-171.

[70] 盛建.约定竞业禁止的比较法分析[J].山东审判,2005(2):72-75.

[71] 汪张林.竞业禁止协议效力的影响因素及其评析[J].福建行政学院学报,2011(3):89-92.

[72] 张心全.《劳动合同法》竞业限制条款法外解读[J].中国劳动,2007 (11):25-26.

[73] 李长勇.《劳动合同法》规定的竞业限制制度的几个问题[J].齐鲁学刊, 2012(1):106-110.

[74] 卢修敏.离职竞业禁止协议的立法选择[J].广西政法管理干部学院学报,2008(5):82-86.

[75] 冯彦君,董文军.中国应确立相对独立的劳动诉讼制度——以实现劳动司法的公正和效率为目标[J].吉林大学社会科学学报,2007(5): 104-111.

[76] 杨强.从权利到利益:我国劳动争议的新特点及其应对[J].中国劳动关系学院学报,2010(6):63-67.

[77] 洪冬英.劳动争议调解仲裁法评析[J].学海,2008(6):128-136.

[78] 侯玲玲.中瑞劳动争议处理体制比较研究[J].西南民族大学学报(人文社会科学版),2006(3):217-220.

[79] 王辉.我国劳动争议调解制度价值评析及制度重构[J].中国劳动关系学院学报,2008(2):49-52.

[80] 郑中华.劳动公益诉讼制度建立的思考[J].广西政法管理干部学院学报,2007(2):97-99.

[81] 刘源.劳动争议调解制度的完善[J].贵州大学学报,2011(4):69-72.

[82] 王天玉.借鉴与整合:从英国ACAS看我国劳动争议调解制度改革[J].中国劳动关系学院学报,2008(1):78-82.

[83] 叶静漪.劳动关系治理体制的创新与完善[J].西部大开发,2014(10): 69-70.

[84] 王春玲.构建和谐劳动关系问题研究[J].临沂大学学报,2014(3): 82-86.

[85] 王全兴,侯玲玲.我国劳动争议处理体制模式的选择[J].中国劳动, 2008(8):13-17.

[86] 王振麒.对贯彻实施《劳动争议调解仲裁法》的几点建议[J].中国劳动，2008(5):18-19.

[87] 刘云甫，朱最新.和谐社会视角下的劳动调解仲裁法[J].行政与法，2008(4):105-107.

[88] 谢增毅.我国劳动争议处理的理念、制度与挑战[J].法学研究,2008(5):97-108.

[89] 张网成.从改革建议看我国现行劳动争议处理制度之不足[J].中国劳动关系学院学报,2008(2):53-57.

[90] 李冰梅，林维丽.完善我国劳动争议处理机制的法律思考[J].行政与法,2009(2):56-58.

[91] 周长征.外商投资企业适用《劳动法》若干难点问题探讨[J].南京大学法律评论,2002(2):106-114.

[92] 王柏民，谷斐斐.论我国劳动者集体劳动权的特点及其实现路径[J].温州大学学报,2011(6):51-56.

[93] 唐荣刚.与相关民事关系并存时劳动关系的模式划分及法律适用[J].人民司法,2010(10):28-30.

[94] 周永坤."集体返航"呼唤罢工法[J].法学,2008(5):3-11.

[95] 延伊伦.论工会在劳动关系中的边缘化[J].生产力研究,2011(10):116-118.

[96] 孙国平.中国劳动权保护的现状与未来[J].河北法学,2010(8):105-115.

[97] 洪芳.我国劳动关系调整模式转型[J].人民论坛,2014(14):78-80.

[98] 李炳安，向淑青.转型时期政府在劳资关系中的角色[J].中国党政干部论坛,2007(6):9-11.

[99] 常凯.劳动关系的集体化转型与政府劳工政策的完善[J].中国社会科学,2013(6):91-108.

[100] 罗格·I.鲁茨.法律的"乌龙":公共政策的以外后果[J].刘呈芸,译.经济和社会体制比较,2005(2):12-22.

[101] 杨静.完善我国工资集体协商制度推动劳动关系和谐发展[J].河北经贸大学学报,2014(6):73-79.

[102] 刘湘国，程秋萍.我国调整劳资关系的三方协商机制需要解决的几个问题[J].嘉兴学院学报,2012(4):104-108.

[103] 乔健.中国特色的三方协调机制:走向三方协商与社会对话的第一步

[J].广东社会科学,2010(2):31-38.

[104] 谭泓.构建和谐劳动关系的政府角色定位与职能履行问题研究[J].东岳论丛,2013(3):45-49.

[105] 谢玉华,郭永星.中国式工资集体协商模式探索[J].中国劳动关系学院学报,2011(6):54-58.

[106] 赵炜.基于西方文献对集体协商制度几个基本问题的思考[J].经济社会体制比较,2010(5):38-44.

[107] 吴红列,凌林.集体协商集体合同法制建设的成效与问题对策——以浙江省为例[J].法治研究,2011(5):62-67.

[108] 朱圣明.行业工资集体协商的博弈论分析——基于温岭新河羊毛衫行业的实证研究[J].甘肃行政学院学报,2008(4):41-47.

[109] 雷明贵."协商民主"在社会领域的拓展——以工资集体协商制度为例的考察[J].湖南社会主义学院学报,2010(6):47-49.

[110] 陈鼎,黄军勇.浙江温岭市推行行业工资集体协商制度的经验与启示[J].天津市工会管理干部学院学报,2008(3):30-32.

[111] 秦美从.有效进行工资集体协商有待解决的两个问题[J].工会理论研究,2010(3):25-27.

[112] 李炳安.温岭市行业工资集体协商的性质与制度机制研究[J].温州大学学报,2011(6):41-50.

[113] 陈剩勇.协商民主理论与中国[J].浙江社会科学,2005(1):25-32.

[114] 班玉环.浅谈三方性原则与三方机制[J].中国劳动,2002(6):36-37.

[115] 李娅,赵俊燕.我国工资集体协商制度建构[J].人才开发,2010(3):20-25.

[116] 龙玉其.事业单位聘用合同的法律性质探究[J].行政与法,2014(2):70-75.

[117] 张安顺.浅析事业单位劳动关系[J].太原大学学报,2006(4):22-25.

[118] 赵杰宏,严妍.教师聘任合同之法律性质[J].国家教育行政学院学报,2006(4):77-79.

[119] 胡林龙.高校教师聘用合同纠纷法律适用的制度与理念——以教师流失纠纷法律救济为视角[J].河南师范大学学报(哲学社会科学版),2007(3):84-88.

[120] 叶晓云.论高校教师聘任合同的法律性质[J].民办教育研究,2010(3):45-48.

[121] 康建辉,王渊.高校教师聘用合同中存在的问题及完善对策[J].高等教育研究,2008(3):6-9.

[122] 李青.论《劳动合同法》在高校教师聘任改革中的实施[J].邵阳学院学报(社会科学版),2010(3):127-130.

[123] 郭卉.浅析高校教师聘任制中教师利益的保护[J].高教探索,2008(3):13-15.

[124] 祁占勇.高校教师聘任合同法律性质的论争及其现实路径[J].高教探索,2009(3):14-17.

[125] 石芬芳,任婷.中美高校教师聘任合同比较研究[J].中国高教研究,2011(3):67-69.

[126] 刘斌,金劲彪.《劳动合同法》背景下完善高校教师聘任制的若干思考[J].河北师范大学学报(教育科学版),2009(4):110-113.

[127] 李文江.高校教师聘任制之法律研究[J].高等教育研究,2006(4):49-54.

[128] 于尔根·科卡.欧洲历史中劳动问题的研究[J].李丽娜,译.山东社会科学,2006(9):5-11.

[129] 杨颖秀.《劳动合同法》视域下教师聘任制的劳动关系审视[J].高等教育研究,2008(4):46-50.

[130] 哈斯巴根,周炜.高校教师聘任合同法律属性探析[J].北方民族大学学报(哲学社会科学版),2011(6):117-120.

[131] 周春梅.构建和谐劳动关系的困境与对策[J].南京社会科学,2011(6):85-91.

[132] 杨国峰.浅谈和谐劳动关系的构建[J].求实,2010(1):137-138.

[133] 罗燕,朱杏平.在职培训对企业和谐劳动关系的影响[J].华南师范大学学报(社会科学版),2010(6):122-129.

[134] 刘笛,杨振权.对构建和谐劳动关系的思考[J].沈阳建筑大学学报(社会科学版),2009(1):63-66.

[135] 郭庆松.发展国有企业和谐劳动关系的理论反思与实践启示[J].中国人力资源,2006(3):79-83.

[136] 戴春.构建和谐劳动关系中值得思考的几个问题[J].中国劳动关系学院学报,2006(2):9-13.

[137] 杨文霞.构建和谐劳动关系:工会参与社会管理创新的路径和维度[J].中国劳动关系学院学报,2012(4):16-20.

[138] 徐小洪.浙江模式劳动关系——自行协调、走向两利[J].浙江社会科学,2008(11):9-15.

[139] 郑祝君.劳动争议的二元结构与我国劳动争议处理制度的重构[J].法学,2012(1):94-103.

[140] 陈玉萍.国外的劳动争议调解制度[J].中国劳动,2005(2):29-31.

[141] 范跃如.劳动争议诉讼审判机构研究[J].法学家,2007(2):114-122.

(三)学位论文

[1] 吴小芳.和谐劳动关系构建中的政府对策研究[D].杭州:浙江大学,2008.

[2] 周毅.论劳动权及其法制保障[D].长春:吉林大学,2008.

[3] 陈军芬.高校教师聘任合同研究[D].长沙:湖南大学,2006.

(四)报纸析出文献

[1] 习近平.与时俱进的浙江精神[N].浙江日报,2006-02-05(1).

[2] 秦晖."中国奇迹"的形成与未来——改革三十年之我见[N].南方周末,2008-02-21(D22).

[3] 谢增毅.建设中国特色社会主义劳动法治体系[N].中国社会科学报,2014-11-26(A06).

[4] 冯彦君.当代劳动法的理念:体面生存与和谐发展[N].光明日报,2010-11-11(9).

[5] 郑功成.法治的劳动关系新理念亟待确立[N].光明日报,2014-08-07(11).

[6] 肖华,董保华.华为事件是第一个双输案例[N].南方周末,2007-11-22(C13).

[7] 丁胜如.浅谈政府在劳动关系中的作用[N].工人日报,2006-03-29(6).

[8] 李小彤.三方协商机制作用有多大——访南开大学商学院人力资源管理系博士杨凤岐[N].中国劳动保障报,2011-11-26(3).

[9] 董碧水,高海伟.用工荒倒逼出工资集体协商"杭州样本"[N].中国青年报,2011-04-07(5).

[10] 王慧敏,江南.浙江的"劳资和谐"之道[N].人民日报,2011-02-28(1).

[11] 张维.国务院法制办、中央组织部、人力资源社会保障部负责人就《事业单位人事管理条例》答记者问[N].法制日报,2014-05-16(6).

(五)电子文献

[1] 习近平.把构建和谐劳动关系作为一项政治任务抓实抓好[EB/OL].
2011-08-16[2015-03-09].http://china.cnr.cn/gdgg/201108/t20110816
_508376400.shtml.

[2] 董保华.关于建立"现代劳动法学"的一些思考——兼论劳动关系调整的
法律机制(上)[EB/OL].2006-11-28[2015-06-07].http://cnlsslaw.
com/list.asp? unid=2084.

[3] 董保华.关于建立"现代劳动法学"的一些思考——兼论劳动关系调整的
法律机制(下)[EB/OL].2006-11-28[2015-06-07].http://cnlsslaw.
com/list.asp? unid=2084.

[4] 冯倩.美国的劳动基准法[EB/OL].2013-11-29[2015-07-08].http://
www.law-lib.com/Lw/lw_view.asp? no=25046.

[5] 梁慧星.劳动合同法:有什么错? 为什么错? [EB/OL].2009-03-09
[2015-08-07].http://www.iolaw.org.cn/showarticle.asp? id=2428.

索　引

图书在版编目(CIP)数据

和谐劳动关系的法律机制研究 / 张友连著. —杭州：
浙江大学出版社,2016.5
ISBN 978-7-308-15757-5

Ⅰ.①和… Ⅱ.①张… Ⅲ.①劳动法－研究－中国
Ⅳ.①D922.504

中国版本图书馆 CIP 数据核字(2016)第 081978 号

和谐劳动关系的法律机制研究

张友连 著

责任编辑	吴伟伟 weiweiwu@zju.edu.cn
文字编辑	张一弛
责任校对	杨利军 陈 园
封面设计	木 夕
出版发行	浙江大学出版社
	(杭州市天目山路 148 号 邮政编码 310007)
	(网址:http://www.zjupress.com)
排 版	浙江时代出版服务有限公司
印 刷	杭州日报报业集团盛元印务有限公司
开 本	710mm×1000mm 1/16
印 张	14.5
字 数	251 千
版 印 次	2016 年 5 月第 1 版 2016 年 5 月第 1 次印刷
书 号	ISBN 978-7-308-15757-5
定 价	45.00 元